学导生成论

王成 著

图书在版编目（CIP）数据

学导生成论 / 王成著． -- 北京 ：天天出版社，2023.12
　　ISBN 978-7-5016-2211-5

Ⅰ．①学… Ⅱ．①王… Ⅲ．①小学教育－教育研究 Ⅳ．① G622.0

中国国家版本馆 CIP 数据核字（2023）第 252311 号

学导生成论
XUEDAO SHENGCHENGLUN

责任编辑： 陈飞亚
责任印制： 张璞　康远超

出版发行：天天出版社有限责任公司	
地址：北京市东城区东中街 42 号	邮编：100027
市场部：010-64169902	传真：010-64169902
网址：http://www.tiantianpublishing.com	
邮箱：tiantiancbs@163.com	

印刷：北京政采印刷服务有限公司	经销：全国新华书店等
开本：710×1000　1/16	印张：16.875
版次：2023 年 12 月第 1 版	印次：2023 年 12 月第 1 次印刷
字数：282 千字	

书号：978-7-5016-2211-5	定价：65.00 元

版权所有·侵权必究
如有印装质量问题，请与本社市场部联系调换。

序言：从"学导教学"到"学导生成教育"
—— 一位研究型校长的教育思想演进

李季

2023 年，"生成式人工智能"的出现和大规模兴起，在科技界和教育界掀起了一场轰动性的技术革命，"生成式人工智能"自然就成了最时尚和最引人注目的一个新名词。这个时候，王成校长倾注情怀与教育智慧的专著《学导生成论》应运而生，正可谓"好雨知时节，当春乃发生"。而王校长的"生成论"，正是他一直以来教育教学实践探索与思想锤炼的心血结晶。《学导生成论》中的"教学生成"思想源远流长，最早源于中国优秀教育教学思想"教学相长"。

"教学相长"这一理论最早出自西汉戴圣的《礼记·学记》："是故学然后知不足；教然后知困。知不足，然后能自反也；知困，然后能自强也。故曰：教学相长也。"毫无疑问，"学，知不足而自反；教，知困而能自强也"，就是"教学相长"的内涵和深藏的"教学生成"的内涵。只不过，人们更多关注的是成语"教学相长"中师生的教与学，以及它们互相促进、相互增长的意义，而忘记了其"教学生成"的源头本义罢了。

王校长立志"像苏霍姆林斯基那样做教师"，一直坚持"致力于引领和促进学生自主成长"的教育教学追求。他的"学导式教学"教育思想源于 20 世纪 80 年代流行的国内外五种教学法之一。王校长在多年的教育教学和学校管理与课题研究实践中，不懈探索学导式教学、尝试教育、主体性教育、体验践行教育、开才教育等教育教学实践模式，贯穿其中的正是"学导生成"教育教学思想的萌芽与生长，其主要内涵——"学导"指向"教"的方法与过程，"生成"指向"育"的价值与目标，核心则是"致力于引领和促进学生自主成长"。

2021年，王成担任校长的东莞市南城区阳光第三小学实施为期三年的东莞市教育系统学校特色品牌发展规划；2022年，王校长入选东莞市教育家型校长培养对象和东莞市教育家型校长培养工程王成工作站主持人；同年，王校长申报的广东省教育科学研究规划相关课题正式立项；这些项目都需要王校长总结、梳理、提炼办学思想和育人理念。我很荣幸得到王校长的认同并受到邀请，作为阳光三小"开才教育"学校特色品牌创建的顾问和"教育家型校长培养工程王成工作站"的理论导师，参与和见证王校长一直以来对"学导教学"的实践研究，包括文化体系、课程建设、课题研究、师资培训等过程。基于长期以来我对学校教育教学"生成育人"本质内涵如"德性内生""素养生成""心理成长""教育生成"等的关注、理解、认识和探索，作为亲身经历者，我明显感觉王校长探索的"学导教学"经过多年实践已经演进成为一种"学导生成教育"思想和实践模式。因此，我建议王校长将他的办学思想和育人理念以"学导生成教学论""学导生成教学法"为主题方向，顺理成章地形成一套理论与实践模式体系。

在新时代教育高质量发展和实施《义务教育课程方案和课程标准（2022年版）》的新一轮课程改革背景下，王校长的"学导生成"教学理念不断拓展、深化、完善，进而形成了完整的"学导生成"教育思想和教学主张。本书第一章介绍"学导生成"的内涵与理论基础，第二章至第七章阐述"学导生成"思想指导开展的教育实践，各章节按照"为什么""做什么""怎么做或做得怎么样"三段结构的逻辑思路来论述，形成了一套完整的富有理论探新引领价值和实践指导意义的教学实践创新发展模式体系。

王校长是东莞引进的第一批来自江西、湖南、湖北的基础教育扎实和教学质量过硬的"江湖大侠"校长之中，为数不多的研究型专家校长。通过感悟源远流长而博大精深的中国优秀教育教学经典思想"教学相长"中的"教学生成"基因，受到20世纪80年代激情燃烧的"学导式教学"教育思想的影响，历经三年的"主体性教育"实践、十一年的"体验践行教育"实践、七年的"开才教育"实践的持续浸润，王校长的"学导生成"教育思想和教学实践模式逐渐成形。经过2021—2023年的学校特色规划与发展，他已成为教育家型校长培养对象和"教育家型校长培养工程王成工作站"主持人，对"生成教学""走心育人"等教育科研规划课题进行了研究，特别是对办学理念、育人思想和教育教学主张进行了梳理、思考与提炼，于是《学导生成论》水到渠成，脱颖而出。

　　教育的未来、教育的发展、教育的希望，需要富有思想和实践探索以及创新精神的教育家型校长站立在时代潮头引领，他们正是这个时代和未来的"大先生"。王校长从"学导教学"到"学导生成教育"思想的演进过程，展现了一位研究型校长的教育理想、思想、情怀、智慧。在东莞这样教育人口最具规模，教育资源最丰富、复杂，教育发展公平而有质量的地方，如何通过教学实验、课程改革、课题研究、特色创建，寻找教育理论与学校实践的结合、思想传承与模式创新的结合，将一种蕴藏着"生成育人"教育教学原理和规律的教育教学思想，在学校教育教学实践的田野"梦工场"上扎根发芽、开枝散叶、开花结果，成为他关注的工作重点。

　　在教育高质量发展和建设学习型社会的新时代，与中国优秀传统教育教学"教学相长"理论一脉相承，体现未来科技与教育"生成式人工智能"发展新取向的"学导生成教学"思想和实践模式，必将是新时代教育教学探索与发展的聚焦点，其理论和实践意义毋庸置疑。"生成式学习"和"生成式育人能力"也必将成为学习型大国、学习型社会中每一个学习者和教育人的终身发展素养，其意义更是不言自明。

李季（中国陶行知研究会未来教育专委会理事长、教授）

前　言

　　我在四所公办小学三十余年的教师生活和二十余年的校长工作经历中，一直坚守着"学校教育的根本是育人，育人的本质是引领和促进学生自主成长"的教育主张，也不断积淀了"致力于引领和促进学生自主成长"的"学导生成"治校育人的核心思想。参加东莞市首批基础教育教育家型校长培养项目近三年的学习，我具有了要将这些年的教育教学经验和办学实践在教育思想体系上进行一次主题性、系统性、深层性的归纳梳理的强烈愿望与成熟行动。现汇聚文字，以飨读者，并做进一步探究。

　　"学导生成"教育思想的缘起与沉淀，机缘于一个故事，它坚定了我要像苏霍姆林斯基那样做教师的志向；因缘于一本专著，它树立了我"教育科研是教育第一生产力"的意识；结缘于两位导师，他们点亮了我"致力于引领和促进学生自主成长"的思想。

　　我在读师范的时候，听了班主任老师在一次班会课上讲的一个出自著名教育家苏霍姆林斯基的著作《给教师的建议》的故事，便被故事中历史教师说的"这节课，我准备了一辈子"这句话深深地震撼了。于是，我从图书馆借来一本刚上架不久的《给教师的建议》，爱不释手地阅读起来。一条条建议就像及时雨，滋润着我的心田，更像有一位智者站在我这个即将要走上讲台的新教师面前，针对我的苦恼与困惑娓娓道来、循循善诱，给我排解烦恼、指点迷津，让我茅塞顿开、充满信心。我不由心生敬仰，教育家苏霍姆林斯基便成了我的偶像，从此我大量阅读苏霍姆林斯基的有关著作。我非常认同苏霍姆林斯基"个性全面和谐发展"的教育思想所倡导的"要尽可能发现'深藏在每个人内心深处的财富'"和"自我教育"。我师范毕业时暗下决心，要做一名像苏霍姆林斯基那样的教师，并一直为此而努力。

　　我 1987 年师范毕业参加教育工作，阅读的第一本教学类专著是张开勤先生 1987 年编著的《学导式教学》，从中了解到"学导式教学"是 20 世纪 80 年代在中国土壤中生长起来的具有中国特色的现代教学理论与教学模式，被称为"中国式教学法"，当时被列为世界五大教学法（中国的学导式教学法、美国的发现教学法、苏联的问题教学法、西方流行的案例教学法、保加利亚的暗示教学法合称为"国内外五种教学法"）之一。我认识到"学导式教学"的理论与苏霍姆林斯基"个性全面和谐发展"的教育思想提倡的"培养潜能""自我教育"有异曲同工之妙。《学导式教学》这本书还列举了由中小学一线教师实践探索创造的十六种主要的学导式教学法，其中介绍的"江苏省常州师范学校特级教师邱学华创立的尝试教学法""已经被广泛地运用到各科教学中"这一信息引起了我的特别关注。邱学华先生和他的"尝试教学法"对我当时乃至后来开展教育教学实践研究的影响和帮助都很大，激励我不断树立"教育科研是教育第一生产力"的观念，让我逐渐养成了"用研究的眼光对待日常的教育教学工作"的习惯，助推我持续不断地开展从"学导教学"到"学导生成教学"演进的实践研究。

李季教授是教育部中小学教师国培计划首批入库专家、教育部中小学卓越校长培训基地理论导师，也是东莞市教育家型校长培养工程王成工作站的导师。在我心中，李季教授是一位充满"大智慧、大胸怀"，能"照见当下、洞见未来"，非常"亲民"和"接地气"的大先生。我有幸得到了李季教授的厚爱，他在学校走心德育、心理教育、家庭教育、班主任工作、品牌培育等方面都对我倾囊相授，指导我将现代教育理念与教育教学改革实践及办学育人很好地融会贯通，点醒我并帮助我归纳梳理了多年来我所开展的学导式教学、尝试教育、主体性教育、体验践行教育、开才教育等实践探索研究中的主题理念——"学导生成"，"学导"指向"教"的方法与过程，"生成"指向"育"的价值与目标，其核心就是"致力于引领和促进学生自主成长"。

"学导生成"教育思想主张"教学相长""助人自助"是学校育人的本义，即学校育人应引导和帮助学生进行核心素养的自我教育、自主生成、自觉完善。"学导生成"教育思想基于"'学'为主体""'导'为主线""'能'为主标"，以"自主学习""主导赋能""自我生成"为基本原则，以科学的辩证唯物主义认识论作为它的哲学基础，以一定的心理学和教育学理论作依据，符合学生的心理规律，是教学方法改革、教学形式改革、教学思想更新的重要趋势。"学导生成"是一种改变传统的"被学习""被成长"的教育教学模式，坚持以学生成长型思维为导向，以培育学生"自学习""自成长"的终身学习素养为取向，致力于引领和促进学生自主成长的教育教学理念和模式。"学导生成"教育教学理念和模式是数智时代的教育教学生态，是高品质学校发展的实践新样态。

三年的"主体性教育"实践、十一年的"体验践行教育"实践、七年的"开才教育"实践，验证了"学导生成"教育思想的先进性和前瞻性。

"学导生成"教育思想的缘起与沉淀的实践历程给我的启迪和感悟是，教育思想无处不在，人皆可有，但贵在理论引领、实践验证，重在理念提炼、主题表达，只有这样才能形成理论与实践融合、主题理念与特色模式一体化的教育教学思想体系。教育思想是教育实践的产物，在长期的教育实践中，教育思想形成一定的理论体系，又将指导教育实践。

2022年4月21日，教育部印发了《义务教育课程方案和课程标准（2022年版）》，吹响了新一轮课程改革的号角。我的"学导生成"教育思想与新时代发展素质教育的取向和课程改革时代精神有着密切和高度的契合度。我期待在这一时代发展的大潮下，不断拓展、深化、完善"学导生成"的教育思想和实践探索，形成"学导生成"教育思想创新发展模式体系，以发挥这一思想和模式更大的育人作用及更广泛的实践应用价值。

我在学习生活、工作成长过程中，在"学导生成"教育思想的实践凝练与理论的形成提炼方面，很荣幸地遇到了许多恩师、贵人，我的进步得益于许多领导、专家和所有同事的帮助与支持，特别得益于邱学华先生和李季先生两位导师的引领指导；本书的撰写，得到了李季先生的殷切指导，也得益于各位编审、文字工作人员等同志的辛勤付出，在此一并感谢！

因本人水平有限，书中难免会有错漏之处，敬请批评指正！

目 录

第一章 "学导生成"的内涵与理论基础 /001
  第一节 "学导生成"的思想内涵 /002
  第二节 "学导生成"的基本原则 /011
  第三节 "学导生成"的理论基础 /015

第二章 "学导生成"的育人文化生态 /025
  第一节 "素养主动生成":学校育人文化的核心 /026
  第二节 "双线循环促进":文化育人生成机制 /041
  第三节 "三类文化熏陶":文化育人生成策略 /054

第三章 "学导生成"的校品课程建设 /062
  第一节 从预设到生成:体验践行素养生成理念 /063
  第二节 "基础+":五大校品课程群研发 /077
  第三节 "558"综合素养:校品课程实施行动 /089

第四章 "学导生成"的课堂生态营造 /097
  第一节 "学导生成"高品质课堂生态 /098
  第二节 "学导生成"高质量教学常态 /113
  第三节 "学导生成"高赋能教学策略 /133

第五章　"学导生成"的融合走心策略　/157
  第一节　从"学导生成"到"素养生成"的融合走心策略　/158
  第二节　从"德心融合"到"立德树人"的全面育人策略　/171
  第三节　从"家校融合"到"协同共育"的走心育人策略　/180

第六章　"学导生成"的教师生成育人能力提升　/195
  第一节　培养"研训一体"的教师生成育人专业素养　/196
  第二节　构建"三途六式"的教师发展校本研训模式　/204
  第三节　实施"三步三层"的专业素养校本研训行动　/213

第七章　"学导生成"的学生"自成长"评价　/229
  第一节　学生综合素质发展"全息画像"评价理念　/230
  第二节　构建学生综合素质生成"积分制"评价内容系统　/243
  第三节　建立学生综合素质生成"积分制"评价运行系统　/249

参考文献　/256

第一章 "学导生成"的内涵与理论基础

学校教育的目的不仅仅是传授知识,还有通过传授知识发展学生的能力和培育学生的核心素养。课程与教学是实现从知识到能力及核心素养发展的基本路径和主要载体,而这一过程的实质是指导"教"和促进"学"的教学相长过程,是"教力"转化为"学力"的"学导生成"过程。"学导"指向"教"的方法与过程,"生成"指向"育"的价值与目标,其核心就是"致力于引领和促进学生自主成长"。

古今中外有许多优秀的教育教学思想传统,如《礼记》中的"教学相长"蕴含的"学导生成"教育教学原理,在"生成式人工智能"的时代受到人们的普遍关注。"学导生成"是古今中外优秀传统教育教学思想在信息化、智能化时代的实践与运用、传承与发展。"学导生成"作为一种体现教育教学本质属性的教育思想,探讨其核心内涵和理论基础,展示其主要特质和内在规律,对于提高课堂教育教学质量和发展高质量学校教育,具有重要的实践应用价值和意义。(见图1-1)

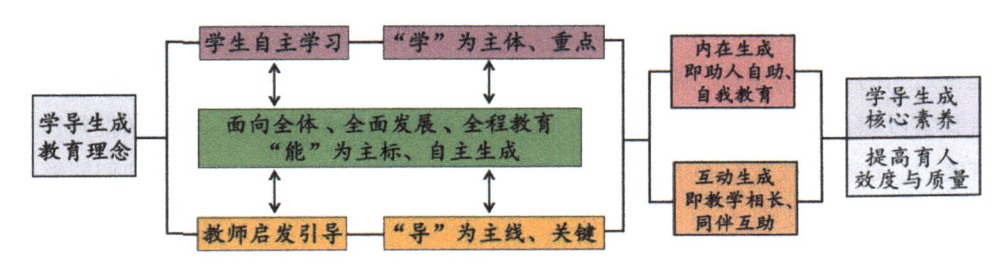

图1-1 "学导生成"教育思想模式图

第一节 "学导生成"的思想内涵

"教学相长""助人自助"是教师教书育人的技术原理和最基本的教学原则，其核心要义是引导和促进学生发展核心素养的自主生成、自觉养成、自我完善。"学导生成"是这一技术原理和教学原则核心思想的本质表达。"学导生成"强调教育者要通过引导和激发学生的学习兴趣、培养学生的自主学习能力，促进其在学习过程中自我实现素质的全面发展，是一种改变传统的"被学习""被成长"的教育教学模式。其坚持以发展学生成长型思维为导向，以培育学生"自学习""自发展""自成长"的终身学习素养为取向，着力于引领和促进学生自主成长的教育教学理念和模式。其基本内涵是以学生的自主学习为核心，以教师的启发引导为基础，以形成和优化学生的学力结构（生成智力、思维能力、学习动力）为本质，以培养学生的核心素养（正确价值观、必备品格和关键能力）为根本目标，以提高教学效果和育人品质、全面推进学校教育高质量发展为主旨，致力于以提升教师的"教力"素养来引导学生的"学力"素养提升，进而促进学生主动自觉根据学习任务目标，在深度学习中自主习得知识，形成能力，生成智慧，发展素养。因此，"学导生成"是一种基于"教学相长"原理的富有自学习、自成长的终身学习时代内涵和意义的教育理念、模式和方法。

一、"学导生成"的教育哲学

"学导生成"教育强调培养学生全面发展的核心素养，注重启发式教学和探究式学习，尊重个体差异，注重多元化的评价方式；强调学生在学习过程中的主动性和自主性，认为学校教育应该以学生为"主体"，教师为"主导"，通过学校、教师提供适当的指导和支持，帮助学生发展自己的潜能和能力；强调学生的自我发现、自我学习和自我成长，鼓励学生积极参与学习过程，培养他们的创造力和批判性思维能力。这样的教育有助于培养学生的创新思维和解决问题的能力，使他们能够适应社会的发展和变化。

（一）"学导生成"教育的哲学原理

关于教育目标："学导生成"强调培养学生德智体美劳全面发展的核心素养，

使学生成为有理想、有本领、有担当的社会主义建设者和接班人。"学导生成"倡导培养学生的创新思维、批判性思维和解决问题的能力，使学生能够适应社会的发展和变化。

关于教育方法："学导生成"把学生的"学"前置于"教"，以"导"予以促进，倡导启发式教学和探究式学习，通过让学生主动参与学习过程，培养他们的自主学习能力和解决问题的能力。"学导生成"注重培养学生的实践能力，通过实践活动和实践项目，让学生能够将所学知识应用于实际生活中。

关于教育价值观："学导生成"强调人的全面发展，尊重个体差异，注重学生成长的自我价值引领。"学导生成"主张"人才多样化，人人能成才"的人才观念，认为每个学生都是独特的个体，倡导注重学生的个性发展和兴趣培养，让学生能够发展自己的特长和潜能。

关于教育评价："学导生成"强调学生学习与成长的自我导向和自我评价。"学导生成"倡导使用多种评价方法，通过观察、访谈、作品展示等方式，全面了解学生的发展情况。在多元化评价的基础上，"学导生成"特别强调学生对学习成绩、综合素质，尤其是自学习、自成长能力的评价。

（二）"学导生成"教育的哲学原则

主动学习原则：在积极情景中学习，在主动状态中生成。学生是学习的主体，教师通过有效指导、启发引导和帮助，促进学生形成学习成长规划、制订学习目标，唤醒学生的学习内动力，让学生积极参与学习过程，并在学习过程中获得知识经验，生成学习和思维能力，发展核心素养。

自主学习原则：自主自觉学习，素养自我生成。鼓励学生自主自觉学习，引导学生发展自主学习、自我管理和自我评估能力，促进学生发展核心素养自我生成。

泛在学习原则：通过正式或非正式方式学习，在泛在学习中生成。教育应该根据学生的个体差异和需求进行个性化的教学设计，以满足每个学生的泛在学习需求。

合作学习原则：在合作中学习，在学习中生成。教师应该通过合作学习来培养学生的团队合作和沟通能力，让他们学会通过与他人合作解决问题。

体验学习原则：在实践中体验，在体验中生成。学生应该通过实践来应用所学知识，将学习与实际生活相结合，培养实践能力和解决问题的能力。

（三）"学导生成"教育的哲学依据

在古今中外的教育史上，许多著名的教育家都对"教"与"学"有所论述。如：《易经》中便有"匪我求童蒙，童蒙求我"的表述；儒家学派的代表孔子很早就在教学中提出"因材施教""有教无类""不愤不启，不悱不发"等观点；孟子也有"我虽不敏，请尝试之""君子引而不发，跃如也。中道而立，能者从之"等启发式教学的论断；西汉董仲舒主张教师应秉持"圣化"的原则，要以身作则，关注学生特长，注重合理运用多种教学方式施教；西汉戴圣的《礼记·学记》中有"教学相长"一说；唐朝的韩愈认为善于识别人才、培养人才是优秀的才能，有"世有伯乐，然后有千里马。千里马常有，而伯乐不常有"的论断；宋朝教育家朱熹明确主张教师的任务是指引学生读书，教师应对学生严格要求，明晰规定，多积极引导，少消极制止；近现代教育家陶行知有"生活即教育，学校即社会，在做中学"的观点；英国教育家怀特海在其著作《教育的目的》中，从多个方面阐述了教育的目的，称其是为了激发和引导受教育者的自我发展之路，让受教育者学会自由选择去探索未知领域，这样才能孕育出智慧和创新知识，能否实现这个目的事关学校对下一代教育的成败；法国教育家卢梭倡导"以行求知，体验中学"；美国教育家杜威则提倡"从做中学"；苏联著名教育家巴班斯基主张"教学过程最优化"；苏霍姆林斯基则有"个性全面和谐发展""自我教育"的见解；等等。

我们不难发现，这些教育理论思想都蕴含着激发学习者主动性，尊重教育规律，注重体验实践性，以引领代替说教等特点。而这些也正是"学导生成论"教育哲学的主要理论基础。

（四）"学导生成"教育的哲学意义

"学导生成"的教育哲学，强调学生的主动性和自主性，培养学生的自我学习和自我发展能力，使他们成为具有创造力和批判性思维的学习者。个性化教育的原则使教育更加关注学生的个体差异和需求，促进每个学生的全面发展；合作学习的原则注重培养学生的团队合作和沟通能力，使他们能够与他人合作解决问题，培养社会责任感；体验实践导向的原则将学习与实际生活相结合，使学生能够将所学知识应用于实践中，培养实践能力和解决问题的能力。

综上所述，"学导生成"的教育哲学强调学生的主动性，倡导自主性和个性化教育，通过合作学习和体验实践导向的方法培养学生的创造力和批判性思维能力，对于教育的发展和学生的全面发展具有重要的意义。

二、"学导生成"的教学原理

"学导生成"是一种以教师为主导、以学生做主体,两者都积极主动参与教育教学全过程的教育理念;是一种面向全体学生,促进学生全面发展的教育理念。从教与学的关系方面来看,"学"是素养生成内因,"导"是素养生成外因,外因通过内因起作用。(见图1-2)

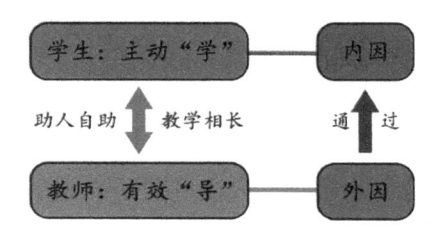

图1-2 "学导生成"教育理念下的"教"与"学"

"学导生成"教育理念强调在充分发挥学生主动性的基础上,通过教师的有效引导,使教学双方各尽其能,各得其所。其教学的过程立足于互动相生和学生"自学习"与素养生成。

"学导生成"教学以培育学生核心素养和发展终身学习能力为着眼点,以促进学生知识、能力、品德等素养的生成和发展为教学的着力点。因此,"学导生成"的教学原理是基于学生核心素养生成导向的教学理念,旨在促进学生自主、主动全面发展和个性成长,强调自学习教学、启发式教学、反馈与评价、激发学习动机和融合学科教学等,促使学生主动参与学习、发展个人潜能、提高学习成绩和综合素质。"学导生成"的教学原理主要归纳为以下几个方面。

(一)主体生成教学原理

"学导生成"教学强调学生的主体地位,强调个体差异。

"学导生成"教学认为学生应该成为学习的主体,他们应该具备自主学习的能力和意识;教师则扮演着引导者的角色,应该引导学生学会自主思考、自主学习、自主解决问题。

"学导生成"教学认为每个学生都是独特的个体,具有不同的学习风格、兴趣和学习需求;教师应该关注学生的兴趣、需求和特长,为他们提供个体化的指导和支持,满足学生的学习需求,调动学生的学习积极性。

学生通过主动参与学习过程,发展自己的学习策略和解决问题的能力,培育"自学习""自成长"的终身学习素养。

（二）启发式教学原理

"学导生成"教学倡导启发式教学，通过提出问题、引导思考和促进学生自主探究来激发学生的学习兴趣和主动性。

"学导"意味着教师不仅是知识的传授者，更是学习的引导者。教师通过"疏导""辅导""利导""精导""训导""开导"等"导"的方式，引领学生在"自学""合学""展学""研学""思学""悟学"等"学"的方式中思考和解决问题，培养学生的思维能力和创新能力；在"生生"互动、"师生"互动的启发式的"学"与"导"的过程中，促进学生自我内化，生成核心素养。

（三）自学习、自成长反馈原理

"学导生成"教学注重及时的反馈和评价，以促进学生在学习过程中不断地主动内化生成其核心素养。

从"学导生成"教学的反馈和评价我们可以看出，其不仅注重学生的学习成绩，更注重学生的正确价值观、必备品格和关键能力等核心素养的培养。

"学导生成"教学引导学生在"自学""研学""思学"这三"学"环节中不断追问"学懂了什么""还不懂什么""真的懂了吗"。在"启导""引导""指导"这三"导"环节中，"学导生成"教学要求教师及时给予学生学习过程质量反馈，指导他们纠正错误和改进学习方法，不断促进学生的核心素养在"学导"过程中"自我内生""互动共生""内化自生"。

（四）激发内驱与学习自觉原理

"学导生成"教学认为学习动机是学生学习的重要驱动力。

"学导生成"教学强调用"学"和"导"调控教育场中诸教育要素的关系，建立良好的师生关系，设定有意义的学习目标和提供有趣的学习活动，以此来激发学生的内在学习动机。

"学导生成"教学要求教师通过精心准备"学案""微视频"等进行自学辅导，组织开展"小组合作"展学研学等精导突破，针对性设计"活练检测题"等思学训导，来培养学生的自主学习能力，激发学生的学习动力与兴趣，提高学生对学习的投入和参与度，最终达到提高学习效果和学习质量的目的。

（五）学科素养融合生成原理

"学导生成"教学强调跨学科教学的重要性。

"学导生成"教学认为教学应面向全体学生，应面向学生全面发展的各个方面和整个教学过程。

"学导生成"教学要求教师要将不同学科的知识和技能有机地结合起来，通过组织开展跨学科的探究和实践活动，帮助学生建立起知识的联系和应用能力，帮助学生将所学知识应用于不同学科和实际生活中，促使学生形成综合性的学习和思考能力，培养学生的系统思维和综合分析能力，尤其是学科素养融合生成能力，引领和促进学生自主成长，使他们能够应对未来的挑战和变化。

总之，"学导生成"教学是一种以生成学生核心素养为价值引领的教学理念，强调学生的主体地位、自主学习能力、个性化教育和全面发展。教师应该根据"教学相长""助人自助"等思想，引导学生主动参与学习，培养他们的自主学习能力和综合素质。"学导生成"教学有利于真正实现教育的目标，培养出具有创新精神和实践能力的人才。

三、"学导生成"的学本思维

"学导生成"强调"学"为主体，是重点；"导"为主线，是关键；"能"为主标，自主生成；"内在生成"（助人自助、自我教育）和"互动生成"（教学相长、同伴互助）核心素养为目的；提高教学效度和教育质量为主旨。

"'导'为主线"以调动学生的积极性为基点，保证"'学'为主体"作用的充分发挥；"'学'为主体"的实现，将为教师施"导"提供可靠的客观条件；"'能'为主标"为真正实现"'学'为主体""'导'为主线"和"学""导"过程协调统一起到引领作用。

因此，"学导生成"的学本思维强调学生的主体地位，以学生的学习和发展为出发点和归宿，通过针对性的指导和支持，帮助学生实现个人成长和全面发展。这一思维方式和态度在实际教育工作中能够引导教师更好地指导学生，促使学生主动参与学习、提高学习成绩、生成核心素养、自主健康成长。从学生、教师、学校和家庭四个角度来论述"学导生成"的学本思维，可以更全面地理解其意义和实践。

（一）学生——主动"学"，内在生成自主学习力

"学导生成"的学本思维强调学生的主动学习，鼓励学生在"自学""研学""思

学"这三"学"的过程中发挥自己的主体地位,积极参与"自学""合学""展学""研学""思学""悟学"等学习活动。在这种教学理念下,学生不再是被动接受知识的对象,而是成为学习的主体,主动探索和构建知识。

学生需要在主动"学"的过程中,养成自主学习的能力,包括自我规划学习目标、制订学习计划、选择适合自己的学习方法和资源,以及自我评价和反思等。通过这些自主学习的行为,学生能够更好地掌握学习的主动权,提高学习效果。

在"学导生成"的学本思维下,学生内在生成自主学习力的关键在于激发他们的学习动机和兴趣。教师可以通过提供有趣、具有挑战性的学习任务,引发学生的好奇心和求知欲。同时,教师还可以通过与学生的互动和交流,帮助他们建立自信心和自我管理能力,引领他们掌握一些学习方法,激发他们对学习的积极态度。

学生还需要在主动"学"的过程中,养成批判性思维和创新能力。教师可以引导学生进行问题解决、探究和创造性思考的活动,培养他们的批判性思维和创新能力。这样,学生不仅能够掌握知识,还能够运用知识解决实际问题,培养综合素质。

所以,"学导生成"的学本思维强调学生的主动学习,通过培养自主学习能力激发学生的学习动机和兴趣,培养批判性思维和创新思维,使学生内在生成自主学习力。这种学习方式不仅能够提高学生的学习效果,还能够培养他们的综合素质,为他们未来的发展奠定坚实的基础。

(二)教师——有效"导",互动生成自助内驱力

教师在"学导生成"的学本思维中扮演着重要的角色,他们不仅是知识的传授者,更是学生学习的引导者和激励者。教师的正确"导"能够激发学生的学习动力,促使他们内在生成自助内驱力。

首先,教师应该了解学生的学习需求和兴趣。教师应根据学生的特点和个体差异,设计有针对性的"启导""引导""指导"这三"导"教学活动,灵活调整"疏导""辅导""利导""精导""训导""开导"等"导"学策略和方法,激发学生的好奇心和求知欲,引导他们主动参与学习,从而激发学生的内在学习动力。

其次,教师还应该鼓励学生进行合作学习和交流。与同学间的互动和合作,可以激发学生的学习动力,让学生共同解决问题,互相学习和进步。教师可以组织学生进行小组活动、讨论和项目合作,培养他们的合作精神和团队意识。

再次,教师应该给予学生充分的支持和鼓励。教师可以通过积极的反馈和肯定,

让学生感受到自己的进步和成就，增强他们的自信心；教师还可以引导学生进行自我评价和反思，帮助他们发现学习上的问题并提出改进意见。同时，教师还可以提供学习资源和指导，帮助学生克服学习困难，培养他们的自主学习能力。通过这种支持和鼓励，教师能够激发学生的内在学习动力，使他们主动参与学习。

最后，教师还应该培养学生的自我管理能力，方便他们自己制订学习策略。教师应给予学生适当的自主权和决策权，鼓励学生在学习过程中自我规划学习目标、制订学习计划，教师可以教授学生学习方法和技巧，鼓励学生选择适合自己的学习方法和资源，培养他们的自主学习能力。通过这样的方式，学生能够感受到自己在学习中的主体地位，能够主动掌握学习的节奏和方向，培养自主学习的能力和内驱力。

实践证明，教师正确的"导"可以有效促进学生生成自助内驱力，这种内在学习动力将使学生更加主动、积极地参与学习，从而提高他们的学习效果，培养他们的核心素养。

（三）学校——助人自助，培养核心素养生成力

"学导生成"教育理念倡导"学习是自己的事""学生是学习的主人"，主张学校和教师要为学生成功地学习创造条件，让学生在体验中理解、感悟，在践行中认知、明理和发展，培养学生自主学习的习惯、能力、品质和精神。因此，学校在"学导生成"学本思维中的作用不可替代，它不仅是学生学习的场所，更是学生综合素养的培养基地。学校通过提供良好的学习环境和资源，制订科学的教育教学方案，帮助学生培养核心素养生成力。

首先，学校应该提供丰富多样的学习资源和机会，以激发学生的学习兴趣和动力。学校可以建立图书馆、实验室、艺术工作室等学习场所或空间，提供各种学科的书籍、设备和材料，让学生有更多的机会进行自主学习和探索。此外，学校还可以组织各种学科竞赛、科技创新活动、社会实践等，让学生在实践中提升自己的核心素养。

其次，学校应该注重培养学生的自主学习能力和合作精神。学校可以通过开设研究性学习课程、项目学习等方式，让学生在学习中发挥主动性和创造性，培养他们的自主学习能力。同时，学校还可以组织学生参与团队合作活动，培养他们的合作精神和团队意识，让他们学会与他人合作，共同解决问题。

最后，学校还应该注重培养学生的思辨能力和创新能力。学校可以通过开设思维培养课程、科学实验课程等，培养学生的批判性思维和创新能力。学校还可以鼓

励学生参与科技创新、艺术创作等活动，培养他们的创新意识和创造力。

总之，学校助人自助，培养核心素养生成力是"学导生成"中学本思维的重要内容。学校通过提供学习资源和机会，培养学生的自主学习能力和合作精神，并注重培养学生的思辨能力和创新能力，帮助学生主动生成自助内驱力，提高他们的核心素养。这样，学生不仅能够在学校取得优异的学习成绩，还能够在未来的发展中具备更强的竞争力和适应能力。

（四）家庭——同步"导"，助力全面和谐发展力

"学导生成"教育理念倡导学校、社会和家庭同步"导"（关怀、理解、激励），学生用心"学"（体验、感悟、践行），激发学生生命成长的各种需要和内驱力，使每个学生都能得到潜能的开发和不同程度的进步，力求学生自信阳光地成长，全面和谐地发展个性。"学导生成"的学本思维强调家庭是孩子成长的第一课堂，家庭的教育方式和家长的引导对孩子的发展起着至关重要的作用。家庭同步"导"，即家庭与学校共同合作，共同引导孩子的成长，助力孩子全面和谐发展。

首先，家庭应该与学校保持密切的沟通和合作。家长应该了解孩子在学校的学习情况和表现，与孩子的班主任或任课教师进行有效的沟通，了解孩子的学习需求和问题。同时，学校也应该及时向家长反馈孩子在学校的表现和进步情况，共同制订孩子的学习目标和计划。

其次，家庭应该为孩子提供良好的学习环境和支持。家长可以为孩子创造一个安静、舒适的学习空间，并提供必要的学习资源和工具。家长还应该鼓励孩子培养良好的学习习惯和自律能力，帮助他们制订学习计划，做好时间管理，培养他们的自主学习能力。

再次，家庭应该注重培养孩子的品德和价值观。家长应该以身作则，成为孩子的榜样，帮助孩子树立正确的道德观念，养成正确的行为规范。家庭可以通过与孩子的交流和互动，引导他们树立正确的人生观、价值观，培养他们的社会责任感和公民意识。

最后，家庭应该关注孩子的身心健康。家长要关注孩子的情绪和心理状态，与孩子进行有效的沟通，帮助他们解决问题和应对挑战。家庭还应该鼓励孩子参与各种体育和艺术活动，培养他们的兴趣爱好，促进身心健康的全面发展。

同时，家庭和学校的协同合作，能促进学生全面和谐发展。这有其理论依据：一是社会文化理论认为，个体的发展是在社会和文化环境中进行的。家庭和学校是

学生主要的社会化环境。家庭和学校的协同合作，可以为学生提供丰富的学习和成长机会，促进他们的全面发展。二是生态系统理论认为，个体的发展是多个系统相互作用的结果。家庭和学校是学生生活的两个重要系统，它们之间的互动和合作对学生的发展具有重要影响。家庭和学校的同步导引，可以为学生提供一致的支持和指导，促进他们全面和谐发展。三是自我决定理论认为，个体的发展需要满足基本的心理需求，包括自主性、能力感和人际关系。家庭和学校的同步导引可以帮助学生满足这些心理需求，激发他们的内驱力和自主学习能力，促进他们全面和谐发展。四是教育合作伙伴关系理论认为，家庭和学校应该建立积极的合作关系，共同关注学生的发展和学习。家庭和学校的协同合作，可以形成有利于学生发展的教育环境，促进他们全面和谐地成长。五是教育生态学理论认为，学生的学习和发展是在教育生态系统中进行的，包括学校、家庭、社区等多个层面。学校和家庭是学生教育生态系统中最重要的两个组成部分，两者之间的互动和协调对学生的发展至关重要。学校和家庭同步"导"，可以为学生提供更丰富及多样化的学习资源和支持，促进学生全面和谐发展。

第二节 "学导生成"的基本原则

基于"'学'为主体""'导'为主线""'能'为主标"，"学导生成"强调以"自主学习""主导赋能""自我生成"为基本原则，不仅呼应着现代教育追求学生主体性发展的趋势，更为学校教育中教师与学生之间的互动与共生提供了有力的指导。"学导生成"教育理念展现出独特而深远的意义，其基本原则贯穿于教育教学的方方面面。这些原则不仅强调了学生在学习中的自主性与独立性，也赋予了教师引导与指导的重要使命。在这个引导学生自主学习、培养学生终身学习能力的教育新时代，这些原则将为塑造学生的核心素养、促进其终身成长提供坚实的支撑和指导。

一、"学导生成"的三大基本原则

（一）学生自主学习原则

教育教学以"学"为本。一是肯定学生在学习中的主体地位，二是肯定"学"

在教学关系中的主体地位。

众所周知，现代教育理论的开创者，无不高度重视学生学习的主动性和独立性，重视学生个体的进取精神。赞科夫、巴班斯基都明确地把激发学生学习的主动性和独立性视为教学的基本原则，布鲁纳创造并倡导的发现学习法则认为学生应以主动、对抗的精神去探索和研究学习中产生的问题。"自主学习原则"是实施"学导生成"教育理念过程中保证充分发展学生核心素养，优化教学结构的基本原则。教师要确保两个"学"的主体地位，注重诱发调动学生积极进取的内在动力（主动、积极），充分发挥学生自我完善的能力（自主、自觉、自律），鼓励培养学生有效地自我组织学习活动、经常自我评价学习效果和不断改进学习方法的习惯与能力素养，减少教师"传授"的间接过程，最大可能地降低学生对教师的依赖，进而内化生成"自学习""自发展""自成长"能力等核心素养。

（二）教师主导赋能原则

学生学习以"能"为本。"学导生成"教育要求在学校教育中注意使学生的核心素养得到充分、和谐发展，以使教学效度和教育质量得到全面提高。

"学导生成"教育教学贯彻"学能"为本理念，遵循教师"主导赋能"原则，强调把教师的角色转变为引导者和支持者，突出教师高质量的"导"是关键。教师不再是简单地传授知识和信息，而是应该成为学生学习的导师和指导者。在学校教育中，教师是教育者，学生是被教育者，所以学校教育必须要发挥教师积极、正确、有效的指导与辅导作用，学生绝不是无师自通，他们之所以能成才，正是因为好教师的教育和培养，这就是名师出高徒。教师"导"的主要作用不在于滔滔不绝地讲授，而在于积极有效、富于艺术性的指导与辅导，教师要根据学生的心理特点和学习规律，有目的、有计划地培养学生的自学能力和习惯，还要十分注意自己的楷模作用对学生的暗示效果和人格感化，并要把这一点贯穿于学生学习的每一个环节之中。

应用好主导赋能需要教师和教育者具备一定的能力和意识。教师应该具备良好的教学设计和组织能力，能够根据学生的特点和需求，设计多样化的学习活动和任务，提供必要的支持和资源，为学生创造有利于学习的环境和条件；教师应该培养学生的学习能力和自主学习技巧，帮助他们发现问题、解决问题，并进行反思和评价；教师还应该注重个体差异，充分尊重学生的兴趣和发展潜能，为他们提供个性化的学习支持和指导。

把"主导赋能原则"作为实施"学导生成"教育理念的一个指导原则,其目的在于把学生的自主性、主动性与教师的积极有效引导相结合,使学生在掌握必要知识结构的同时,核心素养也得以形成与发展。这有赖于正确有效地引导和充分发挥教师的主"导"作用(赋权、赋能、举一反三),关键在于施"导"(启导、引导、指导),"导"(正知、正能、正品、正行)应贯穿于教学的始终。

(三)教学相长、自我生成原则

学生成长以"素养生成"为目标。从《辞海》对于"生成"的阐释,可以明确以下几点:①"生成"是一个矛盾运动的过程;②矛盾双方既有斗争,又有统一;③"生成"同样遵循矛盾运动的规律,如矛盾的主要方面与次要方面、主要矛盾与次要矛盾、量变与质变、否定之否定等。

"学导生成"教育教学应遵循"教学相长"与"助人自助"两大理念,既要真正发挥学生的主体性(即自主"学"),又要努力发挥好教师的引领作用(即有效"导"),其教学过程是学生自主生成与教师价值引领相统一的过程(互动、助动),以促进学生内生、自生、共生核心素养和发展终身学习能力为着眼点(即自我生成)。

在教育高质量发展的新时期,"助人自助"应是学校教育中教育者的价值选择,也暗含学校教育主体性回归的理念。"助人"和"自助"是学校教育的起点和目标,人的成长是由"他育"到"自育"的不断提升的过程。"学导生成"教育理念中的"助人自助"是指,教师是学生学习的帮助者和启发引导者,教师帮助学生学习和发展,引导学生自己帮助自己,即引领和促进学生自主成长。其核心要义是教会学生自己不会学的和学不会的,让学生完成自己所能完成的,真正落实学习是自己的事,培养学生自主学习的能力,让学生成为学习的主人,教学生学会学习,即"与其授人以鱼,不如授人以渔"的理念,以促进学生自我内生核心素养。

"教学相长"是一种普遍的教育教学经验认识,也是现代教育教学改革的一种理念。从古至今,"教学相长"发展出的教学理念是一脉相承、源远流长的。"学导生成"教育理念中的"教学相长"既有师生教与学互相促进、相互成长的意义,又有在"教"中"学",在"学"中"教"的"教学生成"意义。它强调教师和学生之间的互动和合作,学生的主动参与和自主学习,以及教师和学生之间的平等关系。这种理念要求教师做到既是"传道、授业、解惑者",又是学生心灵的倾听者,真正的朋友、玩伴;教师要认识到教学不只是学生掌握知识,提高智力和能力的过程,更是一种师生互动的信息交流方式，教师可从学生主动参与和自主学习的过程中获得反馈和思考，获得新的教学启示，不断改进和完善自己的教学方法；教师应尊重学生的独立思考和自主选择，愿意与学生一起成长和进步，实现教育的双赢。只有这样，才能最终实现助力学生自我内生、互动共生核心素养的培养和发展终身学习能力的目的。

二、"学导生成"基本原则对教学实践的指导意义

当代教育迅速发展，我们面临着不断变化的学习和教学环境。为了更好地适应这种变革，我们需要重新审视教育的本质，并提出能够贯穿教育教学全过程的"学导生成"基本原则。这三大原则——自主学习、主导赋能、自我生成，基本诠释了"学导生成"教学理念的意义。

其一，自主学习原则将学生置于学习中的主体核心地位。我们认识到学习不仅仅是知识的获取，更是一种个体内在能力的发展。这一原则强调了学生在学习中的主动性和自主性。通过获取学习资源、设定学习目标、制订学习计划、管理学习过程和评价学习成果，学生能够养成自主学习的习惯和能力，提高学习效果和学习动力，内生自主成长的核心素养。这一原则解决了"教"和"学"的关系问题。在教学实践中教师最应关注的问题就是"怎样将课堂还给学生""怎样形成以学生为主体、以教师为主导的课堂"，以及如何确保课堂教学中教师有效正确的"导"和"让位"、学生的参与，还应关注"学生怎样学"和其核心素养的培养等问题。

其二，主导赋能原则强调了教师在教学中的重要角色。教师不仅仅是知识的传授者，更是学生学习过程中的引导者和指导者。这一原则强调了教师积极有效的引导与指导作用。应用主导赋能原则，可以激发学生的学习动力和积极性，提高学习效果和学习动力，培养学生的学习能力和自主学习的技巧，引导和帮助学生自我教育、自主生成、自觉完善，助力学生内化自主成长的核心素养。

其三，自我生成原则凸显了学生与教师之间、"学"与"导"之间的互动关系。教学不是单向的传递，而是双方共同成长的过程。"是故学然后知不足；教然后知困。知不足，然后能自反也；知困，然后能自强也"是"学导生成"发源自"教学相长"的内涵和深藏的"教学生成"内涵。这一原则强调了学生的核心素养在"学""导"过程中自我内生和互动共生的可行性与必然性。自我生成鼓励学生自主生成，同时也要求教师在教学过程中不断反思、自我提升，促进学生内在核心素养和终身学

习能力的发展；自我生成着眼于学生的内在动力和成长过程，这意味着学生能通过学习和思考形成自己的知识体系和价值观；自我生成原则使教育者认识到学生不仅仅是知识的接收者，更是知识的创造者和传播者，强调了学生的自我认知、自我管理和自我提升，鼓励他们在学习中自觉地探索、反思和成长。

这三个基本原则不仅在实施"学导生成"教学中起到有效指导作用，而且能帮助我们更好地应对教育中的挑战，促进学生的全面成长和发展。这三个原则相互交织，共同推动着学生的自主成长和发展。自主学习强调学生的主体性和主动性，主导赋能指导教师发挥积极正确的引导和辅导作用，自我生成强调学生在"学""导"过程中的自我完善、内在成长和核心素养互动共生。它们不是独立的，而是互为补充，共同促进学生和教师的共同成长和发展。

《义务教育课程方案和课程标准（2022年版）》聚焦核心素养，变革育人方式，优化了课程内容结构，研制了学业质量标准，增强了提高课堂教学的效率和质量的指导性，突出学科思想方法和探究方式的学习，加强知行合一、学思结合，倡导"做中学""用中学""创中学"等课标理念与要求。"学导生成"教育教学理念与新时代发展素质教育的取向和课程改革的时代精神有着密切和高度的契合度，这为发挥"学导生成"更大的育人指导作用和价值提供了更广阔的实践应用舞台。

第三节 "学导生成"的理论基础

探讨"学导生成"教育的理论依据，其意义在于为"学导生成"教育实践提供理论指导，推动学校教育改革，支持"学导生成"教育研究和评估。"学导生成"教育理论依据的存在和应用可以提高实施"学导生成"教育的科学性和有效性，促进学生的可持续全面发展和学校"学导生成"教育高水平、高质量发展。

一、"学导生成"的三大理论依据

（一）教育哲学依据

1. "学导生成"教育思想以科学的辩证唯物主义认识论作为教育哲学基础

一是马克思主义关于人的学说的应用。运用马克思主义关于人的学说，解决"学导生成"教育思想中学生个性和谐发展的问题。马克思主义是极为重视人的因素的，它承认人的价值、人的个性、人的主体地位、人的尊严、人的全面而自由的发展。

"学导生成"教育思想在其本质上，是尊重学生的个性和尊严，能激发和调动学生的积极性和主动性，最大限度地促进学生个性的和谐发展。

二是唯物辩证法关于内因外因关系的应用。即运用唯物辩证法中内因外因的关系，来解决"学导生成"教育思想中教师的主导作用与学生的主体作用的关系问题。唯物辩证法认为，事物发展的根本原因不是在事物的外部而是在事物的内部。根据这一观点，在教学双边活动中，教师的"导"（指导、启发、解难答疑、督促检查）是变化的条件，是素养生成的外因；学生的"学"（学习态度、兴趣、毅力、方法、自学能力）是变化的根据，是素养生成的内因。教师的"导"要通过学生的学而起作用。如果学生不愿学，教师的"导"将失去作用；如果学生不会学，教师的"导"也会受到影响。而"学"的内因要靠"导"的外因去调动。基于此，"学导生成"教育思想提出了"学为主体""导为主线"的原则。

三是实践第一、知行统一思想的应用。即运用辩证唯物主义中理论与实践相统一的观点，来解决"学导生成"教育思想中传授知识与发展素养的关系问题。根据实践第一的观点，"学导生成"教育思想强调以形成学生优化的学力结构（智力、能力、动力）为基础的核心素养为主要目标，以提高教学效度和全面提高教育质量为主旨。根据理论与实践统一的观点，"学导生成"教育思想让掌握知识与发展素养相辅相成，互相促进。

2. "学导生成"教育思想以发展素质教育的教育理论作为教育哲学依据

素质教育以促进学生素质生动、活泼、主动、全面发展为宗旨，是培养社会主义接班人和建设者的教育。

从实施素质教育到发展素质教育的转变是中国教育改革与发展的战略取向。发展素质教育以发展公平而有质量的教育、高品质的学校教育为核心。这一战略取向的转变体现了中国教育改革的深化和发展，旨在推动教育现代化的转型和学校素质教育的深入全面发展。

发展素质教育的核心是发展公平而有质量的教育。公平教育是指每个学生都有平等地接受教育的机会和权利，不论其社会背景、经济条件或身体条件如何。发展素质教育强调教育资源的均衡分配，促进教育公平，使每个学生都能够充分发展自己的潜力。发展素质教育强调学生核心素养的全面发展和个体个性的发展，强调学生的自主学习和发展，注重培养学生的自主性、创造性和发展人际关系的能力。同时，发展素质教育注重教育质量的提高，追求教育的内涵发展，培养学生的综合素质和创新能力。

高品质的学校教育是发展素质教育的重要保障。学校是教育的重要场所，学校教育的质量直接影响着学生的发展。发展素质教育要求学校提供优质的教育资源和教育环境，注重培养学生的学习能力、创新能力和社会责任感。高品质的学校教育不仅仅是指学校的硬件设施和师资力量，更重要的是学校的教育理念和教育管理，以及学校与社会、家庭的紧密合作。

在"学导生成"教育中，学导生成模式被视为实现素质教育发展的有效途径。学导生成模式强调要提高教育公平性，确保每个学生都能够享受到优质的教育；强调要加强教师队伍建设，提高教师的专业素养和教育教学能力，为学生提供优质的教育服务；强调学生的主体地位，鼓励学生主动参与学习和发展过程，培养他们的自主学习能力和解决问题的能力；强调要改革教育评价体系，从单一的考试评价方式转向多元化的评价方式，更加全面地了解学生的发展情况；等等。这些思想理念都与发展素质教育的理念相契合，都强调教育要朝着更加公平、高质量和全面发展的方向迈进。

"学导生成"教育思想以发展素质教育的教育理论作为哲学依据，旨在培养学生的各方面素质，发展学生的个性，促进学校公平而有质量地发展。这一教育哲学依据的意义在于提醒教育者要关注学生的整体发展和个体差异，为教育实践提供以学生为学习主体的指导思想，促进学生的全面发展和自我实现。

（二）教育心理学依据

"学导生成"的教育心理学依据主要是自主学习动机理论。美国心理学家德西和瑞安在20世纪80年代提出的"学习动机理论"——"自我决定理论"认为，人的行为和学习是基于内在的动机和自主性。学生在学习过程中需要感受到自主性、能力和归属感，才能更好地发展自己的潜力和实现个人目标。在"学导生成"中，教育者应该提供支持和鼓励，激发学生的内在动机，让他们能够自主地参与学习，发展自己的能力和兴趣。自我决定理论还强调在"学导生成"中教育者的角色转变。教育者不再是传授知识的权威，而是学生学习的引导者和支持者。他们应该提供适当的学习环境和资源，激发学生的学习兴趣和动机，引导学生进行自主学习和思考。

这种角色转变有助于培养学生的自主性和创造力，促进他们的全面发展。

学生是充满心理活动的有机个体，教学的成败很大程度上取决于能否遵循学生的心理特点和发展规律，能否调动起学生的全部心理因素投入教学活动。"学导生成"教育思想符合学生的心理规律，以一定的心理学理论为依据："充分发挥情意系统的功能"是"学导生成"教育思想重视非智能因素在学习活动中的作用的教育心理学依据；"迁移规律的运用和定向作用的发挥"是"学导生成"教育思想少教多学、不教自学的学习心理学依据；"适应和发展学生日益增强的自我意识、好奇好胜心理"是"学导生成"教育思想强调自主学习、带着问题学习的又一学习心理学依据；"多样化刺激使兴奋与抑制交替进行、形成感化"是"学导生成"教育思想自主活动式学习能提高学习效率的生理心理学依据；"当情绪处于积极状态时，整个神经系统的兴奋水平提高""消除心理疲劳，调节生理疲劳""调动右脑活动的积极性，让左右脑协调发展"是"学导生成"教育思想能提高学习效率的生理、心理学依据；引导和指导学生自我学习和自我成长的"助人自助"是"学导生成"心理健康教育的依据；"社会助长作用"是"学导生成"教育思想的社会心理学依据；等等。社会心理学的研究表明：许多人在一起从事某项工作，可以促进个人活动效率的提高，这就是社会助长作用。班集体实际上是一个小小的特殊的"社会"，在这个"社会"中，主要的人际关系是师与生和生与生。"学导生成"教育思想能够充分注意到学生之间的群体共生效应和个体自得效应，就是以社会心理学中的"社会助长作用"理论为依据的。

（三）现代教学论依据

"学导生成"的现代教学论依据主要是认知心理学理论和社会构建主义理论。认知心理学研究人类的思维、学习和记忆过程，强调学生的思维活动和知识构建。在"学导生成"中，教育者可以运用认知心理学的理论和方法，了解学生的思维过程和学习策略，设计适合学生认知发展水平的教学活动，促进他们的学习和理解。社会构建主义认为学习是社会交往和社会文化环境的产物，强调学生通过与他人的互动和社会实践来建构知识和理解。在"学导生成"中，教育者可以运用社会构建主义的理论和方法，创造积极的学习社区和合作学习环境，鼓励学生之间的合作和互助，促进他们的知识共建和思维发展。这种现代教学论依据的意义在于，它将学习和教学置于认知和社会交往的背景下，强调学生的主动参与和合作学习的重要性。

现代教学论对"学导生成"的指导可体现在以下三个方面。

自学和引导结合,是教学方法改革的重要趋势。教学论是教育学的重要组成部分。现代教学论告诉我们,教学是师生双边活动的过程。就"教"这个侧面而言,教师居于主导地位。但教师要发挥主导作用,主要不在传授,而在引导。就"学"这个侧面而言,学生则处于主体地位。学习者不积极主动,就不可能掌握人类所积累起来的社会历史经验。但学生要发挥主体作用,主要不在听讲,而在自学。"学导生成"教育思想恰好把学生的自学和教师的引导有机地结合起来,强调学生的自学是在教师的指导下进行的,不是放任自流,不是无师自通。

班集体和个别化结合,是教学形式改革的重要趋势。课堂上往往出现这样的情况:只有教师"教"的积极性而没有学生"学"的主动性。"学导生成"教育思想兼有班级教学和个别教学的优点和长处,比如,贯穿其始终的学生个体的和群体的自学活动,给培养学生自学能力创造了良好的条件和环境,能够适应个别差异,便于因材施教。

继承和借鉴结合,是教学思想更新的重要趋势。"学导生成"教育思想是对《易经》中的"匪我求童蒙,童蒙求我"、孔子的"不愤不启,不悱不发"、孟子的"我虽不敏,请尝试之"、《礼记·学记》中的"教学相长"、陶行知的"生活即教育,学校即社会,在做中学"、卢梭的"以行求知,体验中学"、杜威的"从做中学"、巴班斯基的"教学过程最优化"、苏霍姆林斯基的"个性全面和谐发展""自我教育"等古今中外各类教育理论思想的实践与运用、继承与发展、创新与开拓。

二、"学导生成"理论指导教改实践的意义

(一)"学导生成"的教育哲学指导实施新课程改革

"关于人的主体、个性和谐发展学说"和"发展素质教育的教育理论"是"学导生成"教育"面向全体、全面发展、全程教育"三全教育思想的重要理论依据。"学导生成"倡导让学生学会学习,培养学生浓厚的学习兴趣,掌握科学的学习方法,养成良好的学习习惯,形成自主学习的主动性,激发学生乐学的学习情感,为学生全面和谐发展、生成自主成长的核心素养打下良好的基础。这与新一轮课程改革所倡导的理念、方法、措施等同频共振。

从理念层面看,新课改在教学上要遵循以下几个原则。第一,从"以教师为主"变为"以学生为主",从"传授知识"变为"让学生会学";第二,从"轻过程、

重结果"变为"结果与过程并重";第三,从"重视知识"变为"重视人"。

从学生的立场来看,第一,新课改明确了学生的主动性与自主性,他们是学习的主体,也同时肩负着责任与义务,这种主体意义是客观存在的,不会因为教师的某些观念而改变;第二,新课改承认每个学生都是独一无二的,都具有显著的个人特点;第三,新课改明确了学生的发展性,他们无时无刻不在变化着,每个人身上都蕴藏着巨大且无限的可能性;第四,新课改明确了教育的公正性,教育是针对所有学生的,因此接受教育的权利也是每个学生都拥有的;第五,新课改同样明确了教育应该能够推动学生综合素质的发展。

从教师教学的立场来看,第一,在教学中,课程的开发与构建应该由教师来完成;第二,在教学中,教师应积极应用教育教学理论大力开展实践探索;第三,在教学中,教师对学生应遵循尊重和鼓励的原则,加强对学生的帮助和引导,要能够真正促进学生的学习;第四,在教学中,教师要能够不断总结反思,及时巩固教学成果,并能经常与同事针对教学方面的问题进行沟通,互通有无,加强合作,共同进步,实现共赢。这也就要求教师要努力使自己成为一个开放型的人,因为这样对教育事业的发展、个人能力的提高以及新课改目标的实现,都是百利而无一害的。

从学校教育的立场来看,科学精神与人文精神的融合、健全人格的养成、国民素质的提高,已经成为新世纪世界教育改革的主旋律,同时,这些也是新时期学校教育发展的核心目标,是真正能实现培养新时期国家发展所需人才的有力措施。归根结底,教育的目的是育人,它有明确的"关照个性、关心生命、关注情感"的特征,一切教育行为都应满足人的主体性发展,要能帮助人发展个性,开发潜能,并促进其全面和谐发展。

这些充分说明,我国现阶段施行的新课改是面向所有学生的真正的素质教育,它的根本目标就是提高所有学生的素质,助力学生的个性发展,是侧重帮助学生提高实践能力,培养其创新精神,推动培养其成为德智体美劳全面发展的有理想、有本领、有担当的社会主义建设者和接班人的教育。它的根本宗旨就是为了所有学生的发展,学校所遵循的一切教育教学方针政策以及实施的一切教学方法,都是从以人为本、引导学生积极向上出发的;它的范围涵盖了接受学校教育的所有学生和学校所进行的所有活动(无论课内还是课外),其目标牢牢锁定在能够推动学生未来的可持续发展之上,也就是培养其核心素养。因此,"学导生成"教育是确保学校顺利实施新课程改革的有效方法、理念模式和保障措施。

（二）"学导生成"的教育心理学指导课堂教学改革

"自我决定理论"和"遵循学生的心理特点和发展规律"是"学导生成"教育"助人自助，内在生成""教学相长，互动生成"思想的重要理论依据。"学导生成"倡导在课堂教学中为学生提供民主和谐的"心理场"、主体参与的"活动场"、审美激励的"精神场"等课堂学习氛围和环境。

1. 建构民主和谐的情感性课堂环境

首先，教师要树立"教师与学生是处于平等地位的、拥有完整生命的人"这一观念，保护学生作为对话人的主体地位，给学生的行为、思想提供比较大的自由度，这样学生才会增强自主意识，学会独立思考、自由表达、自我选择，才能真正促进其自我发展。例如，音乐课上，老师从容自信地走进教室，在黑板上醒目地写出自己的姓名"王成"，并给学生介绍"我就是王成，王成就是我"，接下来让学生随着不同的节拍旋律打"王成"、念"王成"、唱"王成"……如果老师能这样随意地让学生喊叫他的名字，那么学生自然就学得轻松，课堂气氛自然就十分活跃。从表面看起来，这一幕微不足道，实质上却凸显了教师的教育观念，在这种真正民主的课堂环境中，学生能真切地走近老师，走近艺术，收获许多。

其次，小学生正处于生理和心理发育时期，课堂上易出现一些行为偏差，面对孩子们的过失，我们提倡"爱"字当头，理解万岁。比如，一位老师在执教《海底世界》一课时，这样提问：哪里是写景色奇异的？哪里是写物产丰富的？结果学生各有各的看法，老师没做出评价，也没说出答案，而是引导学生再读课文，把扎扎实实的训练过程如实展现给了听课的老师和学生。与此同时，这位老师还特别关注"潜能生"的一举一动，多次鼓励"潜能生"发言，让学生在学习中时刻都能充分感受到心理安全和心理自由，从而大胆张开口，举起手，露出笑脸，献出金点子。这位老师积极帮助学生发展自我，帮助学生鼓足勇气，让学生自主参与到学习活动中去，将消极的言行转换为成长的积极力量，这"无拘无束的氛围"让学生"自由地呼吸"，既收获了知识，也收获了自信与尊严，并使其主体人格得以施展与张扬。

2. 创设主体参与的开放性课堂空间

教师需转变教育观念，优化教学结构，精心设计，给学生安排大量的自主活动时间，并对学生加以点拨或提示，让学生互相启发，就某个问题交流意见，使每个人都能充分利用别人的想法来激发自己的灵感。此刻,教师就具有了"学生"与"教师"的双重身份。在综合实践活动中,学校分年级设置活动主题,如三年级的"融入家庭",四年级的"保护自我",五年级的"亲近自然",六年级的"走入社会"。在活动中,教师积极关注和激发学生的主体意识,充分尊重学生的自主权利,让学生亲身体验、亲自实践、自主活动。

事实上,在教学过程里,如果缺少真实的交流,缺少理解与感动,那教育就丧失了它应有的生机与活力,甚至可能丧失它应有的教育价值,从而成为一种浪费时间和生命的过程。在新课程实施的过程中,通过师生间的信息交流,可有效实现师生互动,促进双方的相互影响和相互补充,从而达到共识共享、共同发展和共同提高的目的。在师生、生生交流的过程中,教师应具有良好的"听"德,做到认真倾听、真诚回应,细心了解每个学生的声音,声声入耳、句句扣心,以便让学生可以自由轻松地与教师交换意见,坦率地表达自己的思想,发展自己的判断、选择能力,进而形成主动、自觉的人格品质。

3. 建设审美激励的精神性课堂氛围

若想使课堂能促进学生形成张扬的主体人格,就要提高审美性激励。陶行知先生说过:"你的教鞭下有瓦特,你的冷眼里有牛顿,你的讥笑里有爱迪生……"此言意在警醒教育者要尊重学生的人格,牢固树立面向全体学生的教学观。多一点儿表扬,少一点儿批评,因为激励可以让人不甘落后、奋起直追、开拓进取。

其实,进步本身就是一种对自我的超越,在课堂教学中,学生一切细微的进步,都需要教师用博大的情怀去精心发现与呵护,并以百倍的信心去保护其成长所必备的和谐健康的氛围,让学生享受精神的激励,并在这种充满着爱与关怀的赞美声里,成长得越来越好。

(三)"学导生成"的现代教学论指导学校课程建设

"认知心理学"和"社会构建主义"是"学导生成"教育"自主学习""合作学习"思想的重要理论依据。"学导生成"强调学生的主动参与和自主学习能力的培养,主张学校和教师要为学生的学习创造条件,倡导"遵循核心素养导向发展课程"的课程建设理念,为学生提供"五育并举""五育融合"的立足于"立德树人"的课程体系。学生通过自主学习,建构自己的知识体系,更深入地理解和应用所学的知识,培养自我管理和自我调节的能力,为终身学习和发展打下坚实的基础。

教育的本质是育人，学校的根本任务就是立德树人。"学导生成"遵循"教学相长""助人自助"的育人本意来立德树人，即引导和帮助学生实现自我教育、自主生成、自觉完善。学校所开设的课程内容和开展的教育教学活动，都将有利于实现"立德树人"的根本任务，都将有利于学生在"自主学习""合作学习"中生成核心素养，引领和促进学生自主成长。

1. "学导生成"下的课程建设必须遵循的原则

科学性原则。科学性原则包括两方面的含义：一方面是指课程建设要能方便教师科学地向学生传授知识、技能，方便学生发展能力，培养良好品德。另一方面是教师要选用适合学生的教学方法，在课程的设计、实施和评价等方面要具有正确性、准确性、逻辑性。

主体性原则。主体性原则是指在课程建设过程中，教师要把学生视作学习的主体，要培养其学习的自觉能动性，并激发出学生的创造性；教师要竭尽所能地安排学生参与课程学习活动，并要落实到全班每个学生身上，要特别增加他们在课程学习上获得成功的机会；教师还要引导学生去感知、观察和思考问题，使其处于一种能动的学习状态之中，体会到学习的乐趣，增强其学习的主体意识，让其成为学习活动的主人。

发展性原则。发展性原则是指课程建设要面向全体学生，以学生发展为本，相信每个学生都能全面发展，相信每个学生通过努力都能达到课程的教学目标。这就要求教师基于面向全体学生、全面发展、全程教育，从发展学生能力出发，开发课程、建设课程、实施课程。

教与学最优化原则。教与学最优化原则要求课程建设的教学环境是和谐融洽的，课程教学过程是真正的师生共同参与的。通过课程建设的一系列活动，达到最大化培养学生积极的学习兴趣，让学生最优化拥有自己解决问题的能力，可持续促进学生自我发展的目标。

2. "学导生成"下的课程教学实施需要注意的事项

首先，"学导生成"教学要求教师要合理制订大单元教学计划。教师必须依据课程内容的系统性及其设置的原理，来编排设计学生的自学、自练内容等，科学设计"三学""三导"环节，努力做到有计划、有步骤、分层次地进行"学导生成"教学。

其次，在学生自学、自练过程中，教师要善于引导，激疑设问，课程的设计要学起于思，思源于疑，要能引起学生思考、探索的兴趣，使学生真正做到"知其然，又知其所以然"。

最后，在课程实施前，教师需要认真备课，做好教学案的设计；在课程实施中，要了解学生，掌握"三基"情况，明确课程实施的重点与难点；在课程实施后，要特别关注学生的课外活动情况，并适当布置一些体验实践性的课后作业和家庭作业，使课内与课外更密切地结合。

第二章 "学导生成"的育人文化生态

文化育人,是当代教育面临的重大课题和神圣使命。学校管理的最高境界是文化管理,这是学校管理的理想追求,也应是每一个校长孜孜以求的办学理想和责无旁贷的神圣使命。"学导生成"倡导从"文化管理""文化育人"的角度审视学校文化建设在学校教育改革和学校发展中的重要作用,主张开展基于办学核心理念主动生成学校文化的育人文化生态建设,力求让学校具有深刻的文化内涵,让学校的文化建设、教育质量、课程建设以及校长与师生自身的道德操行等都具有"办学核心理念"的文化品位,为学校成员(教师、学生)的发展提供更高境界的文化思想空间,促进他们的精神生命实现自觉主动地成长。(见图2-1)

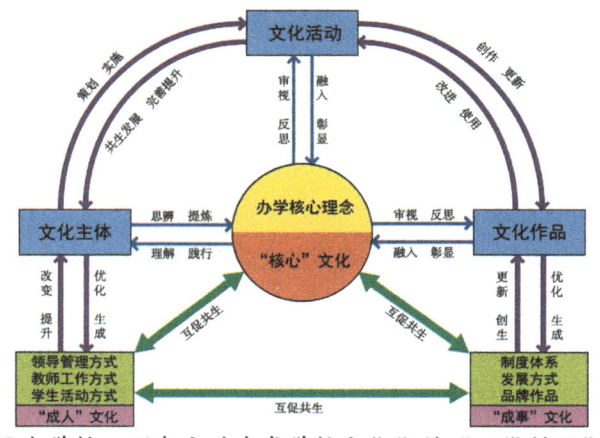

图2-1 "基于办学核心理念主动生成学校文化"的"双线循环"整体运作机制

第一节 "素养主动生成"：学校育人文化的核心

在学校育人文化建设方面，"学导生成"坚持"自主学习""主导赋能""自我生成"的基本原则，主张基于办学核心理念主动生成学校文化，强调学校文化生成都应指向育人，即主动生成学校育人文化，促进学校成员"素养主动生成"。

"学导生成"倡导要让学校具有深刻的育人文化内涵，应当让学校的文化建设、教育质量、课程建设以及校长、师生自身的道德操行具有文化品位，要超越已有的更新硬件设施、美化校园环境、表述先进理念等做法，改变诸如"五重五轻"（重外化，轻内化；重硬化，轻柔化；重变化，轻进化；重强化，轻感化；重物化，轻人化）等倾向，为学生提供能促进其实现自觉主动成长的育人文化生态。在"学导生成"模式的育人文化生态中，学生成为学习的主体，教师成为学习的引导者和支持者，学生的学习环境得到有效的创设，学生的自主性、创造性和责任心等素养能够得到主动发展和全面提升，真正关注和实践"素养主动生成"的理念。这种文化生态将为学生的全面发展和自主成长提供有力的支持和保障。

一、素养主动生成的育人文化体系思路

学校助人自助，培养核心素养生成力是"学导生成"学本思维的重要内容。"学导生成"教育理念倡导学校和教师要为学生成功的学习（主动学习、自主学习、泛在学习、合作学习、体验学习等）创造条件，即主动生成学校育人文化，为帮助学生培养核心素养生成力，提供良好的学习环境、机会和资源。"学导生成"育人文化"体系的基本思路是，聚焦于对学校发展的"办学核心理念"与"学校育人文化主动生成"相互作用关系的实践探究，用"办学核心理念"引领"学校育人文化主动生成"，在"学校育人文化主动生成"中实现"办学理念的传承与创生"，探讨"办学核心理念"如何成为学校育人文化的生长点，力图将"办学核心理念"渗透到学校日常的教育教学活动、学校每位成员的发展和成长过程中，切实提高教育品质。对基本思路中的两个概念及两者的关系具体阐释如下。

（一）学校育人文化主动生成的基本概念内涵

学校不仅是教育的场所、精神的殿堂，也是价值观念的涵养地，更是育人的温床和文化的塑造者。为更好地发挥展示"学导生成"教育思想对"文化管理""文化育人"在学校教育改革发展和"素养主动生成"中的重要作用，教育工作者很有

必要厘清以下概念。

1. 办学核心理念

它是学校办学的理想、信念、价值观，是学校成员对学校精神类各文化要素的提炼、概括与提升，是用来指引学校建设、教育教学与管理等活动的最高价值标准，是学校文化的基础、核心和灵魂。能够对学校发展产生积极作用的学校办学核心理念一般应具有精神性、战略性、引领性、概括性、渗透性、相对稳定性等基本特性，需要对学校的历史与独特文化进行系统的总结、研究，全面、科学地分析学校目前和将来的环境与条件，研究、借鉴其他各类学校组织的核心理念，请专家给予必要的指导，用深刻、简明、直白的语言科学地表述，交由学校师生及家长广泛研讨、深度论证、表决通过等，并在学校办学实践过程中进行检验，使之适时地得到完善再生成。

2. 学校文化

它是学校存在的方式（文化作品）和学校成员（文化主体）的生活方式，经历了从精神价值到行为方式的落实过程。它通过物质、制度、精神文化等方面体现出来，其核心是精神层面的价值观念、办学思想、教育理念和群体的心理意识、思维程序、行为方式等。一种教育理念和教育理想要在学校中实现，就必须融入学校文化中，成为学校发展的隐性力量，化到师生的日常行动中。学校文化的形成是一个复杂的过程，每个学校都有其独特的文化特征，即文化个性。

3. 学校育人文化主动生成

它是学校文化建设的系统思路和学校文化的形成过程，是指学校文化主体主动采用一种积极的学校发展战略（将学校文化作为一种教育资源予以主动开发、创生和利用），逐步改进教育活动质量，使之在延续已有文化内涵的同时，与时俱进地生成新的文化内涵，从而引领教育改革，适应新一代人发展需要的过程。这个过程是学校文化不断演绎、互动和传承的过程，有发展，也有低潮；有颠覆，也有重建，更有在重建中创新。"学校育人文化主动生成"通过创造积极的学习环境、提供丰富的学习机会、培养学生的合作精神和社会责任感等，来促进学生的全面发展和核心素养的生成。

4. "办学核心理念"与"学校育人文化主动生成"的关系

学校文化具有独特性，是一种地域性、特殊性的存在。学校育人文化是学校办学理念的集中体现,办学核心理念是学校育人文化的精神内核。"学导生成"认为"办学核心理念"是"学校育人文化主动生成"的基础和指导,"学校育人文化主动生成"则是实现这一理念的具体方式和手段,二者相互依存、相互影响,共同引领学校发展。

学校的办学核心理念在很大程度上决定了学校育人文化的形成和发展方向,可以激励学校成员追求共同的目标,并在学校内部形成一种共同的文化氛围。同时,学校育人文化也会反过来影响办学核心理念的实践和落地。学校育人文化的塑造和传承需要与办学核心理念相一致,以确保学校的长期发展和教育质量。

"学导生成"主张的"基于办学核心理念主动生成学校文化"将主要聚焦于以下三类学校育人文化:学校"核心"文化(精神文化)、学校"成事"文化(制度文化、课程文化、环境文化)、学校"成人"文化(学生文化、教师文化、领导文化),并试图聚焦"文化主体""文化活动""文化作品"三个关键词,让学校育人文化主动生成有可能表现为"文化主体"(学校成员)通过"文化活动"(教育活动)创造高品质"文化作品"(教育作品)的过程。

(二)学校育人文化主动生成的依据

《中华人民共和国国民经济和社会发展第十四个五年规划和2035年远景目标纲要》明确提出的"建设高质量教育体系"要求,以及《教育部关于大力加强中小学校园文化建设的通知》等相关文件中的要求,都是"学导生成"主张开展"基于办学核心理念主动生成学校文化"的最直接最重要的政策和理论依据。国内已有大量的关于"学校文化生成"的研究成果,为学校开展"主动生成学校文化"的实践探索提供了方法论参考依据。

1."多重视角"观

有研究者基于对当代中小学校转型性变革的实践探索,对学校文化理解与建设进行方法论层面的思考,提出理解学校新文化生成的多重视角:一是学校文化变革的"软""硬"转化,即组织、制度等"硬要素"与文化、素质等"软要素"之间存在着相互转化的关系,"软要素"生成于"硬要素"的变革过程之中,而"硬要素"需要"软要素"的滋养;二是学校文化建设的"时""空"交叠,即作为"时"的历史文化传统及其当代阐述与当下发展的物理与精神空间融为一体,使学校成为文化的传承与创新力量;三是学校文化提升的"显""隐"相生,其中显性因素是内含价值理念的表征和载体,隐性因素是文化建设着意改变或形成的因素,校训重述、整体渗透、反思重建和多维交融，是实现显隐因素互动相生的有效路径。

2. "内聚整合"观

有学者认为，学校文化的生成是其构成要素及其功能进行整合的过程。学校文化要素具体表现为由浅入深、由外到内的三种形态，即物质文化、制度文化和精神文化。学校文化的生成就是这三种形态之间的内聚与整合过程，它们形成以物质文化为依托，以制度文化为保障，以精神文化为核心的一个有机统一体，通过三者整合及其功能的发挥，达到实施素质教育的目标。

3. "主动生成"观

《学校文化建设新思路：主动生成》（李伟胜，2012）以教育学的学科立场，从文化哲学的高度理解和辨析学校文化建设的三种途径（理性思辨、历史叙事、自主创生），并将它们融合为"主动生成学校文化"的系统思路。这一系统思路可望超越常见的参照企业文化演绎学校文化的研究思路，在理解学校教育独特内涵的基础上探索学校文化的独特品质及其生成之路，彰显学校领导、教师和学生的文化主体地位，在学校成员的自主成长中主动生成学校文化。

"学校文化生成"的"多重视角""内聚整合""主动生成"等理念与方法，为"学导生成"主张开展的"基于办学核心理念主动生成学校文化"打开了实践方法的思路：通过系统主动生成学校"办学核心理念"（理性思辨、历史叙事、自主创生），并创新"办学核心理念"的实践方式（实践内容途径多重视角互动相生、教育过程内聚整合），来主动生成具有"办学核心理念"因子的学校育人文化。

（三）主动生成具有校本特质的育人文化体系

"学导生成"主张开展的"基于办学核心理念主动生成学校文化"，主要是通过探寻与实施具体的具有"办学核心理念"因子的学校文化实践，具体凝练三类具有"办学核心理念"因子的学校文化，即学校"核心文化"（精神文化）、学校"成事"文化（制度文化、课程文化、环境文化）、学校"成人"文化（学生文化、教师文化、领导文化），逐步主动生成学校文化建设的新气象、学校师生成长的新品质、学校整体发展的新境界。

1. 聚焦真问题

在"主动生成学校文化"的过程中，"学导生成"认同李伟胜教授提出的观点，主张要坚持从学校文化的角度审视学校是否具有以下两点共性：一是是否具有先进、简洁而真实的办学理念，二是是否具有系统、有效且有特色的教育活动。要想实现"学导生成"的主张，站在学校文化建设的实践立场上，一要解决"办学理念仅仅讲在嘴上、写在纸上、挂在墙上，没真正体现在学校成员真实的思想行为之中"的问题；二要解决"学校教育活动没建立整体运作系统，用点状的特色亮点取代高层次、整体性的特色文化"的问题。

一是要主动生成学校的办学核心理念，即通过理性思辨与梳理提炼学校的办学核心理念。办学核心理念作为学校办学的灵魂所在，蕴含着学校成员对于精神文化的深度挖掘和普遍升华。它承载着学校发展的价值标准，是学校文化的根基和灯塔。"学导生成"倡导要引领全校师生员工，按照"远溯典籍，承续文脉；近观历史，理解自己；展望未来，更新理念"的路径，梳理学校"办学核心理念"的践行现状，理性思辨与提炼学校新的"办学核心理念"，理清学校"办学核心理念"与学校文化的辩证关系，主动生成具有校本特质的比较稳定的学校文化体系。

二是探究以"办学核心理念"为核心的学校理念如何成为学校育人文化的内核。按照"基于办学核心理念主动生成学校文化"的整体思路，"学导生成"倡导在实践层面要力图让办学理念融入学校文化建设和学校整体改革行为之中，努力找寻学校"办学核心理念"的着落点，将"办学核心理念"已有的理论研究成果转化为学校的整体行为力，将理念化入学校教育教学实践中，着力于将学校"办学核心理念"课程化、生活化、行为化，具体化到学生、教师、学校管理等方面，转化为学校内在的精神气质，让学校育人文化主动生成具有更强的可操作性，让日常教育活动具有更高的文化品位。因此，"学导生成"主张把学校"办学核心理念"作为"学校育人文化主动生成"的实现途径，通过课程渗透、活动体验、环境熏陶、班级管理、学校管理等多种途径，发挥学校育人文化对师生价值观的导向功能、对师生情感的激励功能、对师生品格的塑造功能和对师生行为习惯的规范功能，形成基于"办学核心理念"的学校育人文化。

2. 选择着力点

"学导生成"倡导要树立将"主动生成具有'办学核心理念'因子的学校文化"作为统领学校新一轮优质特色发展着力点的意识，要主动引领全体教职员工开展梳理思辨学校的办学核心理念和再度丰富完善学校办学理念体系的工作，进而主动引领全体教职工一道达成"希望通过学校文化建设实现学校高境界发展"的共识，形成"主动生成学校'核心'文化,即精神文化,与时俱进内涵发展"的办学整体思路,并依据新基础教育倡导的"在成事中成人,用成人促成事"观点,重点选择制度文化、课程文化、环境文化三个具体"成事"领域。同时,聚集"人"的成长,让领导、教师、学生三类学校文化主体所创造的三类"成人"文化(领导文化、教师文化、学生文化)之间相互激活,促成学校成员用体现生命尊严的自觉意识来主动开发已经存在的文化现象,让师生在高质量的教育交往中提升品质,如图2-2所示。

学校文化分类	领域分项文化
"核心"文化	精神文化
"成事"文化	制度文化、课程文化、环境文化
"成人"文化	学生文化、教师文化、领导文化

图2-2 "基于办学核心理念的学校文化主动生成"中的学校文化体系

3. 找准切入点

"学导生成"倡导在开展"主动生成具有'办学核心理念'因子的学校文化"建设进程中,要重点关注将办学理念转化为实践活动的两个关键因素——教育者(文化主体)和教育活动内容(文化作品)。因为一方面"学校成员对自身的主体地位和身处其中的学校文化所具有的自觉程度,成为衡量学校文化价值的一个基本要求;以此为基础,我们才有可能有意义地谈到学校文化的品位、内涵和系统表述"。另一方面"主动生成学校文化"需要通过看得见、摸得着,能让学校成员参与其建设过程的"文化作品"(包括"文本资料"和"教育活动"),来展现出学校领导和师生的文化主体地位。这样的"文化作品"正是学校成员每天投入其中的教育活动和记录这些活动的资料,以及这些活动可能用到的文化资料。因此,在开展"主动生成具有'办学核心理念'因子的学校文化"的实践探索过程中,要重点关注教育者(文化主体)的生命样态和教育活动内容(文化作品)的质量状态,由此才有可能具有真正意义上的文化主体和文化作品的品质提升,学校文化的品位、内涵也才能真实地得到提升。

案例 2-1

广开心智　博育良才
——东莞市南城阳光第三小学主动生成"开才教育"核心理念

东莞市南城阳光第三小学基于学校办学历史传承的积淀、新时期教育改革主张的要求,以及学校自身发展需要的突破,提出了"开才教育"的品牌定位,并提炼出了相应的办学理念、综合素养和一训三风等。

一、"开才教育"品牌定位溯源

(一)扎根历史传承

东莞市南城阳光第三小学办学历史悠久,文化积淀深厚,历经三迁校址,四更校名。

学校始建于1929年开办的"开才小学堂",由当地的爱心乡绅张乔甫等人资助创办,主要是教当地儿童识字算数,开蒙才智,故取名为"开才小学堂"。1943年,张氏家族后人将学校更名为"育才学校",旨在兴教办学,为挽救国家民族培育人才。学校创办者秉持中国人骨子里的善良、爱国之心,兴学以为家乡、为国家"开才""育才",其本意就是要培养人才。当年的先贤们就有这等博爱、大智慧之举,真令我们如今的后辈折服与敬仰。

1950年"育才学校"由当地政府(新基社区)收归为集体办学形式,并择址新建校舍,更名为"新基小学",寓意"为新社会培养新一代基础人才";2003年9月新基社区又为学校择址规划,投资新建校舍于现址,并将学校更名为"阳光第三小学",这所学校也成为南城"阳光"教育品牌系列学校之一;2008年,"阳光第三小学"(下文简称阳光三小)正式归属南城街道办事处,由其统筹办学。

阳光三小历经90多年的变迁,学校办学理念也几经更迭,从"开才""育才"的博爱兴教育才,到"新基""阳光"的孝雅立德树人,再从莞式"慧教育"到如今的"开才博育",变化的是"阳光三小人"对教育理想的诠释与表达,不变的是我们对理想教育的执着与追求。

（二）对接教改主张

新时代我国进一步深化教育教学改革、全面提高义务教育质量的纲领性文件《中共中央国务院关于深化教育教学改革全面提高义务教育质量的意见》强调，坚持立德树人，着力培养担当民族复兴大任的时代新人；坚持"五育"并举，全面发展素质教育；强化课堂主阵地作用，切实提高课堂教学质量；按照"四有好老师"标准，建设高素质专业化教师队伍；深化关键领域改革，为提高教育质量创造条件；加强组织领导，开创新时代义务教育改革发展新局面。阳光三小作为一所在区域内具有较好办学效益和办学质量的公办小学，如何创造性地在教育改革与实践中实现学生综合素养的良好培育，"开才教育"的提出与实践便是其最为重要的校本化应答。

（三）顺应发展需要

厚积方能薄发。阳光三小有90余年的办学历史，厚积已经达成，但如何薄发？选择什么样的角度？以什么样的方式？追求什么样的目标？以什么方式呈现？这些都是学校必须直面的现实问题。应该说，进入21世纪以来，阳光三小主动融入时代洪流，取得了长足的进步，实现了从一所普通城镇标准化学校到区域素质教育优秀学校的转型。但想要进一步"厘清办学思路，提升办学水平，明晰办学目标，强化办学行为"，将学校真正建设成为珠三角都市圈的现代化素质教育标杆学校，还需要在软硬件上突破。

正是在这样的时代背景和宏观语境下，阳光三小坚持扎根历史传承，对接教改主张，顺应发展需要，通过深入探讨，多方论证，集思广益，创造性地提炼出了"广开心智，博育良才"的"开才教育"理念，并确立学校品牌培育定位为"开才教育"。

二、"开才教育"的内涵解读

"开才教育"源于学校前身"开才小学堂""育才小学""新基小学"有教无类的"开蒙育才"办学宗旨；继而拓展为"开心智育人才"的普及教育、教育公平等现代学校办学育人理念；进而融入全面发展教育、素质教育、立德树人和全人教育[①]内涵；发展为"开才教育——广开心智，博育良才"的学校核心理念和学校特色品牌文化体系与培育模式。

所谓开者，一为开发，即开发学生的心智；二为开启，学生在开发心智的基础上，找到开启美好人生的方向；三为开拓，在具备心智能力、确立人生方向之后，须以

[①] 全人教育：整合以往"以社会为本"与"以人为本"的两种教育观点，形成的既重视社会价值又重视人的价值的教育新理念。

努力的付出来开拓，才能实现人生的幸福。

所谓才者，一为才智，智即知也，在这里主要指向知识的学习；二为才能，在这里主要指向能力的习得；三是才思，指在知识扎实、能力突出的基础上具备系统的思维能力和思维方法。只有才智、才能、才思三者兼备的"博才少年"，才是"开才教育"理念所培养的方向。

"广开心智"，广者，即强调"开心智"的主体全员、时间全过程、空间全方位；"博育良才"，博者，即强调"育良才"要有教无类，要视野广大，要爱心博大。

"广开心智"是面向每一个学生、每一类学生和全体学生，积极广泛开启、发展学生的身心灵智素养，以校、家、社全面多元途径培育未来人才；"博育良才"是以立德树人为根本，促进学生全面、主动、个性化自主成长，为国家培育品格优良、全面发展的新时代少年。

因此，学校把"开才教育"的基本内涵确定为开启心智才能和博育未来人才，即以"开才""博育"为学校办学行为的内涵关键因子，通过系统、科学而富有个性的符合学生成长规律的教育教学活动，实现学生的德、智、体、美、劳全面发展。

三、"开才教育"下的办学理念体系

"开才教育"文化理念体系的核心思想和最大特点在于把"将服务中华民族伟大复兴作为教育的重要使命，着力提高教育质量，促进教育公平，实施五育并举，培养综合素养，注重以德为先、全面发展、面向人人、终身学习"等时代精神和教育现代化发展取向，创造性地融入了学校发展的核心理念、品牌培育和品质发展。

提出缘由	扎根历史传承　对接教改主张　顺应发展需要
品牌定位	开才教育
办学宗旨	为学生成才奠基　为民族复兴育人
办学理念	广开心智 ⇔ 博育良才
办学目标	办"博育"阳光学校　育"博才"时代少年
一训三风	校训　　　校风　　　学风　　　教风 向博而行　博爱健行　博趣乐行　博育笃行
基本策略	博爱立品　博学启智　博能健身　博趣广育　博习增能
综合素养	会做人　会学习　会锻炼　会审美　会劳动

"开才教育"价值体系图

（一）办学宗旨：为学生成才奠基，为民族复兴育人

中小学教育担负着为中华民族伟大复兴、中国特色社会主义发展培养德智体美劳全面发展的社会主义建设者和接班人的伟大使命。因此，阳光三小坚定不移、始终不渝地把"为学生成才奠基，为民族复兴育人"作为学校的办学宗旨，并通过实施以"广开心智，博育良才"为核心理念的"开才教育"，营建"博育—开才"学校特色文化，贯彻"办'博育'阳光学校，育'博才'时代少年"的办学目标，来实现"博育—开才"的办学理想。

（二）办学理念：广开心智，博育良才

"广开心智，博育良才"是"开才教育"在办学层面的要求，也是学校品牌培育的文化理念核心内涵，即全面广泛开启和发展学生的身心灵智素养，为国家培育品格优良、全面发展的新时代少年。这是学校优秀传统办学文化的传承创新，也是学校办学的校本特色，更是学校落实中小学"立德树人"和"五育并举"的高品质办学取向。

（三）办学目标：办"博育"阳光学校，育"博才"时代少年

"办'博育'阳光学校，育'博才'时代少年"是阳光三小的办学育人目标，也是学校品牌培育、高品质发展的办学育人方向。"博育"具有广泛、普及、多方面、全方位育人的意义，体现"全面发展、面向人人"的"公平而有质量的教育"和"全面发展教育""素质教育""立德树人""人人教育""全人教育"的现代先进教育理念，符合阳光学校"博爱育人"的教育理想追求和育人情怀；育"博才"时代少年是民族复兴和"未来已来"的新时代社会发展对基础教育，尤其是义务教育阶段儿童少年成长基础素养的要求。更重要的是，"办'博育'阳光学校，育'博才'时代少年"是学校办学育人优良传统和核心文化理念的传承创新，是学校品牌建设和品质发展的精神引领。

（四）"一训三风"

1. 校训：向博而行

校训是学校治学的规范，是对师生的发展指引、告诫和训导，是一所学校核心理念的精致表达，体现其办学宗旨，是师生成长的指南。基于这样的认识和"博育开才"的办学理想，我们把学校校训确定为"向博而行"——办"博育"阳光学校，育"博才"时代少年。学校倡导以博爱精神立德树人，教师自觉以博知素养专业发展、以博爱情怀潜心育人；学生以博才为学习和成长目标，夯实博才基础，立志成

为社会有用之才。要想让"向博而行"成为学校精气神,需要落实与之相一致的校风、教风和学风。

2. 校风:博爱健行

对全校师生,学校提倡孝雅立德和与人为善、为人着想、助人为乐的博爱情怀;倡导积极进取、奋发向上、自主自觉,以"天行健君子以自强不息"的精神来养成现代人格品质和修为。

3. 教风:博育笃行

对全体教师,学校提倡怀博爱之心,养博学之识,育博能之才;倡导守育人初心,矢志不渝,敬业爱岗,进德修业,潜心教书,静心育人。

4. 学风:博趣乐行

对全体学生,学校提倡怀博纳之心,养博学之趣,成博识之才;积极行动,主动探究,阳光开朗,快乐践行,知行合一。

二、营造素养主动生成的育人文化环境

营造育人文化环境是学校育人工作的重要任务,它对学生的全面发展和素养生成具有重要影响。"学导生成"主张"基于办学核心理念主动生成学校文化",倡导营造一个有利于学生全面发展和素养主动生成的学习和成长环境。

(一)基于办学核心理念营造育人文化环境的措施

基于办学核心理念,学校应该注重物态环境和人文环境的建设,并要从"'学'为主体,'导'为主线"的层面考量所建的育人文化环境是否真正能为学生提供丰富的学习资源和培养机制,是否真正能有利于引导学生核心素养的主动生成。这需要学校全体教职员工的共同努力,以及学校与家长和社会的紧密合作。

1. 建设良好的物态环境

物态环境指的是学校的物质设施、场所和环境等方面的条件,包括学校的建筑、教室、图书馆、实验室、艺术工作室、运动场等丰富的学习资源与先进的硬件设施,以及校园的绿化、卫生、安全等方面的软环境。基于办学核心理念来营造物态环境,需要对校园物态环境建设做一个主题鲜明的、系统的、多层面的顶层规划设计,要处处能渗透"办学核心理念"的育人内涵,时时能发挥"办学核心理念"的育人功能,所营造的物态育人文化环境才能树立积极向上的价值观和文化氛围。建设良好的物态环境就是为学生提供良好的学习、生活和成长环境，为学生的个性发展提供多样化的学习机会和体验，为学生的全面发展提供支持和保障，它也将影响激励学生树立正确的人生观、价值观和道德观，激励学生培养阳光自信和积极向上的心态。

2. 建设积极的人文环境

人文环境指的是学校内部的文化氛围、价值观念、教育理念等方面的条件。它包括学校的教育理念、教育目标、教育方法、教育实践、教育方式、教育氛围等软性要素，学校内部的师生关系、家校关系、学生之间的交往等人际关系和学校的管理制度，以及学校建立健全的教师培训、家校合作、学生评价等有效的育人机制。基于办学核心理念来营造人文环境，需要将主动生成的具有"办学核心理念"因子的学校办学理念文化体系，融入开展的建立积极向上的教育理念、培养良好的家校师生关系、建立公平公正的管理制度、弘扬学校的文化传统和精神价值观等教育实践工作中，营造浓郁的带有人文特色的育人文化氛围，促进学生素养主动生成和全面发展。

（二）基于办学核心理念营造育人文化环境的意义

1. 培养全面发展的学生

基于办学核心理念营造的育人文化环境，可以为学生提供全面发展的机会和平台，创造积极向上、互助合作、尊重多样性的学习环境，让学生在这样的环境中得到全面的成长，发展他们的认知、情感、社交和实践能力。

2. 培养良好的人际关系

基于办学核心理念营造的育人文化环境，强调师生之间的关怀和尊重，鼓励学生之间的友善合作，倡导家校之间的良性互动。这样的环境能够方便建立和谐的师生关系，促进学生之间的互助互爱，形成家校合作共育的合力，能为学生的健康成长营建一个温馨和谐的"学校大家庭"环境。

3. 培养积极向上的学习氛围

基于办学核心理念营造育人文化环境，可以激发学生的学习动力和兴趣，培养他们良好的自主学习、持之以恒、合理规划等学习习惯和能力；营造积极向上、鼓励探索和创新的学习氛围，让学生乐于学习、勇于探索；提供包括课内外活动、实践体验等丰富的多样化的学习机会，让学生能够全面发展和展示自己的才能，使他们能够主动参与学习并自主探索知识，在兴趣爱好中培养自己的素养。

案例 2-2

"体验践行"育人文化环境营造方案

东莞市南城阳光第七小学在"体验求知,践行发展"的"体验践行教育"的理念指导下,围绕学校"物态环境文化""人文环境文化"等方面着力建设学校育人文化环境,注重环境文化氛围的熏陶和感染,蕴含个人与团队荣辱价值观的追求,强调现代文明气息与传统文化底蕴的有机融合,实施文化浸润、活动体验的建设策略,让校园充满人文精神,浸润"体验求知,践行发展"的文化特质。以下是"体验践行"育人文化环境营造方案,实施时间为三年(2007年9月至2010年8月)。

"体验践行"育人文化环境营造方案

学校 文化	建设思路	实施 策略
物态 环境 文化	1. 校园环境主题文化:按"学""勤""志""诚"四大主题再深入完善布置 2. 楼道主题文化:按"科技""艺术""习惯""环保""安全""感恩""名人名言""成人成才"等主题形成系列并开展 3. 班级(室内)文化:围绕"建设阳光教室(或功能室等)",开展班级环境文化与班风行为文化建设,包含个性班名、合作小组组建等	以"文化品位、现代信息、人文精神"为理念,强调现代文明气息与传统文化底蕴的有机融合,实施文化浸润、活动体验策略
人文 环境 文化	1. 师生行为文化:按照"做真人,有文礼——学习做有涵养的师生,学会过有文化的生活,主动发展,创新进步"为总要求,规范师生点滴行为(形象、习惯等) 2. 活动仪式文化:建立各种活动仪式的规范程序,引领师生参与各种仪式,注重仪式的特殊教育作用与力量 3. 师生成长文化:实施"教艺工程"——开展"课内比教学""课外访万家"和"缔造完美教室"活动。实施"阅读工程"——师生共读经典,同写反思,营造书香校园,开展"读书好学"展示活动,评选"书香班级、学生、教师、家庭""小作家""学习型先进个人""有涵养的师生"等。实施"才艺工程"——鼓励教师以教育部印发的《小学教师专业标准(试行)》、学生以"学有特长"为要求,制订个人"三年奋飞计划",每学期为师生搭建展示才艺的平台,表彰品牌学生、个性学生和品牌教师、个性教师 4. 学校理念制度文化:激励全体教职工讨论修订、审议通过、全面实施《阳光第七小学工作手册》	

三、开展素养主动生成的育人文化活动

"学导生成"主张的"基于办学核心理念主动生成学校文化",倡导大力开展指向学生素养主动生成的育人文化活动,以促进学生的全面发展和个人成长。

（一）基于办学核心理念开展育人文化活动的设计

基于办学核心理念开展指向学生素养主动生成的育人文化活动，将重点关注"学"和"导"的意义，可以按照以下步骤进行设计。

1. 确定活动主题与目标

首先要明确理解学校的办学核心理念，根据办学核心理念设计确定活动主题，制订具体的活动目标，并将办学核心理念融入，使其成为开展此次主题育人文化活动的指导思想。

2. 分析学生需求

了解学生的兴趣、需求和特点，通过调查问卷、座谈会等方式收集学生的意见和建议，以便从"'学'为主体，'导'为主线"两方面设计的主题育人文化活动能更好地满足他们的需求。

3. 设计活动内容

站在"学生'学'"的立场，根据学生的需求和基于办学核心理念所确定的活动主题与目标，设计适合的育人文化活动内容，可以包括艺术欣赏、文学阅读、社会实践、科技创新等，旨在引导激发学生主动培养多元素养。

4. 制订活动计划

站在"教师'导'"的立场，制订详细的活动"主导"计划，包括活动的时间、地点、参与人员、活动流程等，以及准备好所需的活动资源，包括场地、器材、资料等，确保活动的顺利进行。

5. 宣传和邀请

通过校园广播、海报、班会等方式宣传活动，并邀请学生积极参与，可以设立奖励机制，激发学生的参与热情。

6. 组织实施活动

按照活动计划，组织学生参与活动。关注"学"和"导"的过程，确保活动顺利进行，并及时解决活动中出现的问题。

7. 总结和评估

活动结束后，对活动进行总结和评估。从活动设计、活动开展和活动结果，对每个环节、每个步骤都要用"办学核心理念"来检视，衡量其是否符合"办学核心理念"主张的规范要求与价值观。同时，要收集学生的反馈意见，评估活动的效果，并根据评估结果进行改进、完善。

（二）基于办学核心理念开展育人文化活动的意义

基于办学核心理念开展育人文化活动，有以下几个方面的作用。

1. 培养学生的综合素质

基于办学核心理念主动生成的育人文化活动可以帮助学生全面发展，提高他们的文化素养、创造力、社会责任感和综合素质。

2. 培养学生的自主学习力

通过基于办学核心理念开展丰富多样的育人文化活动，可以激发学生的学习兴趣，提高他们的自主学习力和主动性。

3. 培养学生的社会责任感

通过基于办学核心理念主动开展的参与社会实践和志愿者活动，学生可以深入了解社会问题，培养他们的社会责任感和公民素养。

4. 拓宽学生的视野

通过基于办学核心理念主动开展的参观博物馆、艺术展览、传统节日庆祝等活动，学生可以亲身体验和了解不同文化，拓宽他们的视野。

5. 培养学生的创新能力

通过基于办学核心理念主动开展的科技创新和创业教育活动，可以培养学生的创新意识和实践能力，提高他们的科技素养和创业素养。

案例 2-3

东莞市南城阳光第三小学组建学生家长志愿服务队

学校家委会号召家长自愿组建了1000余人的家长志愿者，本着"我愿意、我奉献、我快乐"的精神，积极参与学校管理、教育工作。其中有两大常态化开展的学生家长志愿服务项目特别有亮点。

一是"博爱伴你行阳光三小志愿服务队——护学岗项目"。该服务队是由学校和市红十字会共同组建的着力建设校门口"博爱斑马线""博爱文明路"的公益性组织，是由自愿贡献个人的时间及精力，不计任何报酬参与学校服务的家长志愿者组建。他们和学生一起，秉持"奉献、友爱、互助"的精神，在每天早晨、中午、晚上上下学时间，坚持在校门口马路上为全校学生的安全保驾护航，维护校门口周边秩序、环境卫生，劝诫制止不文明行为，弘扬"人人为我，我为人人"的良好风尚，传颂"奉献、友爱、互助"的志愿服务精神。该项目已成为阳光三小一道亮丽的风景！该项目已辐射到市内外，"东莞市红十字会博爱伴你行志愿服务总队"也设立在阳光三小，扶持成立了东城五小、南城中心幼儿园等多个分队。

二是"阳光博爱志愿服务队——校本课程项目"。该项目是由有特长、有相应资质的家长自愿组成的班级、年级社团活动课程（校本课程）辅导老师、助教团队，无偿定时来学校为学生上课辅导。目前各班都有稳定的社团课程和家长志愿者辅导团队，各辅导团队在年级平行班中交叉轮换授课，资源共享。其中"安全生命教育课程"已建有完整的螺旋式上升的一至六年级课程体系，家长志愿辅导老师都有专门的资质证书。

第二节 "双线循环促进"：文化育人生成机制

"学导生成"主张基于办学核心理念主动生成学校文化，倡导生成有利于促进学生"素养主动生成"的学校育人文化。依据华东师范大学李伟胜教授的"学校文化主动生成"理论，东莞市南城阳光第三小学提出了"学校文化基于办学核心理念主动生成"的理论，在实践中概括出了"主动生成具有'办学核心理念'因子的学校育人文化"的实践路径与方法，进而形成了"双线循环促进"的文化育人生成机制。

一、"学导生成"文化育人生成机制的目的与意义

实际上，学校文化不基于"办学核心理念"照样能生成，但所生成的学校文化不一定是我们所希望的或者说是不能令人满意的学校文化。"基于办学核心理念主动生成学校文化"就是致力于达成学校内在精神的整体性转变，尤其是凸显"学导生成""主导赋能"原则的意义，即"主动生成具有'办学核心理念'因子的学校育人文化"，逐步生成学校育人文化新气象，生成主体发展的新品质，生成学校发展的新境界。"学导生成"文化育人生成机制的目的和意义主要体现在以下方面。

（一）理论层面

从"办学核心理念"的视角探讨学校育人文化的主动生成，主要是站在微观的

立场上,通过学校自我革新,生动再现基于"办学核心理念",学校育人文化的发展历程和主动生成状况,以及学校育人文化在这一段历程中所呈现的样貌和在促进学生素养主动生成方面的真实作用。所得结论将丰富和完善学校文化研究的相关理论,同时构建对于"学导生成"教育思想下主动生成"办学核心理念"的新认识。

(二)实践层面

经过理性思辨与实践探索,学校的"办学核心理念"将成为学校管理者和教师认同的价值观,尊重学生个体差异将成为教师共同的教育准则;学校"办学核心理念"更是教师笃信的教育理念,也将是教师身体力行并极力引导学生要达到的境界追求。这种价值观上的转变将带来学校整体氛围和文化的更新,反过来又从根本上推动学校的快速发展,形成"学导生成"教育的良性发展趋势。

学校的管理者和教师在"办学核心理念"的引领下,思维方式将逐渐由割裂走向整合,由当下辐射长远。学校在规划、规章制度、教育教学等各方面的设计和思考将不再只针对眼前,而是有更长远的眼光,教师的教学也不再是割裂的知识传递,而是将知识讲授与育人价值开发、才智开启相结合,一切以践行"办学核心理念"引导学生核心素养主动生成为归宿。

行为是价值、思维的外显,价值观、思维方式的变化必然带来行为方式的变化。学校的课堂、校园环境、主题活动、师生言行等都将随着内在"精气神"的转变而转变,体现学校"办学核心理念"的育人文化氛围将越来越浓厚,学校与师生的发展将呈现"办学核心理念"导向的良性发展态势。

二、主动生成学校育人文化的三项措施

我们在深入开展"基于办学核心理念主动生成学校文化"的实践探索过程中,对"主动生成具有'办学核心理念'因子的学校育人文化"的实践路径和方法理论,在李伟胜教授的"学校文化系统主动生成"理论基础上进行了深层次的思考、研究和发展,总结概括出了"厘定三项核心措施,建立'双线循环'整体运作机制"的策略方法。三项核心措施如下。

(一)主动生成学校育人文化的思路

作为"文化主体"的学校成员(学生、教师和领导)基于对"办学核心理念"的已有理解和践行,创造、使用、改进和更新学校"文化作品"(静态的"文本资料"和动态的"文化活动"即"教育活动"),由此提升学校的教育品质,创生学校文

化品牌。这个核心思路如图 2-3 所示。

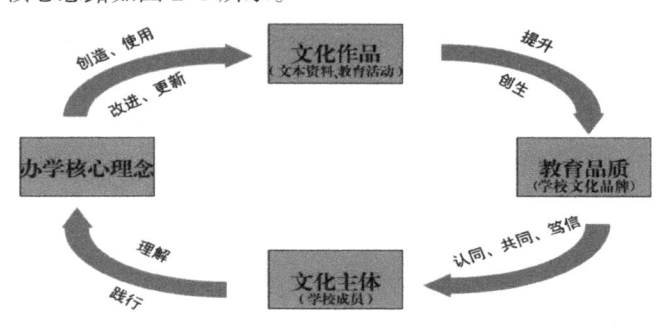

图 2-3 主动生成学校文化的核心思路

具体来说，学校践行"基于办学核心理念主动生成学校育人文化"的核心思路，需要深深植根于学校成员对文化主体角色的自我认知。学校成员在理解和践行"办学核心理念"方面扮演着重要的角色。他们不仅仅是学校文化的参与者，更是塑造者和推动者。

把握运用这一核心思路的重点在于鼓励学校成员以"办学核心理念"为指南，积极参与文化生成的全过程。他们将以此为基石，通过创造、使用、改进和更新学校的"文化作品"，来展现并贯彻这一理念。这些"文化作品"不仅是学校文化的物质体现，更是学校办学理念的传播载体。

把握运用这一核心思路的关键在于学校成员能够通过在教育活动中贯彻办学核心理念，创造出与之相契合的文本资料和文化活动。这种融合将使学校的教育质量不断提升，同时也为学校树立起鲜明的文化品牌。这种品牌不仅仅是外在的标识，更是学校教育价值观、理念和精神内核的象征。通过学校文化品牌的打造，学校将更好地彰显其独特魅力和影响力，吸引更多的人走近、参与和推崇。

因此，聚焦于文化主体的角色定位，鼓励他们基于"办学核心理念"在教育活动中主动创造并不断更新学校文化的物质和活动形态，以此为推动力，使学校教育品质获得提升，塑造出独具魅力的学校育人文化品牌。

（二）主动生成学校育人文化的路径

在深入理解、思辨、提炼办学核心理念的基础上，审视"文本资料"和"文化活动"（包括教研活动），将办学核心理念有机地融入学校教育教学实践活动中，进而生成彰显"办学核心理念"的学校育人文化系统。如图 2-4 所示。

```
文化主体  —策划、实施→  文化活动      —反思、改进→  文化作品       —生成→  文化系统
         理解办学核心概念  （教育活动）   融入办学核心理念           彰显办学核心理念
```

图 2-4　主动生成学校文化的核心路径

基于办学核心理念主动生成学校育人文化的核心路径是一个系统性的过程，旨在将学校的办学理念贯穿于整个教育教学实践中，从而形成一种独特的学校育人文化。这一过程需要把握好以下几个关键步骤：

1. 深入理解、思辨、提炼办学核心理念

学校成员需要对学校的办学理念进行全面理解、深度思考，并从中提炼出办学的核心理念，明确学校的办学目标、教育理念和价值观。通过对核心理念的思辨和提炼，确立学校的办学方向和特色。

2. 审视并提升各类文化活动和文化作品的质量

学校成员基于对办学核心理念的深刻理解，不断审视和分析、思考和更新教育活动和相关文本资料，包括教研活动、教材、课程设计等。这种循环性的审视和更新是为了使这些活动和作品始终符合办学核心理念，并能不断被提升和改进。

3. 将办学核心理念有机融入学校教育教学实践活动中

教育教学实践活动包括教学内容、教学方法、评价方式等方面。经过前面两个步骤的工作后，学校可通过教育教学实践的具体操作，让学生在实践中感受到办学核心理念的价值和意义。

4. 生成彰显"办学核心理念"的学校育人文化系统

通过以上步骤的实施，学校可以逐渐形成一套彰显办学核心理念的学校育人文化系统。这个系统包括学校的办学思想、制度体系、发展方式、校园环境以及品牌作品（文本和活动项目）等方面。这些方面相互关联，共同构成了学校的育人文化。

这一路径的目的在于，将办学核心理念融入学校的育人文化中，使学校的办学理念得到全面贯彻和落实，使学生的综合素养得到全面主动生成。

（三）主动生成学校育人文化的核心平台

以"文化作品"为平台，让"文化主体"通过"文化活动"来创作和更新"文化作品"，学校成员由此实现主动发展，学校文化由此彰显生命活力。如图 2-5 所示。

第二章 "学导生成"的育人文化生态

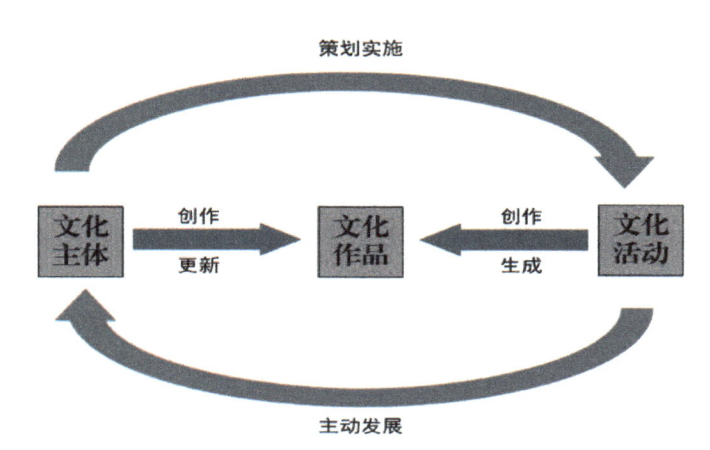

图 2-5 主动生成学校文化的核心平台

这一核心平台的主要组成部分是"文化作品"，其内涵不仅包括静态的文本资料，还涵盖了动态的教育活动。这一平台的设计旨在激发和促进"文化主体"，通过参与各类"文化活动"，创作和更新这些"文化作品"。这样的参与和互动使得学校成员能够主动发展自我，而学校育人文化也因此展现出了生命活力与内在动力。

具体而言，这一平台主要由两大部分组成。

首先，静态的文本资料涵盖了学校运作的各个方面，比如工作规划、课程体系、教学设计、教育叙事、活动录像、建设方案、微信公众号信息等。这些文本资料不仅是学校运作的记录，更是办学核心理念的具体呈现和实践，反映了学校教育理念的深度和广度，是学校文化的有力表达。

其次，动态的教育活动则是平台的另一重要组成部分。这些活动包括了各种教研、管理以及学生自主参与的活动，比如班级活动、社团活动等。这些活动不仅是教学、管理和学生自主发展的载体，更是学校育人文化的实践和延展。通过这些动态活动，学校成员不断地实践办学核心理念，为学校育人文化注入了生动的活力和创造性。

这一平台的运作，将"文化主体"置于文化育人的核心。学校成员参与这些文化活动，不仅是在实践中学习，更是在创造中塑造和更新学校的文化。这种参与式的文化生成机制，使学校成员能够主动融入学校文化的建设和发展中，而不只是被动接受。这样的参与让学校成员能够更深入地理解办学核心理念，同时也为学校的文化建设贡献丰富的想法和创意。

三、建立"双线循环促进"的文化育人生成机制

"基于办学核心理念主动生成学校文化"的"双线循环"整体运作机制如图2-1所示。

其包含两个重要内容：

一是基于办学核心理念以"文化作品更新"为主线的"成事"循环运作机制。学校"文化主体"在深入理解、思辨、提炼"办学核心理念"的基础上，不断用"办学核心理念"来审视、反思、提升各类文化活动和文化作品的质量，"文化作品"得到更新、优化、创生，进而生成彰显"办学核心理念"的学校"成事"文化系统（办学思想、制度体系、发展方式、校园环境、品牌作品等）。

二是基于办学核心理念以"文化主体共生"为主线的"成人"循环运作机制。学校"文化主体"基于"办学核心理念"在"更新—创生—使用—改进"各类文化活动和文化作品过程中，不断得到共生发展和完善提升，进而生成彰显"办学核心理念"的学校"成人"文化系统（转变领导管理方式、更新教师工作方式、改善学生活动方式等）。

由此创生学校文化系统内涵（具有"办学核心理念"因子的学校文化），形成学校文化特色，并逐步主动生成学校文化建设的新气象、学校师生成长的新品质、学校整体发展的新境界。

运用这套运作机制的关键，是要把握和运用好厘定的"三项核心"措施，这样才能建立稳定的"成事""成人"双循环运作机制，进而发挥"双线循环促进"的文化育人生成机制的作用。

（一）"成事"循环运作机制

这一机制以办学核心理念为主线，通过不断更新文化作品来形成学校的制度、发展方式、校园环境等。这种循环使学校的办学理念得到具体体现和不断优化，构建起一个持续发展的"成事"文化系统。

（二）"成人"循环运作机制

这一机制以办学核心理念为引导，学校成员在不断更新、创新、使用和改进各类文化活动和作品的过程中共同成长和完善。这一机制包括领导管理方式、教师工作方式、学生活动方式等，它们形成一个共生发展的"成人"文化系统。

（三）"双线循环促进"生成

"双线循环"整体运作机制是践行"新基础教育"提出的"在'成事'中'成人'，用'成人'促'成事'"理论的有效机制，是通过"成事""成人"双线文化育人互促系统引领学生素养主动生成的文化育人生成机制。这种运作方式不断创生出具有核心理念因子的学校文化，使学校文化与核心理念更加契合，形成学校独特的文化特色。同时，学校育人文化也不断演变，生成新的氛围、师生成长的新品质，为学校的成长带来新的可能性和品质提升。

案例 2-4

东莞市南城阳光第三小学指导家委会建设

2015年11月，阳光三小团队在梳理学校办学理念的过程中研读了学校家委会建设的"文化作品"，如家委会章程、家委会工作手册等，发现学校对家委会建设做了大量工作。为使家委会在学校发展建设中发挥更大的作用，我们根据学校"开才—博育"的办学核心理念，再次对家委会建设指导工作进行了思考与建构，一致认为学校指导家委会建设，要努力营建有利于对学生开展"开才—博育"教育的家校合作共育环境。为此，学校就家委会建设所用的"文化作品"（文本资料和活动），进行了"立足于家校合作共育"的改进与更新。比如重新修订、通过家委会章程、家委会工作手册等；策划、组织实施了学校对家委会建设进行指导的活动，如"家委会章程"大讨论、体验式家长培训、家委会建设校际交流与专家培训；指导家委会开展"家长秀课堂""博爱护学岗""父母学堂""亲子阅读""期末家校合育展示交流"等品牌项目活动。家委会建设工作得到了广大家长和教职员工的认同，家长和老师都本着"我愿意、我奉献、我快乐"的精神，积极参与到家委会建设和"家校合作共育"的工作中来，"家校合作共育"形成的"相亲相爱大家庭"和"开才—博育"的文化环境，对学生健康成长产生了极大影响。学校也实时按照"开才—博育"办学核心理念来评估家委会的建设指导工作，目前已建立了"双线互动，三级互补，扁平互促"的家委会建设指导良性运行机制，形成了《主动"三导"，突出"三重"，彰显"三真"——家委会运行机制》和《"基于'家校合作共育'的家委会建设指导"实践研究》文件，以上成果荣获广东省中小学优秀德育科研成果评选一等奖和广东省中小学"校（园）长开展家校协同育人"典型案例奖。"家长秀课堂"社团课程、"少年强"课程、博爱护学岗等"家校合作共育"项目及每学期期末的"家校合作共育"评比交流活动都开展得有体系、有特色、有成效。近几年，学校接待市内外兄弟学校就"家庭教育""家校合作共育""家委会建设"工作来校开展的交流培训学习活动达50多批次、3000余人。

附：指导家委会建设文化作品（2016—2017年）

东莞市南城阳光第三小学家长委员会章程

（2016年10月20日阳光三小家长代表大会讨论修订审议通过）

第一章　总则

第一条：为深入贯彻落实《中共中央 国务院关于进一步加强和改进未成年人思想道德建设的若干意见》《国家中长期教育改革和发展规划纲要（2010—2020年）》《教育部关于建立中小学幼儿园家长委员会的指导意见》等有关文件精神，推进现代学校制度建设，完善学校管理制度，结合我校实际，特制订本组织章程。

第二条：学生健康成长是学校教育和家庭教育的共同目标。建立家长委员会，对于发挥家长作用，促进家校合作，优化育人环境，建设现代学校制度，具有重要意义。我校家长委员会名称定为"东莞市南城阳光第三小学'阳光博爱'家长委员会"。

第三条：家长委员会应在学校的指导下履行职责。我校家长委员会是由我校学生家长代表组成，他们代表全体家长参与学校民主管理，支持和监督学校做好教育工作的群众性自治组织，是学校联系广大学生家长的桥梁和纽带。其宗旨是：坚持家校沟通与合作，让家长充分参与学校管理，有效体现家长对学校教育教学工作的知情权、参与权和监督权；完善学校、家庭、社会三位一体的教育体系，营造良好的教育环境；深入推进素质教育，促进学生的全面发展。

第四条：学校应为家长委员会的设置和工作开展提供必要的办公场所和办公条件。

第二章　组织形式

第五条：根据实际运作需要，我校将建立学校家长代表大会和班级、年级、校级三级家长委员会。

第六条：班级家长委员会由5名常务委员组成，其中会长1名、副会长2名、正副秘书长各1名。一般一年级新生入学后2周内，召开第一次全班家长会议，由班主任协助家长自荐、推选、选举产生出本班家长委员会常务委员，建立班级家长委员会。各班选举产生出的5名班级家长委员会常务委员将作为班级家长代表参加年级、学校家长代表大会。

第七条：年级家长委员会常务委员由1名会长和2名副会长、1~5名正副秘书长组成。参选者为同年级各班家长委员会会长，这些会长要在每学年的开学前，通过自荐的方式，提交应选材料。在每学年开学初，由学校德育主任和年级组长协助开展选举工作，其形式是召开年级家长代表大会，由年级家长委员会在参选人员中间，进行匿名选举。年级家长代表大会闭会期间，由年级家长委员会代行其职责。

第八条：校级家长委员会常务委员由1名会长、4名副会长、1名秘书长、3名副秘书长、6名委员共15人组成（一般校级家长委员会常务委员总人数在20人以内）。一般每学年初召开一次全校家长代表（即全校各班级家长委员会常务委员）大会，由全校家长代表大会推选出校级家长委员会常务委员。会长、正副秘书长在全校家长代表中自荐、推选、选举产生，副会长从六个年级家委会会长中推选产生，各班级家长委员会会长为校级家长委员会成员。学校家长代表大会闭会期间，由校级家长委员会代行其职责。

第九条：家长委员会委员任期一般为一年，每学年根据实际情况适当改选、补充，可连选连任。因毕业、转学等原因离校的学生的家长，其委员会委员身份自动取消；校级家长委员会委员在其任期内由于子女离校无法参与家长委员会工作的，需提前两周提出辞呈，由委员会推选一名委员代任，主持工作。

第三章　任职资格

第十条：家长委员会常务委员应具备的条件。

1. 热心学校教育工作，思想进步，作风正派，乐于为教育事业服务，乐于为学校学生、家长服务，富有奉献精神。

2. 能明确学校的教育目标，具有正确的教育观念，掌握科学的教育方法，讲究家庭教育质量，能创建良好的家庭教育环境。

3. 有一定的组织管理和协调能力，善于听取意见，办事公道，责任心强，能赢得广大家长的信赖。

第四章 工作职责

第十一条：委员会职责。

1. 为学校发展创设有利环境。家长委员会要发挥全体家长的优势和特长，与学校紧密协作，在依法治校、学校管理、校园文化建设、学校周边环境治理、开展校外教育实践等方面，积极为学校和学生办实事、办好事，切实帮助学校解决办学中遇到的实际问题和困难。

（1）参与学校管理。定期组织家长进校园活动，召开家长委员会会议，为学校的发展献计献策。对学校工作计划和重要决策，特别是事关学生和家长切身利益的事项提出意见和建议。对学校的教育教学和管理工作予以支持，积极配合。对学校开展的教育教学活动进行监督，帮助学校改进工作。

（2）参与教育工作。建立家长志愿者义工组织，发挥家长的专业优势，为学校教育教学活动提供支持。发挥家长的资源优势，为学生开展校外活动提供教育资源和志愿服务。发挥家长自我教育的优势，宣传正确的教育理念和科学的教育方法。

2. 依托"父母学堂"开展家庭教育工作。积极向家长、社会宣传和解释学校的工作制度和工作措施，协助学校开展家庭教育工作；做好家长思想工作，动员所有家长积极学习教育知识；动员和组织家长参与学校活动和家长培训，增进家长对学校工作的理解和支持，促进家庭教育与学校教育协调一致。在学校领导和班主任的协助下，每学期组织不少于两次的家庭教育讲座活动，可与家长会合并举办，也可单独组织。

3. 沟通学校与家庭，营造良好的家校关系。建立家长委员会和学校定期沟通协调的议事机制，就学生家长、学生、社会等反映的有关问题及时与学校进行沟通协商。向家长通报学校近期的重要工作和准备采取的重要举措，听取并转达家长对学校工作的意见和建议。把学校准备采取和正在实施的教育教学改革措施，向家长做出入情入理的解释和说明，争取家长的理解和支持。及时向学校反映家长对学校工作的意愿和疑问，帮助学校了解情况并做好改进工作，听取并转达学校对家长的希望和要求，促进学校和家庭的相互理解。多做化解矛盾的工作，把可能出现的问题，解决在萌芽状态。

第十二条：委员职责。

1. 与学校共同做好德育工作。要及时与学校沟通学生思想状况和班集体情况，经常向家长了解学生在家庭的表现和对学校、教师的看法，与学校和教师一起肯定和表扬学生的进步，解决和化解学生遇到的困难和烦恼，做好思想工作。通过家长了解学生所在班级的情况，及时发现班集体风气和同学之间关系存在的问题，推动形成积极向上、温暖和谐、互助友爱的班集体。

2. 协助学校开展安全和健康教育。引导家长履行监护人责任，配合学校提高学生安全意识和自护能力，支持学校开展体育运动和社会实践活动。对学校的安全工作进行监督，与学校共同做好保障学生安全的工作，避免发生伤害事故。

3. 支持和推动学生课业减负。引导家长积极支持教育部门和学校采取的减轻中小学生课业负担的各项措施，监督学校的课业负担情况，及时向学校提出意见和改进的建议，与学校共同推进素质教育。

4. 积极参加家长委员会的活动。协助学校每年定期组织家长代表大会、家长会、家长接待日和"父母学堂"活动，开辟第二课堂，开展家庭教育咨询，开办家庭教育论坛、教育沙龙等活动。

5. 参与对学生、教师、家长的评价与宣传。尊重教师劳动，在精神上关心、鼓励、支持教师依法履行教育管理职责，大力宣传教师教书育人的先进事迹，宣传学生家长尊师重教的典型事例，宣传品学兼优的学生和先进班集体。

第五章　权利和义务

第十三条：家长代表大会、家长委员会的权利。

1. 有本会内选举权、被选举权和表决权；

2. 有参加本会组织的有关会议和研究活动及取得有关资料的权利；

3. 有对本会内工作进行监督、提出意见的权利；

4. 有监督学校贯彻党的教育方针，实施素质教育，促进学生全面发展等工作情况的权利；

5. 有了解学校工作，提出意见、建议的权利；

6. 有观摩学校教学活动的权利；

7. 有参加学校主题教育活动的权利；

8. 有转达其他家长对学校工作、教师工作的意见、建议的权利；

9. 五名以上的成员有联名对学校工作、教师工作提出质询，要求学校有关部门答复的权利。

第十四条：家长代表大会、家长委员会的义务。

1. 自觉遵守家长委员会的有关规章制度，积极完成家长委员会分配的各项工作。积极宣传学校的治校方针、办学理念，努力协调家长与学校以及学校与各有关部门之间的关系。

2. 密切联系广大家长，积极征求家长对学校、班级管理及教师在教育教学等方面的意见和建议，积极引导家长按程序提出自己的意见或建议，及时向家长委员会反映家长的意见或建议。

3. 积极参与、配合学校举行的重大教育活动，协助学校加强民主科学管理，帮助其他家长提高教育子女的水平。

4. 对学校公益事业给予大力支持和理解，主动为学校的公益建设和事业发展提供精神或物力上的帮助和支持，发动家长共同解决学校办学中的困难。

5. 完成本会委托的有关工作。

第六章　工作程序和方式

第十五条：家长委员会工作程序。

1. 家长委员会原则上每学期召开两次会议。会前研究部署召开会议的内容、时间、方式，并通知全体委员。各位委员接到通知后，根据会议内容，走访家长、社会，吸收、了解家长和社会对办好人民满意的学校的意见建议。校方向委员们报告学校教育、教学工作，学校办学思路。

2. 秘书处在学期初会议上制订出家长委员会工作计划，做好具体安排。学校全体行政成员、年级组成员及班主任，要参与计划的制订与讨论，以利于交流信息，促进工作。

3. 在学期末会议上，家长委员会要总结工作。委员向学校反映家长、社会对学校的意见、建议。校方向委员们报告学校的办学经验、办学成果、办学中遇到的困难，以及对上次家长委员会的委员们提出的意见、建议的答复和解释。共商办好人民满意的学校大计，共建培养英才的基地，形成教育好孩子的合力。

4. 会后，家长委员会要向家长宣传好会议精神，做好家长的工作，向社会宣传学校的办学成绩，反映学校发展面临的困难，做到学校、家庭、社会三位一体，创造教书育人的良好氛围。

第十六条：家长委员会工作方式。

1. 列席参加学校有关学生素质教育、师德师风建设等各种会议和重大活动，并提出改进意见和建议。

2. 参与学校校务公开活动，对拟公开宣介的内容进行建议性审核，校方进行必要的补充和修正后，报请上一级教育主管部门批准，经上一级教育主管部门批准后方可实施相关的公开工作。

3. 积极参与学校服务性收费、代收费、学校安全的管理和监督，对不规范行为应立即通报学校，要求予以纠正。

4. 在学校的指导下，结合师德、家校合作建设等工作，参与评选"优秀教师"和"优秀家长或家庭"等工作。

5. 本着家长自愿与量力而行的原则，发动和组织家长利用自身特长和优势，担任志愿者、义工，参与学校建设等服务性工作。

第七章　工作制度

第十七条：家长委员会应根据本章程的内容，制订家长委员会活动制度，校方要参与制度的制订。每次活动要有详细记录。

第十八条：家长委员会制订对口联系制度。就学校管理、德育、教学、后勤、安全等工作，对口提出相应的建设性意见。

第十九条：建立家长委员会参与学校管理制度。立足于调解家长、学生与学校和教师的纠纷，主动解决学校办学面临的具体困难，及时向学校反映家长的意见和建议，在校方指导下参与学校管理。

第二十条：建立家长委员会议事和决议制度。学校在作出涉及学生和家长切身利益的决议之前，要充分听取家长委员的建议与意见。

第二十一条：建立家长委员会工作保障制度。其核心内容是校方为家长委员会提供工作便利条件和服务；校方领导出席家长委员会会议，听取意见和建议，并尽快予以答复。

第八章　附则

第二十二条：学校对家长委员会应加强指导和管理，家长委员会组织管理办公室设在学校德育处。

第二十三条：家长委员会于每届家长代表大会开会后三十日内，应将组织结构人员名册报学校和主管教育行政部门备案。

第二十四条：家长委员会日常工作由会长和秘书处秘书长负责。

第二十五条：本组织章程与有关法律法规有抵触的，以法律法规为准。

第二十六条：本组织章程由学校负责解释和修改，自公布之日起施行。

2016 年 10 月 20 日

第三节 "三类文化熏陶"：文化育人生成策略

"学导生成"倡导基于办学核心理念主动生成学校育人文化，倡导学校要积极发挥"文化育人"作用，促进学生的全面发展和成长。学校以"在'成事'中'成人'，用'成人'促'成事'"理论作为指导，研究"基于办学核心理念主动生成学校文化"的核心策略，探索出了"施行三大生成策略，建设'核心''成事''成人'三类文化"的学校育人文化建设经验：在主动思辨中生成办学核心理念——建设高境界的"核心"文化（精神文化）；在主动"成事"中生成学校文化——建设高品位的"成事"文化（制度文化、课程文化、环境文化）；在主动生成文化中实现"成人"——建设高品质的"成人"文化（领导文化、教师文化、学生文化）。高境界、高品位、高品质"三类文化熏陶"的文化育人生成策略由此形成。

一、高境界"核心"文化育人生成策略——在主动思辨中生成办学核心理念

"建设高境界的'核心'文化（精神文化）"是每一所学校文化管理的理想目标。只有学校成员的思想先进了，思路清晰了，才有可能将寄托着美好理想的教育事业带入更高的境界。为了实现这一目标，学校成员需要辨清引领学校整体发展的办学理念，主动生成"办学核心理念"，即高境界"核心"育人文化。

高境界"核心"文化育人生成策略是，在主动思辨中生成办学核心理念，并融入学校整体发展规划。这一策略的关键在于研读学校的"文化作品"，从中厘清历史渊源、理解自身，并展望未来。这种深度审视与挖掘，不仅使学校的文化

得到延续与传承，而且让新理念、新方向得以涌现，更促进了师生新品质素养的主动生成。

案例 2-5

2018 年，东莞市南城阳光第三小学梳理出了学校的办学理念"广开心智，博育良才"，即开启心智才能和博育未来人才。这是学校办学历史与多年办学思想积淀的结晶：学校始于 1929 年开办的"开才小学堂"，历经三迁校址，四更校名。校名虽变，学校"开蒙育才、兴教育才、新基育人、孝雅立德、阳光博育""开心智育良才"的"开才—博育"办学传统特色与风格却一脉相承，并顺理成章地形成了学校"广开心智，博育良才"的"开才教育"品牌培育理念文化体系。学校厘清了办学的核心理念为"开才—博育"，"向博而行""做更好的自己"成为学校的精气神，达成了学校的发展愿景：逐步把学校建设成为学生、家长、社会高度满意的"公平而有质量、规范而有特色"的"开才—博育"品牌学校。

下面是东莞市南城阳光第三小学发展"十三五""十四五"规划框架作品的部分目录。

一脉传承办学主旨　主动生成学校文化
——东莞市南城阳光第三小学五年发展规划（2016—2020 年）
（2016 年 7 月 9 日全体教职工学习讨论审议通过）

目　录

第一部分　发展基础简析
　一、办学历程与概况
　二、发展优势与潜力
　三、面临问题与机遇

第二部分　发展思路勾勒
　一、发展理念建构
　二、发展目标定位
　三、发展方略厘定

第三部分　发展措施体系
　一、主导课题统领发展
　二、实施项目融合发展
　三、保障体系护航发展

乘势而上奋进新征程
——东莞市南城阳光第三小学发展"十四五"规划（2021—2025 年）
（2021 年 8 月 28 日经阳光三小教代会讨论审议通过）

目　录

第一部分　发展优势基础
　一、办学历程
　二、优势基础

第二部分　发展理念目标
　一、办学理念体系
　二、发展目标定位

第三部分　发展措施保障
　一、行动措施
　二、保障策略

下面是本校"十四五"规划草案的意见征求通知的内容。

《东莞市南城阳光第三小学发展"十四五"规划（2021—2025年）》（草案）征求修改建议意见表

各位教职员工好！"十四五"时期（2021—2025年）是我国在全面建成小康社会基础上开启全面建设社会主义现代化强国新征程的关键时期，是我国教育系统紧扣《中国教育现代化2035》奋斗目标，统筹推进《加快推进教育现代化实施方案（2018—2022年）》重要时间节点，也是东莞市提出未来十五年分"三步走"实现教育现代化战略的重要"第一步"阶段（"十四五"时期打造品质教育，建设高质量教育体系）。教育是党之大计、国之大计，科学编制《阳光三小发展"十四五"规划》对于推动我校现代化、高品质发展具有十分重大的意义。学校"规划"编制小组前期开展了大量工作，现已完成学校发展"十四五"规划草案，为确保《阳光三小发展"十四五"规划》更科学、更符合学校发展实际，希望全体教职员工高度重视，积极参与到修订讨论完善《阳光三小发展"十四五"规划》工作之中。现特在教职员工中广泛征求建议意见，请广开言路，积极谏言。谢谢！

阳光三小校长办公室
2021年3月11日

提交建议意见者：_____英语科组_____（教师姓名或年段组或科组）

  1.建议对《规划》"基础+"课程体系中的"拓展性课程（心智才能）"、研究性课程（素质生成）"的逻辑关系进行简要阐述。

  2.关于《规划》"启智课程群"中的英语学科类课程群，建议将"英语情景剧课程"和"阅读与说写课程"合二为一，在3~5年级开设课程，课程名称可以是"英语绘本课程——说演板块"和"英语绘本课程——读写板块"。

【备注】请于2021年3月18日(周四)下午放学之前完成后交给王成校长(若是电子稿，请直接上传到王成校长的企业微信里)，无意见或建议就填"无"。【个人意见建议，或小组或年段组或学科组集体讨论意见建议都可以用此表】

二、高品位"成事"文化育人生成策略——在主动"成事"中生成学校文化

学校的制度、课程、环境是学校提升人的素质，助力"成事"的三大具体领域。

学校中的制度是指学校内部指导和规范各项教育活动、协调学校成员及内部组织之间关系的规则体系。学校中的课程是为了落实学校的育人目标和促进学生的发展，通过教师的规划主导，学生的自觉主动参与而呈现的教育教学活动总和。学校中的环境是指学校成员可以通过感官直接感受到的显性的周边事物。

高品位"成事"文化育人生成策略着眼于学校内部制度、课程、环境的完善，主要按照"厘定工作方向""选择行动路径""明晰操作技法"三大方法，展开基于办学核心理念主动生成学校高品位的制度文化、课程文化、环境文化的实践，从而在各领域生成具有"办学核心理念"因子的"文化作品"，形成各领域高品位"成事"的整体格局。

实施高品位"成事"文化育人生成策略时，一要发挥学校领导班子的重要作用，行政班子成员需要具备高品位"成事"文化的理念和能力，引领学校的发展方向，推动各项改革和措施的实施；二要教职员工的参与和支持，教职员工是实施这一策略的重要力量，他们需要积极参与和支持学校的改革和发展；三要持续改进和创新，高品位"成事"文化育人生成策略需要不断改进和创新，适应不断变化的教育环境和需求。通过实施高品位"成事"文化育人生成策略，学校可以形成高品位的制度文化、课程文化和环境文化，提升学校的整体品质和竞争力，为学生提供更优质的教育和成长环境。

案例 2-6

2018—2023 年，东莞市南城阳光第三小学持续开展了基于"开才—博育"核心理念主动生成学校高品位的制度文化、课程文化、环境文化的实践探索，在各领域主动生成了具有"办学核心理念"因子的"文化作品"，形成了各领域"成事"的整体格局。

第一，学校基于"开才—博育"的核心理念，关注"民主理校""科研兴校"两大发展策略，开展了"协同化管理"和"学习共同体"两大项目建设。以此为重点，全体教职员工共同梳理形成了三十余万字的《阳光第三小学工作手册》，建设凝练了"开才博育，协同共生"的制度文化。

第二，学校基于"开才—博育"的核心理念，关注将办学理念转化为实践活动的关键因素"教育活动"（即课程），开展了"课程体系建设"和"深化教学改革"

两大实践活动，建构了"五育并举""融合贯通"的"开才教育""基础＋"课程体系，建设凝练了"开才博育，开放共享"的课程文化。

第三，学校基于"开才—博育"的核心理念，关注与学生直接相关，尤其是影响学生健康成长的领域，开展"整体建构德育"和"建设环境课程"两大项目，实施"孝雅立品课程""博联家校合育活动"等，形成了"开才博育，现代典雅"的环境文化。

环境文化建设之人文修养环境建设方案——建设环境课程、研发信息课程

环境课程	建设思路	实施策略
校园物态文化	1. 校园主题文化：按"真""善""美""上"四大主题和"孝雅"文化完善布置 2. 楼道主题文化：按"遵规与习惯，尊重与合作，诚信与担责"三组品质和年级特点设计布置 3. 学校六栋建筑分别以"开才楼""育才楼""新基楼""阳光楼""孝雅楼""尚美楼"命名，并精心布置以传承学校办学文化	以"文化品位，现代信息，人文精神"为理念，强调现代文明气息与传统文化底蕴的有机渗透，实施文化浸润、活动体验策略
校园精神文化	1. 师生行为文化：按照"行孝雅事，做孝雅人"总要求，规范训导师生点滴行为（形象、习惯等） 2. 活动仪式文化：建立各种活动仪式的规范程序，引领师生参与各种仪式，注重仪式的特殊教育作用	
班级（室内）文化	围绕"建阳光博爱班队""建阳光博爱办公室""功能空间"，开展教室、办公室、功能室环境文化与班风行为文化建设，包含个性班名、合作小组组建等	
信息课程	研发思路	措施
校园网页	围绕"三个现代化"，"七项""阳光开才文化"特色研发学校网页	1. 高配置建设硬件，高水平培训人员 2. 建立组织；课题带动；研发践行 3. 激励参与；运用展评；宣介表彰
二维码课程	鼓励班班有共生二维码，人人有成长二维码，各科有学研二维码，各项目有互通二维码，形成学校二维码课程群	
办公平台	建立信息化、现代化程度较高的学校办公平台，含行政事务办公系统、教师业务办公系统、部门管理办公系统、学生成长档案系统等。建设微信办公平台，维护QQ群和微课掌上通	
网络学习资源	围绕师生网络学习课程建立资源库，如电子阅读资源、书法学习资源、学科学习资源（按语文、数学、英语、艺术、体育、科学、信息技术、综合等学科建立网络学习资源）等	

三、高品质"成人"文化育人生成策略——在主动生成文化中实现"成人"

学校文化的根是教育，而教育就是每一个主体通过与其他主体之间的生命交往而获得自主成长的过程。正是主体之间的交往促成了文化现象的生成，而优质学校中主动促成的高境界交往其实就是主动生成高境界的学校文化的过程。学校文化建设的根源和最终归宿其实都是人在交往中的成长。因此，从学校文化的角度看，关

注学校领导团队、教师团队和学生组织的建设，就是让他们主动生成更高品质的三类次级文化。

高品质"成人"文化育人生成策略关注的是学校内部各主体的成长与发展，主要按照"厘清发展方向""选择行动路径""明晰操作技法"三大方法，系统展开基于办学核心理念主动生成学校高品质的学生文化、教师文化、领导文化的实践，从而生成了三类次级文化，形成三类主体"成人"的整体格局，使学校的文化体系更加完整和丰富。

实施高品质"成人"文化育人生成策略时，在"厘清发展方向"方面，要明确学校的办学核心理念和学校内部各主体的成长与发展目标，确保所有行动都与核心理念一致；在"选择行动路径"方面，要制订明确的行动计划和策略，确保每个主体都知道自己的责任和角色，以及如何实现目标；在"明晰操作技法"方面，要提供具体的操作指导和培训，帮助主体掌握实施策略所需的技能和知识，确保实践能够有效地进行。同时，要建立良好的沟通机制，确保学校内部各主体之间沟通畅通，促进信息共享和合作，以形成整体格局；要提供支持和激励措施，为主体提供必要的资源和支持，激励他们积极参与实践，推动高品质"成人"文化的形成；要持续评估和改进、定期评估实施策略的效果，及时调整和改进，确保策略持续有效；要在各主体内部建立学习型组织，鼓励学校内部各主体不断学习和成长，培养持续改进和创新的文化，以适应不断变化的教育环境。通过实施高品质"成人"文化育人生成策略，学校可以基于办学核心理念主动生成高品质的学生文化、教师文化、领导文化，促进学校成员的主动发展，使学校育人文化展现生命活力。

案例 2-7

2018—2023 年，东莞市南城阳光第三小学持续开展了基于"开才—博育"核心理念主动生成学校高品质的学生文化、教师文化、领导文化的实践探索，主动生成了具有"办学核心理念"因子的文化作品，形成了三类主体"成人"的整体格局。

第一，学校基于"开才—博育"的核心理念，关注学校领导作为文化主体参与文化建设的状态，通过团队合作提升领导能力，在实施"民主理校""科研兴校""协同化管理"中建设领导团队，分项努力促成"博爱健行，服务育人"的领导文化。

第二，学校基于"开才—博育"的核心理念，关注学校教师作为文化主体参与文化建设的状态，通过合作创新引领专业发展，在开展"学习共同体"中建设教师团队，分项努力促成"博育笃行，诲人不倦"的教师文化。

第三，学校基于"开才—博育"的核心理念，关注学校学生作为文化主体参与文化建设的状态，通过合作交往实现主动成长，在开展"学习共同体"中建设学生团队，分项努力促成"博趣乐行，学而不厌"的学生文化。

这三个策略共同构成了学校育人文化的全面生成体系，涵盖了学校文化建设中的三个关键方面。它们分别聚焦于建设高境界的"核心"文化、高品位的"成事"文化、高品质的"成人"文化，以推动学校的全面发展和提升，用这样的文化熏陶促进师生素养主动生成，为学校师生的成长提供更多元、更高质的支撑和引领。"学导生成"教育思想主张开展基于办学核心理念主动生成学校文化的育人文化生态建设，建立形成"三类文化熏陶"的文化育人生成策略。通过学校的实践，我们深切地感受到了这种学校育人文化生成策略的魅力，学校的发展也得以展现出更高、更广、更深的内涵。

高境界"核心"文化育人生成策略侧重于塑造学校的核心精神文化。这种策略的关键在于深入挖掘学校的办学核心理念。这就要求学校成员通过研读学校的"文化作品"来理解历史渊源、探索发展方向，从而将这些理念融入学校的发展规划和实践中。阳光第三小学经历了历史演变，通过承续历史，挖掘办学传统，梳理出"开才—博育"的核心理念，这套理念成为学校发展的引领力量，并最终形成具有"广开心智，博育良才"的"开才教育"品牌。

高品位"成事"文化育人生成策略聚焦于学校的制度、课程和环境，强调学校在这些领域的文化建设，以提升整体工作的质量和系统性为主旨。阳光第三小学通过建设"协同化管理""课程体系建设"和"深化教学改革"等项目，形成了"开才博育，协同共生"的制度文化、"开才博育，开放共享"的课程文化、"开才博育，现代典雅"的环境文化，为学校综合发展品位的提升奠定了坚实基础。

高品质"成人"文化育人生成策略关注学校各主体的文化建设，涉及领导团队、教师团队和学生组织，它强调培养和促进领导团队、教师团队和学生组织的文化特质。阳光第三小学在实施"民主理校""科研兴校""学习共同体"建设中，主动生成了"博爱健行，服务育人"的领导文化、"博育笃行，诲人不倦"的教师文化、"博趣乐行，学而不厌"的学生文化，为不同主体的成长提供了育人的平台和氛围，促进了教职工队伍、学生和家长群体优质发展。

通过不断完善学校的核心文化、优化教育活动和各个主体的文化发展，学校能够实现全方位、高水平的发展目标。阳光第三小学在这个过程中展现出了对历史传承的敏锐把握、对核心理念的深刻理解，并通过项目实践落地，将这些理念转化为具体行动和文化体系。这种全面而有层次的文化建设使学校形成了独特的办学特色，为学生的全面成长和教育质量的提升提供了坚实保障。

第三章 "学导生成"的校品课程建设

《中共中央 国务院关于深化教育教学改革全面提高义务教育质量的意见》是新时代学校教育工作的根本原则和行动指南。"学导生成"倡导"坚持五育并举，立德树人，全面发展素质教育"，坚持"发展课程就是发展教育""遵循核心素养导向发展课程"的课程建设指导思想，坚持遵循"学导生成"的"教学相长""助人自助"的课程育人主张和"自主学习""主导赋能""自我生成"的课程实施原则，重点聚焦课程的设计、实施和评价三大要素环节，加强课程建设，力求彰显"五育并举"的"学导生成"课程建设品质和"五育融合"的"学导生成"学生综合素质培育亮点。（见图3-1）

图3-1 "基础+"五育课程体系图

第一节　从预设到生成：体验践行素养生成理念

课程是教育思想、教育目标和教育内容的共同载体，也是学校教育教学活动的基本依据。课程体系的建设质量对学校培养人才的质量起着决定性作用。

在"学导生成"的课程建设中，校品课程强调"教学相长"和"助人自助"的课程育人主张，倡导"遵循核心素养导向发展课程"的课程建设理念，以及"自主学习""主导赋能"和"自我生成"的课程实施原则，为学生提供"五育并举""五育融合"的立足于"立德树人"的课程体系。这意味着学生在课程学习中不仅仅是被动接受知识，更要通过参与体验和实践来主动构建自己的学习路径和素养融合生成体系，培养五育能力，实现全面发展。学校所开设的课程内容和开展的教育教学活动，都将有利于实现立德树人的根本任务，都将有利于学生在"自主学习""合作学习"中生成核心素养，引领和促进学生自主成长。

一、"学导生成"校品课程的共性特点

校品课程是指学校根据自身的特点和办学理念，结合学生的需求和社会发展的要求，自主设计和开设的具有特色和优势的课程。

"学导生成"校品课程旨在立德树人，培养学生德智体美劳全面发展的核心素养，使学生成为有理想、有本领、有担当的社会主义建设者和接班人。

"学导生成"校品课程建设注重课程的设计，确保课程内容与学生的成长需求和社会发展需求相契合，注重培养学生的核心素养和综合能力。

"学导生成"的校品课程是按照"学导生成"的课程育人主张、课程建设理念和课程实施原则来指导设计、研发和实施的，以期能为学生提供多层面、多样化、个性化、立体化、互融通、互融合的校本课程体系。学校将在课程实施过程中运用"学导生成"所倡导的主动学习、自主学习、泛在学习、合作学习、体验学习等学习原则和主体生成教学、启发式教学、自学习自成长反馈、激发内驱与学习自觉、学科素养融合生成等教学原理，来检视课程的规范化、科学性和价值功能等。因此，"学导生成"校品课程具有以下共性特征。

（一）素养融合导向

"学导生成"校品课程的素养融合导向，是指"遵循核心素养导向发展"的理念，课程建设以培养学生的核心素养为方向和目标。素养与知识不同，它超越了知识和技能，整合了态度，是学生在真实情境中做出某种"行为"的能力或素质。学生一生需要培养许多种素养，但关键是要突出培养"核心素养"。这种导向的实质可以称为"核心素养导向"。

一方面新课程改革要求坚持"核心素养导向"，根据学生的终身发展和社会发展的需要，明确育人的主线，加强正确的价值观引导，并重视必备品格和关键能力的培育。为了确保核心素养培养真正落地，课程标准修订工作强调从核心素养的视角来表述课程目标，使课程更加"以人为本"。课程目标是对学生学习和发展结果的期望，也是选择课程内容、设计教学活动和确立学业质量的基本方向和依据。此次课标修订旨在使课程目标自觉地体现该课程在培育学生核心素养方面的贡献，结合课程的性质、理念和基本内容，从核心素养的角度对课程的总目标和学段目标进行表述。此外，通过结构化的课程内容来引领教学实践的变革，使学生在主动的活动中生成素养。

另一方面，从课程内容适宜学生的"学"法和课程教学选用适合学生的"教"法两方面，明确"学导生成"下课程建设要遵循的"科学性原则"；要遵循的"发展性原则"强调要"基于面向全体学生、全面发展、全程教育"开发课程、建设课程、实施课程。"学导生成"的教学原理强调学生的主体地位，强调个体差异，强调跨学科教学的重要性。

基于新课程改革要求和"学导生成"教育主张，"学导生成"校品课程设计研发的思路是以国家基础课程为基石，建设"五育并举"的品质课程，促进"五育融合"的素养生成。

因此，促五育素养融合生成是"学导生成"校品课程的一个重要理念。"学导生成"校品课程注重德育、智育、体育、美育和劳育五育素养的融合，通过多样化的学习活动和项目任务，全面培养学生各个方面的素养。

（二）体验践行导向

"学导生成"校品课程的体验践行导向，是指课程建设以学生的实际体验和践行为出发点和落脚点。这种导向强调改变传统的"授—受"教学关系，鼓励学生自我探索，教师不再是知识的"兜售者",而是负责搭建真实的教学平台,引导学生在体验践行中学习、在体验践行中成长。

"学导生成"下课程建设要遵循的"主体性原则",明确要竭尽所能地安排学生参与课程学习活动,要引导学生去感知、观察和思考问题,让其成为学习活动的主人。

体验践行是"学导生成"校品课程的核心理念之一,是以学生为主体,以践行为核心,以提升学生的核心素养为目标的课程建设新理念。这一理念强调学生通过体验和践行来培养综合素养,促进自身全面发展,倡导"体验求知,践行发展"。这一理念旨在让学生在活动、情景、实践中亲身经历、体味、感受一切情绪、情感、认知,从中获得知、情、意、行的内涵,激发自身生命成长的各种需要和内驱力,进而将这些需要和内驱力内化为品质,外显为行为,在践行中再认知、明理和发展,让每个学生都能得到潜能的开发和不同程度的进步,力求学生自信阳光地成长,有个性、和谐地发展。

在具体建设实施课程过程中,教师需要树立以下"三全"观念。

一是面向全体观。"每个孩子都重要""让每个孩子都得到发展",是"学导生成"校品课程关注的重要方面。"学导生成"校品课程关注每个学生的生命成长,每个学生都是学习的主体。在教师的引导下,学生能够能动地、自主地去体察知识经验、认识事物、获得感悟、激发情感,进而阳光地成长,和谐地发展。

二是全面发展观。"使人全面发展"是"学导生成"校品课程的核心价值观。"学导生成"校品课程关注每个学生的全面发展,推崇素质教育,并在素质教育中强调体验践行,全面提升学生的整体素质,以促使学生全面发展。

三是全程教育观。"实现教育的全程能让学生实现真正有效的学习",这是"学导生成"校品课程追求的理想境界。"真正有效的学习是一种心智活动",而"体验践行"正是一切心智活动的前提与基础,它可以使整个教育过程在学生主动、自觉的参与中顺利地完成。"体验践行"具有平等(师生之间心理距离的拉近)、完整(人人达到"身临其境"或"心临其境")、和谐(师生之间产生情感共鸣)、有效(达到"自我实现"和"个性完善")等基本特征。

"学导生成"校品课程是基于核心素养培养的课程,强调的是学生在真实情境中做出某种行为的能力和素质。因此,"学导生成"校品课程教学内容的设计需要回到知识学习是为学生综合素质发展服务的初心,让学生在体验中理解、感悟,在践行中再认知、明理和发展，从而提升其对课程的学习热情，培养学生体验践行的习惯、能力、品质和精神。

（三）学导生成导向

"学导生成"校品课程的学导生成导向，是指以"助人自助"和"教学相长"为课程育人基本主张，将学生置于学习中的主体核心地位，将"学"置于教学关系中主体核心地位来建设课程。这种导向鼓励学生和教师相互学习和成长，通过互动和合作，培养自主学习能力和主导赋能能力，成为自我生成的学习者。

"学导生成"下课程建设要遵循"教与学最优化原则"，要求课程建设教学环境是和谐融洽的，课程教学过程是师生共同参与的，要能达到最大化培养学生核心素养，最优化、可持续促进学生自我发展的目标。

学导生成是"学导生成"校品课程最需要重视的理念，是"学导生成"教育思想在课程建设发展与教学实施过程中最直接的体现。它是以提升学生的核心素养为目标的课程建设新理念，强调课程学习要以学生为主体，教师为主导，要激发学生的学习兴趣和潜能，使学生在课程学习过程中主动探索、积极思考，形成自主学习的能力，引导和帮助学生自我教育、自主生成、自觉完善，助力学生内化自生自主成长的核心素养。

可见，"学导生成"校品课程具有的"素养融合导向""体验践行导向""学导生成导向"这些共性特点，是新课程改革理念和"学导生成"教育思想的具体体现，对于推动学生全面发展、提高教育质量具有重要意义。

案例 3-1

东莞市南城阳光第三小学基学"学导生成"的校品课程建设

一、课程建设理念明确

东莞市南城阳光第三小学在课程建设中，一是坚持"国家课程校本化实施"的原则，既牢牢遵守国家课程的要求与标准，又充分体现学校的主观能动性，着力完善体现本校办学特色的课程内容和体系，深化教学改革；二是在"学导生成"理念指导下，坚持"以人为本"的原则，在校本课程开发上，创造性地理解"广开心智，博育良才"的办学理念，把握体现社会发展所需的学生核心素养发展方式，以高境界特色化的方式践行先进的课改理念，突出学生个体的需要和核心素养培养；三是坚持"协调共育"原则，在学校"开才教育"理念的引领下，既注重课程类别的协调，也注重课程目标、内容、实施、评价的协调，不断实现学校课程的体系化建设。

二、课程建设举措有力

（一）构建"体验践行促五育素养融合生成"的矩阵课程体系

东莞市南城阳光第三小学严格按照国家要求和相关学科课程标准开足开齐国家课程（必修课程）、地方课程、校本课程（学校课程），"坚持五育并举，全面发展素质教育"，探索建构走向未来的"广开心智，博育良才""开才教育"育人体系，坚持发展课程就是发展教育、遵循核心素养导向的课程建设理念，并从课程显性文化与隐性文化两大层面科学规范地开展了特色课程探索研究，已构建起了融通联动的"基础课程 + 七类校本课程"的课程体系。（见下表）。

"开才教育"校本课程体系

课程类别	校本课程	拓展性课程							研究性课程	
			运动课程		习惯课程		心育课程		社团课程	阅读课程	思维课程	综合实践课程
开才课程	十大学科课程	四球一绳运动	体能大课间活动	校园定向运动	主题体育运动节活动	孝行雅行班会课	习惯养成慕省课	升国旗等专项仪式课	家校互动合育活动	主题教育月活动	团体心理辅导训练	个体心理辅导训练	心品拓展训练亲子活动	校级综艺发展社团	年级兴趣拓展社团	班级家校联动社团	主题才艺展示节活动	大阅读节活动	经典诵读演绎课程	主题阅读辅导课程	思维导图训练	成长型思维训练	创客编程训练	主题科技信息节活动	低段『我与家庭』	中段『我与学校』	高段『我与社会』
博育开才八大策略	博学启心智	博行强体质		博爱立品格		博纳悦心灵		博趣广才艺	博闻长见识	博思拓潜能	博练增能力
核心素养四会四能	会学习	能健体		会感恩		能友善		会审美	能共处	会内省	能自立
开才评价		"博才"时代少年								

-067-

（二）开发多元统整的系列校本教材

截至 2019 年 7 月，学校已开发各类校本课程读本 36 本（见下表），拟未来总结经验，进一步修订现有的校本读本，提升质量；同时，大力研发一批新的校本读本，包括社团项目主题统整、融合式课程、STEM 课程等的配套使用教学读本、方案，为课程探索提供有力的保障。

阳光三小开发的校本课程读本一览表

序号	名称	学科	数量
1	《孝雅》读本（1~6 年级）	德育	6 本
2	《中华优秀传统文化经典诵读》读本（1~6 年级）	语文	12 本
3	《静心习字十五分》（1~6 年级）	语文	12 本
4	《生活中的科学》	科学	4 本
5	《创新发明 30 课》（3~6 年级）	科学	1 本
6	《创新实验 100 例》	科学	1 本
合计			36 本

（三）建设多样的品牌课程和项目群

学校经过多年的探索与实践，科技、阅读、书法、体育、沙艺、古筝、合唱等多个课程品牌逐渐走向成熟，形成了支撑学校高品位发展的品牌项目群，为学生健康成长提供了有力的课程资源支撑。在品牌凝练和推广的过程中，教师的成果意识得以树立，教师的研究自信得以提升，学校的影响力也因品牌而不断扩大！未来，学校要发挥这些品牌课程群的辐射作用，力争每个科组都有自己的品牌课程，每位教师都有自己的品牌课例。如：

1. "开才创客"课程品牌

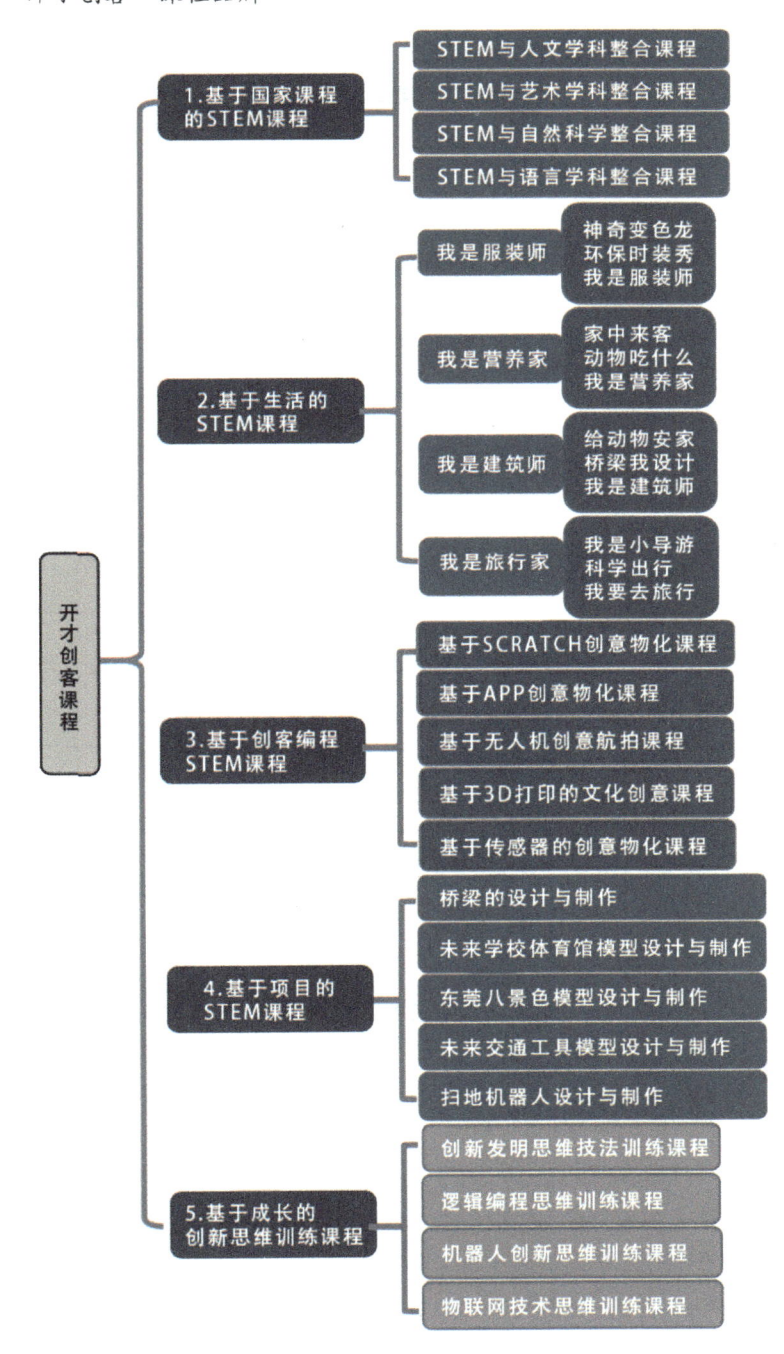

开才创客课程
- 1.基于国家课程的STEM课程
  - STEM与人文学科整合课程
  - STEM与艺术学科整合课程
  - STEM与自然科学整合课程
  - STEM与语言学科整合课程
- 2.基于生活的STEM课程
  - 我是服装师
    - 神奇变色龙
    - 环保时装秀
    - 我是服装师
  - 我是营养家
    - 家中来客
    - 动物吃什么
    - 我是营养家
  - 我是建筑师
    - 给动物安家
    - 桥梁我设计
    - 我是建筑师
  - 我是旅行家
    - 我是小导游
    - 科学出行
    - 我要去旅行
- 3.基于创客编程STEM课程
  - 基于SCRATCH创意物化课程
  - 基于APP创意物化课程
  - 基于无人机创意航拍课程
  - 基于3D打印的文化创意课程
  - 基于传感器的创意物化课程
- 4.基于项目的STEM课程
  - 桥梁的设计与制作
  - 未来学校体育馆模型设计与制作
  - 东莞八景色模型设计与制作
  - 未来交通工具模型设计与制作
  - 扫地机器人设计与制作
- 5.基于成长的创新思维训练课程
  - 创新发明思维技法训练课程
  - 逻辑编程思维训练课程
  - 机器人创新思维训练课程
  - 物联网技术思维训练课程

2. 心育课程品牌

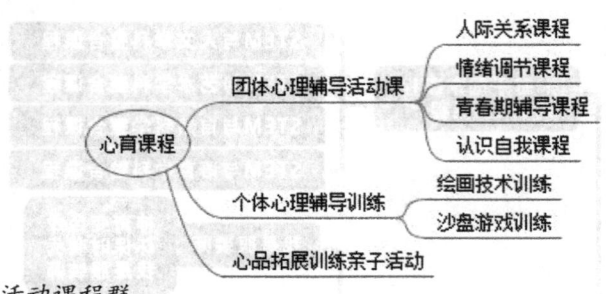

心育课程：
- 团体心理辅导活动课
  - 人际关系课程
  - 情绪调节课程
  - 青春期辅导课程
  - 认识自我课程
- 个体心理辅导训练
  - 绘画技术训练
  - 沙盘游戏训练
- 心品拓展训练亲子活动

3. 德育活动课程群

德育活动	活动项目	德育目标
建阳光博爱班队	五大行动： 1. 构筑阳光博爱班队班本文化 2. 构建阳光博爱班队开才课堂 3. 开发阳光博爱班队班本课程 4. 创新阳光博爱班队管理机制 5. 收获阳光博爱班队创建成效（"五星级'阳光博爱班队'"展评活动）	行孝雅事 做孝雅人 向博而行 做更好的自己
三项常年主题活动	1. "我读书、我快乐、我收获、我成长"阅读工程活动 2. "一找二比三争先"活动（找优点多，比缺点少、比进步大，争创星级班级、争当明星学生、争做孝雅学生） 3. "校园吉尼斯纪录"项目申报竞技活动	
月（节）主题活动	2—3月为"孝雅正行"月（节） 4月为"读书养心"月（节） 5月为"才艺展示"月（节） 6—7月为"收获希望"月（节） 8—9月为"尊师好学"月（节） 10月为"爱国爱校爱家"月（节） 11月为"体艺科技信息"月（节） 12—1月为"辞旧迎新"月（节）	
四大教育专题活动	以"环境保护教育、习惯养成教育、知恩感恩教育、知荣辱守纪律教育"四大教育专题设计开展系列专题教育活动，诸如：创设"争当光荣升旗手、国旗下演讲者""校园小卫士""班级亲子活动""庆六一亲子游园活动""趣味运动会""校外实践活动"等活动	

三、课程建设成效明显

截至2019年10月，东莞市南城阳光第三小学初步构建起了"阳光博爱，开放共享"的课程体系和课程文化，特别是班（队）会课、社团活动课程已成系列，其中学校教师开发的"孝雅"校本课程读本获得东莞市校本课程建设成果一等奖、广东省校本课程建设成果二等奖。学校开展的以"开才创客"为特色的科技教育课程已逐渐成体系，为培养学生创新思维和实践能力发挥着积极作用，取得的成效在省内外都有一定的影响力，市区教育、科技部门多次在学校召开现场会，省内外同行慕名前来参观学习者络绎不绝。学生的学习成果丰富，仅2019年学生获奖就达29项（人次），其中"开才创客"社团在"广东省第二届中小学生缤纷社团风采大赛"中被授予"十佳梦想社团"称号；项目式学习项目《保护眼睛》在全国2019年度第一季度项目式学习评选中被评为最佳项目一等奖；项目式学习项目《我要去旅行》在全国2019年度项目式学习评选中被评为最佳项目二等奖；等等。

二、"学导生成"校品课程的建设理念

"学导生成"校品课程的建设理念是体验践行，促五育素养融合生成。这一理念强调学生通过体验和践行来培养综合素养，致力于打造一个注重学生发展、尊重学生个性、鼓励学生探索的课程教育环境，紧紧聚焦立德树人这一根本任务和学生核心素养培养目标，重视"国家课程校本化实施"，在实践中不断总结和完善学校课程体系建设的思路与方法，通过厘清课程目标、拓展课程内容、优化课程实施、创新课程评价来推进课程体系的理论建设和机制建设，从而实现打造学校品牌的发展愿景。

（一）五育并举的课程设计理念

"学导生成"倡导"五育并举"，即注重培养学生的德育、智育、体育、美育和劳育。校品课程建设应以此为指导，设计课程内容和活动，促进学生全面发展。这种理念强调了教育的全面性和多元性，旨在平衡学生全面发展的方向，通过多元化的教育方式和内容，确保学生在多个领域得到均衡培养和全面发展。

首先，在德育方面，课程设计应注重培养学生的道德品质和价值观念。通过德育课程教学和德育活动实践，培养学生的良好品德和社会责任感。同时，注重培养学生的公民意识和法治观念，使他们成为有道德修养和法律意识的公民。

其次，在智育方面，课程设计应注重培养学生的学科知识和思维能力。通过设置富有挑战性的问题和任务，激发学生的学习兴趣和探究精神，培养他们的创新思维和问题解决能力。同时，注重培养学生的信息素养和数字素养，使他们能够灵活运用信息技术进行学习和创造。

再次，在体育方面，课程设计应注重培养学生的身体素质和运动技能。通过多样化的体育活动和运动训练，培养学生的协作精神、团队意识和竞技精神。同时，注重培养学生的健康意识和生活习惯，使他们养成良好的身体锻炼和健康生活的习惯。

又次，在美育方面，课程设计应注重培养学生的审美能力和艺术素养。通过艺术教育和文化体验，培养学生的艺术欣赏能力和创造能力。同时，注重培养学生的文化自信和文化素养，使他们能够欣赏和传承中华优秀传统文化。

最后，在劳育方面，课程设计应注重培养学生的实践能力和劳动精神。通过实践活动和社会实践，培养学生的动手能力和实际操作能力。同时，注重培养学生的创业意识和创新能力，使他们能够在实践中发现问题、解决问题。

"学导生成"倡导"五育并举"的课程设计理念，通过智育、体育、美育、劳育和德育的有机融合，促进学生全面发展。在校品课程建设中，注重培养学生的综合素质，使他们成为具有创新精神、团队合作能力和社会责任感的新时代人才。

（二）五育融合的课程实施理念

"学导生成"五育融合的课程实施理念是指在教育教学过程中，将学科知识教学与学生导引成长相结合，通过培养学生的五育能力实现全面发展。这一实施理念强调在课程教育中不再孤立地看待每个育人目标，而是将五育融为一体，实现相互渗透和促进，强调五育之间的互动与整合。下面是该理念的具体解释。

整体性发展：五育融合意味着学校在课程设计和实施中要综合考虑品德、智力、体魄、美感和劳动等各个方面，促使学生在多个领域中全面发展。

个性化发展：每个学生的五育发展都可能存在差异，五育融合的理念强调在尊重个体差异的基础上，为每个学生提供更贴近其个性特点的教育。

融合化实施：五育融合课程实施理念强调将学科知识教学和学生导引成长相融合，通过有机结合学科知识和学生发展需求，促进学科知识的综合运用和学生的全面发展；同时，也要将五育能力培养融入学科教学中，使学生在学习过程中全面发展。

协同化效应：五育融合不是简单地把五育并列，而是追求协同效应，培养学生多方面的能力，使之在不同方面相互促进，形成良性发展。

五育融合的课程实施理念认为五育之间存在密切的内在联系，通过融合，可以实现更综合、更全面的素质教育。例如：通过课堂教学和校园活动的融合，学生不仅能学习课本知识，还可以通过体育比赛、美术展示、志愿者服务等活动培养领导力、合作精神和创造力。这种综合性教学理念提倡在不同的学科和领域间建立联系，让学生能够综合运用各种技能和知识，更好地适应未来的多元化挑战。

（三）全面发展的课程评价理念

课程是学校育人体系建设中内容和方式的重要载体，而评价是课程建设中极为关键的一个环节。因为评价的尺度、方向和因子决定着课程实施的效果以及价值取向。如何建立起真正既重视过程又重视结果，既全面系统又关注个体，既规范量化又突出成长的课程评价体系，便成了课程建设的重要抓手。

"学导生成"课程观认为，课程建设的目的是育人，课程评价的内容与方向应重点关注学生发展综合素养，即课程应遵循全面发展的课程评价理念。这一课程评价理念强调评价课程建设的质量就是评价课程育人的质量，即在评价学生学习课程的成果时，关注课程是否有利于学生核心素养的全面发展。体验践行促五育素养融合生成是该理念的具体阐述，下面对其进行解释。

体验：评价过程应注重学生的学习体验，即学生在学习过程中的亲身感受和体验。课程会提供丰富多样的学习机会和活动，让学生参与实践、探索和合作，培养他们的实际操作能力和解决问题的能力。

践行：评价应注重学生的实际行动和实践能力。教师不仅要关注学生对知识的理解和掌握，还要关注他们能否将所学知识应用于实际生活中，解决实际问题。通过实践活动和项目任务，培养学生的实际操作能力和创新能力。

促五育：评价应注重学生的五育素养，即德育、智育、体育、美育和劳育。教师除了关注学生的学科知识学习和智力发展，还要关注他们的道德品质、身体素质、审美能力和实践动手能力。通过多样化的评价方式，全面了解学生的发展情况。

素养融合生成：评价应注重学生各个方面素养的融合生成。教师不仅要评价学生在各个学科领域的学习成果，还要评价他们在跨学科、跨领域的综合能力和创新能力。通过综合评价，促进学生的全面发展。

因此，全面发展的课程评价理念强调学生的全面发展，注重学生的学习体验和实践能力，促进五育素养的融合生成。这一理念强调评价过程的多样性和综合性，旨在全面了解学生的发展情况，为学生提供更有针对性的教育和发展支持。

案例 3-2

东莞市南城阳光第三小学的课程评价创新

一、推进评价主体的多元化

东莞市南城阳光第三小学认为只有多元的评价主体，才能通过评价角度的全覆盖来促进评价结果的科学性与真实性。因此，阳光三小的课程评价由教师、同伴、自我、社区等多个层面的人员组织、参与，每一层面的评价其侧重内容、权重占比等又有所不同。

二、推动评价内容的细化与量化

阳光三小遵循课程建设的目的是育人的理念，将"开才教育"课程评价的内容放在重点关注学生综合素养的发展上。阳光三小建立了《东莞市南城阳光第三小学开才教育下的"558"学生综合素质发展评价指标体系》，即围绕"558"博才少年的素养确立具体可量化的评价指标，将德、智、体、美、劳五大素养具体分解成"孝雅品行、行为规范、学习习惯、文化成绩、运动素养、人格心理、艺术素养、高雅情趣、实践能力、多元智能"10个类别共88个小项的量化指标。通过细化和量化的指标体系来反映学生阶段性的学习态度、学习方法、学习习惯和学习效果，将学生每个学期的在校表现、学业成绩以及其他情况，以定性与定量相结合的方式进行综合反馈，以期评价"开才教育"课程建设的质量，从而推动学生综合素质的提升。

三、实现评价过程的可操作化

每学期，学校以"五大素养"10个类别共88个小项要求为标准，开展积"星星"、换"奖卡"、做"博才少年"活动，每个小项按拟订的年级达标要求，由教师、家长、学生共同组织评价。

学生连续6个学期获得某项"特别"奖卡，学校将授予其"特别博才少年"荣誉证书，如"特别懂孝雅"博才少年；学生荣获班级"十佳博才少年"达6次，或者荣获年级"十佳博才少年"达4次，或者荣获校级"十佳博才少年"达2次，学校将授予其"最佳博才少年"荣誉证书，并让学生登上学校"开才堂""博才少年"荣誉栏。

"开才教育"下学生综合素养发展情况评价——开才评价

五育并举	校本表达"五会五有八特别"综合素养	学生个人素养发展十方面（共计88个小项）	学生个人素养发展情况评价奖项设置及评价措施		
			每学期平时评价及奖励		期末评价及奖励
			积"星星"88颗开才星星	换"奖卡"8张开才"特别"奖卡	做"博才少年"四级荣誉证书期末颁发个人最高荣誉证
德	会做人 有一颗孝雅之心 特别懂孝雅	（一）孝雅品行10条： 1. 举止文雅，讲究仪表 2. 爱护环境，讲究卫生 3. 遵守秩序，讲究公德 4. 勤于动手，自理自立 5. 合理消费，勤俭节约 6. 尊重他人，宽容谦让 7. 守时惜时，知耻自省 8. 强身健体，健康生活 9. 严于律己，诚实守信 10. 担当负责，知恩感恩	每项一颗星，可积10颗星	积"孝雅品行""行为规范"星共达20颗及以上，即可兑换"特别懂孝雅"奖卡	【一级荣誉】阳光第三小学"博才少年" 获奖条件：本学期内积"开才星星"达50颗以上者，或者获得5张及以上开才"特别"奖卡者 【二级荣誉】班级"十佳博才少年" 获奖条件：本学期内达到阳光第三小学"博才少年"条件，且个人素养发展所积"开才星星"总数在全班前10名者 【三级荣誉】年级"十佳博才少年" 获奖条件：本学期内达到班级"十佳博才少年"条件，且在"年级十佳"评选演讲、才艺展示、现场情境问答等评选中获得前10名的优秀者 【四级荣誉】校级"十佳博才少年" 获奖条件：本学期内达到年级"十佳博才少年"条件，且在"校级十佳"评选演讲、才艺展示、现场情境问答等评选中获得前10名的优秀者
		（二）行为规范30条： 《小学生守则》10条、《小学生日常行为规范》20条（略）	每项一颗星，可积30颗星		
智	会学习 至少有一门优势学科 特别爱读写、特别勤思考、特别有视野、特别好探究	（三）学习习惯10条： 1. 课前预习，主动学习 2. 课后复习，融会贯通 3. 做好作业，独立思考 4. 认真倾听，交流沟通 5. 质疑请教，善于思考 6. 书写端正，认真仔细 7. 自主读书，课外阅读 8. 搜集资料，动手实践 9. 合作学习，互助进步 10. 自评互评，自觉自控	每项一颗星，可积10颗星	积"学习习惯""文化成绩"星达10颗及以上，且积有"语文学习""数学学习""英语学习""科学与信息技术学习"星者，或者阅读4本书、写4篇文章以上或者学科竞赛获奖，即可分别兑换"特别爱读写""特别勤思考""特别有视野""特别好探究"奖卡	
		（四）文化成绩10科： 1. 品德学习 2. 语文学习 3. 数学学习 4. 英语学习 5. 体育学习 6. 音乐学习 7. 美术学习 8. 科学学习 9. 信息技术学习 10. 劳动与综合实践学习	每项一颗星，可积10颗星		

续表

五育并举	校本表达"五会五有八特别"综合素养	学生个人素养发展十方面（共计88个小项）	学生个人素养发展情况评价奖项设置及评价措施		
			每学期平时评价及奖励		期末评价及奖励
			积"星星"88颗开才星星	换"奖卡"8张开才"特别"奖卡	做"博才少年"四级荣誉证书期末颁发个人最高荣誉证
体	会锻炼 至少有一项体育爱好 特别讲团结	（五）运动素养4项： 1. 参与运动　2. 运动水平 3. 体力体能　4. 体格体质	每项一颗星，可积4颗星	积"运动素养""人格心理"星共达4颗及以上，即可兑换"特别讲团结"奖卡	【一级荣誉】阳光第三小学"博才少年" 获奖条件：本学期内积"开才星星"达50颗以上者，或者获得5张及以上开才"特别"奖卡者 【二级荣誉】班级"十佳博才少年" 获奖条件：本学期内达到阳光第三小学"博才少年"条件，且个人素养发展所积"开才星星"总数在全班前10名者 【三级荣誉】年级"十佳博才少年" 获奖条件：本学期内达到班级"十佳博才少年"条件，且在"年级十佳"评选演讲、才艺展示、现场情境问答等评选中获得前10名的优秀者 【四级荣誉】校级"十佳博才少年" 获奖条件：本学期内达到年级"十佳博才少年"条件，且在"校级十佳"评选演讲、才艺展示、现场情境问答等评选中获得前10名的优秀者
		（六）人格心理4方面： 1. 自觉性（自我发现、自我调控、自我评价） 2. 独立性（自主、自立、自信） 3. 开放性（正义感、责任心、交际力） 4. 创造性（发散思维、创新意识、实践能力）	每项一颗星，可积4颗星		
美	会审美 至少有一种艺术特长 特别有情趣	（七）艺术素养4项： 1. 参与艺术活动 2. 艺术技能水平 3. 艺术欣赏鉴赏 4. 艺术表现创造	每项一颗星，可积4颗星	积"艺术素养""高雅情趣"星共达3颗及以上，即可兑换"特别有情趣"奖卡	
		（八）高雅情趣3方面： 1. 语言美 2. 行为美 3. 心灵美	每项一颗星，可积3颗星		
劳	会劳动 至少有一项劳动技能 特别能做事	（九）实践能力5方面： 1. 生活基本技能 2. 劳动基本技能 3. 自我管理能力 4. 组织交际能力 5. 主动参与能力	每项一颗星，可积5颗星	积"实践能力"星2颗及以上和"多元智能"星2颗及以上，即可兑换"特别能做事"奖卡	
		（十）多元智能8方面： 1. 语言智能特长 2. 逻辑数学智能特长 3. 音乐智能特长 4. 肢体动觉智能特长 5. 视觉空间智能特长 6. 人际智能特长 7. 内省智能特长 8. 自然智能特长	每项一颗星，可积8颗星		

第二节 "基础+"：五大校品课程群研发

基于"学导生成"校品课程建设理念，学校倡导通过深入挖掘课程内涵、厘清课程目标、拓展课程内容、优化课程实施、创新课程评价，坚持不断完善和建构螺旋式上升的、融通联动的"基础+"课程体系（"基础性、拓展性、研究性"三类课程体系），并坚持德、智、体、美、劳"五育并举""五育融合"的原则，开发和实施"立品课程""启智课程""健身课程""广才课程""增能课程"五大课程群，每个课程群中均包含国家基础课程、拓展性课程、研究性课程，形成矩阵式建设体系，不断提升课程内涵与品质，更好地落实立德树人和促进学生德智体美劳全面发展的素质教育目标，从而实现学校品牌打造的发展愿景。

一、"学导生成""基础+"校品课程体系的建构要求

（一）厘定"基础+"校品课程的类型与框架

《义务教育课程方案和课程标准（2022年版）》中明确提出：

"构建德智体美劳全面培养的课程体系。贯彻新时代党对教育的新要求，坚持德育为先，提升智育水平，加强体育美育，落实劳动教育。""确保'五育'并举，促进学生健康、全面发展。"

"义务教育课程包括国家课程、地方课程和校本课程三类。以国家课程为主体，奠定共同基础；以地方课程和校本课程为拓展补充，兼顾差异。"

"学校依据省级义务教育课程实施办法，立足本校办学理念，分析资源条件，制订学校课程实施方案，注重整体规划，有效实施国家课程，规范开设地方课程，合理开发校本课程。""校本课程由学校组织开发，立足学校办学传统和目标，发挥特色教育教学资源优势，以多种课程形态服务学生个性化学习需求。"

新修订的义务教育课程方案和课程标准，将培养德智体美劳全面发展的社会主义建设者的总体要求落实到教育教学全过程。因此，"学导生成"校品课程倡导以国家课程为主体、为基础，基于学校课程资源实际和学生学习发展需求，开展拓展学生心智才能的拓展性课程和发展学生素质生成的研究性课程建设，即建设国家课程（基础课程）+拓展性课程+研究性课程的"基础+"校品课程体系。

拓展性课程主要是指基于国家某一学科课程的某一方面或领域或学科核心素养等对课程内容进行合理拓展挖掘后，再运用"学导生成"教育主张和原理设计研发的符合学生学习发展需求和学校实际的拓展性校品课程。这类课程主要关注学生的

知识与能力等拓展，以及学生的个性发展。它们通常由国家基础课程延伸而来，包括跨学科的学习内容和活动。拓展性课程旨在激发学生的兴趣爱好，扩充学生的认知，并促进他们的个性发展，具有一定的开放性和灵活性。

研究性课程是指以国家某一学科课程为主体基础课程，选择一主题或方向或问题等对课程内容进行合理的跨学科整合和综合运用后，再运用"学导生成"教育主张和原理设计研发的符合学生学习发展需求和学校实际的研究性校品课程。这类课程主要关注学生综合素养的培养，侧重于培养学生的研究与实践能力、自主与创新精神，以及合作与发展意识。这类课程以学生自主探究和发现为核心，强调学生的主动性和主体地位、问题导向和解决能力、综合素养培养和跨学科思维能力、体验践行和团队合作与交流互动。研究性课程旨在通过开展研究性学习活动，培养学生的科学思维、创新能力和实践能力。

同时，将国家课程设置的小学道德与法治学科课程作为小学"德育"的基础学科课程，将小学语文、数学、英语、科学、信息技术学科课程作为小学"智育"的基础学科课程，将小学体育与健康学科课程作为小学"体育"的基础学科课程，将小学艺术（音乐、美术）学科课程作为小学"美育"的基础学科课程，将小学劳动、综合实践学科课程作为小学"劳育"的基础学科课程，再对应建立"基础课程＋拓展性课程＋研究性课程"的"立品课程""启智课程""健身课程""广才课程""增能课程"五育课程群，形成"基础＋"校品课程体系。其基本框架如表3-1所示。

表3-1　"基础＋"校品课程体系框架

五育并举	五育课程群	基础课程 （国家课程）	拓展性课程 （心智才能）	研究性课程 （素质生成）
德	立品课程群	道德与法治	拓展学生"会做人，品德好"的立品课程	发展学生综合素质生成的立品课程
智	启智课程群	语文、数学、英语、科学、信息技术	拓展学生"会学习，习惯好"的启智课程	发展学生综合素质生成的启智课程
体	健身课程群	体育与健康	拓展学生"会锻炼，身体好"的健身课程	发展学生综合素质生成的健身课程
美	广才课程群	艺术（音乐、美术）	拓展学生"会审美，情趣好"的广才课程	发展学生综合素质生成的广才课程
劳	增能课程群	劳动、综合实践	拓展学生"会劳动，能力好"的增能课程	发展学生综合素质生成的增能课程

（二）厘清"基础＋"校品课程的目标与内容

校本课程是国家课程的拓展补充，厘清校本课程的目标与内容是合理开发校本课程的重要环节。只有这样才能形成符合学生学习发展需要和学校实际的校本课程实施方案，校本课程实施才能做到有的放矢，才能有针对性地发挥其育人功效。

"学导生成""基础+""五育"校品课程群的目标与内容可以用"五会五好"进行简要概括，即"会做人，品德好""会学习，习惯好""会锻炼，身体好""会审美，情趣好""会劳动，能力好"。

1. 立品课程群

"立品课程群"是基于道德与法治学科课程为"德育"的基础学科课程所建立的一套课程体系，"会做人，品德好"是其主要课程目标。学校围绕"会做人，品德好"开发设计拓展性和研究性的"立品课程"，旨在通过"立品课程"的学习，全面提高学生的道德品质、法律意识、道德判断能力、社会责任感、人际沟通能力和道德实践能力等，为学生的全面发展奠定坚实的基础。

2. 启智课程群

"启智课程群"是基于语文、数学、英语、科学和信息技术等学科为"智育"的基础学科课程所建立的一套课程体系，"会学习，习惯好"是其主要课程目标。学校应围绕"会学习，习惯好"开发设计拓展性和研究性的"启智课程"，以提升学生智慧发展为本，关注学生的生命成长，致力于构建一个启迪心智、多元开放的课程环境，以满足学生的自主学习和个性发展需求。

3. 健身课程群

"健身课程群"是基于体育与健康学科为"体育"的基础学科课程所建立的一套课程体系，"会锻炼，身体好"是其主要课程目标。学校围绕"会锻炼，身体好"开发设计拓展性和研究性的"健身课程"，涵盖了体育运动技能、健康知识、运动伤害预防等多个方面。它不仅注重运动技能的传授，更重视学生的运动习惯和健康观念的培养。"健身课程群"以提升学生身心健康为本，通过全面、多元的课程设置和科学的教学方法，注重培养学生的体育兴趣和习惯，提高学生的体质健康水平，增强学生的自我保护和自我健康管理能力。

4. 广才课程群

"广才课程群"是基于艺术（音乐、美术）学科为"美育"的基础学科课程所建立的一套课程体系，"会审美，情趣好"是其主要课程目标。学校围绕"会审美，情趣好"开发设计拓展性和研究性的"广才课程"，涵盖了音乐、美术等多个艺术领域。它不仅注重艺术技能的传授，更重视学生的艺术感受和创新思维的培养。"广才课程群"以提升学生艺术素养为本，旨在通过艺术教育培养学生的审美情趣和艺术素养，提高学生的艺术创新能力。

5. 增能课程群

"增能课程群"是基于劳动、综合实践学科为"劳育"的基础学科课程所建立的一套课程体系,"会劳动,能力好"是其主要课程目标。学校围绕"会劳动,能力好"开发设计拓展性和研究性的"增能课程",涵盖了劳动技能、社会实践等多个领域。它不仅注重技能的传授,更重视学生的实践体验和问题解决能力的培养。"增能课程群"以提升学生实践能力为本,旨在通过体验实践活动,提高学生的实践能力和生活技能,培养学生的自主学习和解决问题的能力。

(三)优化"基础+"校品课程的实施与评价

优化校品课程实施和课程评价就是在关注课程实施的过程和结果,是提高课程教学效果的重要内容。通过优化课程实施和课程评价可以更全面地了解学生的学习情况和教师教学的有效性,提高学生的学习效果和教师的教学质量,促进师生之间的良好互动和合作。

学校可以从以下三方面来优化"基础+"校品课程的实施与评价。

一是深入挖掘课程内涵。通过深入挖掘"基础+"校品课程各项课程的内涵,可以更好地理解和把握该课程的核心要素和教学目标,有助于教师在教学过程中更加准确地传授知识和培养学生的能力,提高教学效果。

二是清晰厘清课程目标。清晰的课程目标是教学的基础,也是学生学习的方向。通过清晰厘清"基础+"校品课程各项课程的课程目标,可以确保该课程教学内容与目标相一致,帮助学生明确学习的目的,提高学习的积极性和主动性。

三是合理拓展课程内容。"基础+"校品课程内容的设计安排必须满足学生学习发展的实际需要,教师在具体实施"基础+"校品课程某项课程时,根据课程资源等实际情况适当拓展该课程的内容,可以丰富学生的学习体验和知识面,开拓学生的思维,培养他们的创新能力和综合素质,提高他们的终身学习能力。

案例 3-3

东莞市南城阳光第三小学开发"基础+"课程矩阵群

一、实现了"基础+"课程的体系化、矩阵式建设

学校在已建立的"基础课程"+"七类校本课程"体系基础上,不断完善和建构

螺旋式上升的融通联动的开才教育"基础+"课程体系。体系包含体现"五育并举"和"五育融合"的五大校本课程群：立品课程群、启智课程群、健身课程群、广才课程群、增能课程群。每个课程群均包含国家基础课程、拓展性课程、研究性课程，它们共同形成矩阵式建设体系。学校编制了《"开才教育"课程实施方案》，编印了很多校本课程读本（教案、讲义），其中"孝雅"校本课程读本获得东莞市校本课程建设成果一等奖、广东省校本课程建设成果二等奖；"开才创客"课程有2个项目式学习项目分别荣获全国最佳项目一等奖、广东省一等奖。

开才教育"基础+"课程体系

负责实施部门科组	五大校本课程群	国家基础课程	拓展性课程	研究性课程
德育处 级组正副班主任 道法科组	立品课程群	道德与法治	升国旗课程	"孝雅"教育课程
			班（队）会课程	
			法治安全十五分微课程	家校合育家长秀课程
			"阳光博爱"德育活动课程	
教导处 语文科组 数学科组 英语科组 科学科组 信息科组	启智课程群	语文	经典诵读与演绎课程	阅读与说写课程
			习字十五分课程	
		数学	生活中的数学课程	思维导图训练课程
		英语	英语绘本阅读课程	英语绘本情景剧表演课程
		科学	科技信息社团课程	"我会创造"科创课程
		信息技术	科技信息节活动课程	项目式学习课程
教导处 体育科组 心育科组	健身课程群	体育与健康	四球一绳一定向运动课程	游戏体验 团辅训练课程
			大课间活动课程	
			体育社团课程	
			体育节活动课程	
			心育十五分微课程	
教导处 音乐科组 美术科组	广才课程群	艺术	音乐	艺术社团课程	打击交响乐课程
			美术	艺术节活动课程	少儿沙艺课程
德育处 级组正副班主任 劳动与综合科组	增能课程群	劳动	劳动与综合实践课程	低年级：我与家庭
		综合实践		中年级：我与学校
				高年级：我与社会
合计	5类	11科	18项	13项

二、2021—2022学年完善编印了校本课程读本、讲义

2021—2022学年，学校将"孝雅"课程的读本按照六个年级螺旋式上升方式重新进行了编印；对定向运动课程、花样跳绳校本课程、少儿沙艺课程等13项校本课程进行了课程读本、教学方案的梳理编印，共计34本（如下表）。杨振浩老师的篮球课程教学设计荣获广东省2021年"一师一优课"优秀教研成果一等奖。

校本课程情况

序号	课程读本（教案）项目名称	本数
1	孝雅	6本
2	"阳光博爱"德育活动	1本
3	家校合育家长秀课堂校本课程教学设计集	3本
4	生活中的数学	6本
5	足球校本课程教案集	1本
6	篮球校本课程教案集	1本
7	花样跳绳校本课程教学设计集	1本
8	定向运动校本课程教学设计集	1本
9	英语绘本阅读及情景剧表演校本课程教学设计集	1本
10	我会创造	1本
11	游戏体验团辅训练课程	1本
12	敲开音乐殿堂的大门	3本
13	点沙成艺	1本
14	劳动与综合实践	1本
15	垃圾分类校本读本	6本
	小计	34本

二、"学导生成""基础＋"五大课程群的研发意义

学校需在课程体系的建构以及课程研发方面持续努力，尤其专注完善"基础＋"课程体系的内容，致力于构建"五育并举""融合贯通"的课程框架。这个课程体系的设计与发展不仅仅是为了提供更多课程资源，更是为了确保教学内容的精妙和高品质，为学生的全面发展和教学质量的提升奠定坚实基础。

首先，注重"基础＋"课程体系的丰富和完善，有利于促进学生全面素养的培养。"学导生成""基础＋"五大课程群的研发建设，不仅致力于确保国家规定课程的全面开展，而且还强调对教材的规范使用，杜绝引进境外课程及使用境外教材。

这种严谨的规范性管理将确保课程的学术性和教学的专业性。学校在深入推进"学导生成""基础+"五大课程群的研发建设时，要投入大量精力和资源，将德、智、体、美、劳"五育"并举，这一综合性的课程设置使学生在不同领域得到全面的发展，这有助于学生个性和全面素质的培养，也有助于提高学生的综合能力和综合素质。

其次，强调"五育并举""融合贯通"的特色课程体系建设，有利于彰显"体验践行促五育素养融合生成"的"学导生成"校品课程建设理念。"学导生成""基础+"五大课程群的研发建设，强化实践与体验。这个体系不仅仅是课程的堆砌和组织，更是一种全面的教育思维的体现。学校在开展建设实施"立品课程""启智课程""健身课程""广才课程""增能课程"等五大校本特色课程群时，强调"体验求知，践行发展"的理念，强调通过实践活动和体验式学习，使学生能够将所学知识应用于实际生活中，提高他们的实践能力和解决问题的能力，更重要的是通过这些课程的学习，培养学生的品格、智慧、身体素质、综合能力和潜能，助力学生"体验践行促五育素养融合生成"，成为全面发展的个体。

总之，"学导生成""基础+"五大课程群的研发意义在于促进学生全面发展，强化综合素养生成，培养创新精神和实践能力，塑造正确的价值观和道德观念，提高学生的体育健康水平和艺术素养。这将有助于学生在未来的学习和生活中取得更好的成绩和发展，也为学校的教学质量和特色教育的发展提供坚强的保障。

案例3-4

东莞市南城阳光第三小学《孝雅教育》校本课程实施方案

东莞市南城阳光第三小学一直将立德树人根本任务放在学校工作的首位，提倡素质教育和全人教育，促进学生的全面发展。在"开才教育"顶层文化的统领下，为保证德育工作有效开展，现根据《"开才教育"品牌集中培育期工作安排》要求，特制订《孝雅教育》校本课程实施方案。

一、课程背景

所谓"百善孝为先"，孝行能培养善良之心、感恩之心、责任之心。"雅"就是美，就是规范化和标准化，就是至正，包含言正、身正、品正；也包含手勤、体勤、脑勤。中华民族是崇尚美德的民族，以儒家哲学为代表的中国传统思想历来注重德行的修养，中国传统教育也历来重视对人道德品行的培养。《孝经》云："夫孝，德之本也。"《荀子》云："君子安雅。"强调了"孝""雅"之于人道德完善的关键作用。我国教育改革也一直将学校思想道德建设摆在重要位置。2019年，《中共中央 国务院关于深化教育教学改革全面提高义务教育质量的意见》指出，坚持立德树人，着力培养担当民族复兴大任的时代新人；坚持"五育"并举，全面发展素质教育。小学是学生道德品质形成的关键时期，在小学阶段对学生实施良好的道德教育，是小学教育的重要任务。

阳光三小于1929年建立，在90余年的办学历史中，学校逐渐有了深厚的文化积淀。在为地方教育事业精诚奉献的这段时间，学校一直不忘初心、扎根历史、注重传承，从中华优秀传统文化中汲取营养，同时也紧跟时代发展的步伐，响应国家号召，坚持立德树人、德育为先。开展"孝雅"教育，不仅是继承中华民族优秀传统文化的需要，更是切实加强学校思想道德建设、全面提高学生思想道德水平、提高未成年人思想文明素质、培养未成年人良好品格的需要。基于此，阳光三小形成了开发"孝雅"教育课程的共识。

二、理念指引

在学校文化的视域下，从课程架构来讲，本课程属于阳光三小"开才教育""基础+"课程体系中的立品校本课程群。从课程定位来讲，本课程属于研究性课程，是对国家课程的校本化延伸。学校坚持把课程建设与学校文化深度融合，因此，《孝雅教育》课程开发将全面遵照"开才教育"顶层文化的指引。所以，本课程的课程目标将坚持以"开才教育"的育人目标为导向；课程内容将重点挖掘"行孝雅事，做孝雅人"的深层内涵，以此开发学生心智；在课程实施方面，本课程以"开才教育"

课程思路图

等所包含的综合素养五个培育路径中的"深入激发'博爱孝雅情怀'"为抓手，通过自编校本读本、"阳光博爱"德育、孝雅环境文化建设，使教育训练方式生活化、通俗化、具体化，用点滴的训练来浸润心灵，润物于无声，体现生活即教育的理念，同时也发挥好"博联家校合育"的重要作用，以期达到一定的育人效果。此外，课程评价将以"开才教育"下的学生综合素养发展情况评价体系——开才评价为依据。基于此，《孝雅教育》校本课程从目标、内容、实施到评价不但紧扣"开才教育"文化，实现了学校文化与教育实践的辩证统一，还在原有的基础上，通过"开才"核心理念的指引，为"孝雅教育"的内涵赋予了更具学校文化战略顶层高度的意义。

本课程的创新点在于，从"开才教育"的核心理念出发，重新挖掘和梳理中华优秀传统文化和东莞地方文化可用资源，在传统与现代之间寻找结合点，使传统文化符合现代意识形态和现行教育政策法规，体现传统文化的现代活力，实现汲取精华，去其糟粕的传统文化应用思路。在此基础上，课程将重新定义和阐释"孝雅教育"的内涵，并将学校文化和传统文化有机结合视域下的"孝雅"内涵转化为"开才教育"中的学生素养。

三、课程目标

学校课程的初心就是对学校育人目标的回答。孝雅，即涵养。在"开才教育"的品牌引领下，本课程旨在让学生理解如何以"行孝雅事，做孝雅人"为德行基本要求，以及如何养成健康的思想感情，养成现代公民所必须遵守、履行的道德准则和行为规范。课程目标进一步细化为校本化素养发展量化目标，具体表现为会做人、会学习、会锻炼、会审美、会劳动的综合素养；有一颗孝雅之心和特别懂孝雅的侧重量化目标。通过课程的实施，让学生和家长对于"孝雅"文化有一定的理解，进一步对学校"开才教育"德育文化形成一定的认识。

四、课程内容

1. 《孝雅教育》读本——主题育人课程：课程分为三个大的单元主题——在校做个"孝雅娃"、在家做个"孝雅娃"、在社会做个"孝雅娃"。每个单元又分别从"孝""雅"两个不同维度展开。

2. 孝雅活动——体验育人课程：围绕"行孝雅事，做孝雅人"展开丰富多样的校园、班级、亲子活动，如"争做孝雅学生""孝雅正行月"系列活动。

3. 孝雅环境——无痕育人课程：学生在校园环境的隐性育人作用下，自然而然地领悟"孝雅"的意义。

4. 孝雅评价——自省明理课程：通过评选，让"孝雅"教育的价值观内化为师生、家长的思想行为判断标准。

五、课程实施

（一）实施原则

1. 生本性原则。充分尊重和满足学生需要，以学生素质发展、个性和人格得到更充分、自由发展和健全为目的，在具体实践过程中始终坚持以学生需求为本。

2. 趣味性原则。课程的内容要丰富多彩，富有吸引力，使学生产生浓厚的兴趣。课程的实施过程时时关注学生的学习感受、兴趣、乐趣，真正让学生学有所乐，学有所得。

3. 教育性原则。通过学习《孝雅教育》读本，净化孩子的心灵，陶冶孩子的情操。

4. 整体性原则。《孝雅教育》课程是学校个性化课程的重要组成部分，涉及各个年级、各个学科、各位师生，所以在实施过程中必须兼顾全体，以低起点、高规格、抓全面、促个性为主。

（二）实施方式

1. 读本讲解。借助《孝雅教育》读本实施，每年级一本，一本分上、下册。利用课前3分钟和每周星期一班队会时间，由正副班主任落实课程。读本每册分为三个单元，三个单元共六课时，加一课小结，共七课时。

2. 学科渗透。由各学科老师在日常教学中落实。

3. 校园活动。借助各类学科活动、每年2—3月孝雅正行月（节）及系列"阳光博爱"德育活动、评价活动实施。

4. 家校合作。结合家长秀课堂，老师、家长、学生一起上课，让孝雅教育进入家庭教育。

（三）实施过程

1. 加强领导和工作协调。成立《孝雅教育》课程开发小组，明确部门人员职责分工。

2. 教师培训。组织全体教师参与《孝雅教育》校本培训。

3. 制订校本课程梯度化实施细则。组织德育处、各年级班主任根据本年级学生身心成长的实际情况，制订有梯度层次的课程目标、教学计划和评价标准。

4. 建立课程资源库。在校园智慧云平台开辟"孝雅教育"专栏，将已有的教学素材和活动资料进行梳理、归纳、上传。

5. 开展校园文化环境创建行动。建设"心灵空间""家校博联"空间等功能室；打造与"孝雅"文化主题有关的校园景观；"孝雅"传统文化上墙；制作"孝雅"人物事迹宣传栏。

6. 课程落地。开展《孝雅》读本课程、活动课程、环境课程和评价课程，做好过程的记录和资料的保存，不断规范课程实施。

7. 构建家校社协同育人机制。组织教师编写《孝雅亲子手册》，通过读本手册、家长会、微信公众号、微信群等方式告知家长关于《孝雅》课程的有关内容，邀请家长配合及参与课程活动。加强和社区的联系，积极挖掘社区德育资源，让孝雅之风深入学生的生活环境。

8. 修订总结。每学期开展课程评价；定期召开总结研讨会议；根据课程实施的实际情况，调整和完善各方案细则；将该学期课程活动各项成果记录保存，上传至校园智慧云平台；针对小组工作成员的表现给予相应奖惩。

（四）实施对象

全体师生、家长

（五）人员分工

由德育处级组为主要负责部门，正副班主任为主要负责教师。

各班班主任按实施方案落实课程工作，组织各项活动，检查和验收实施效果等。

六、课程评价

（一）预期效果

借助大力开展"学孝雅之规、正孝雅之态、融孝雅之气、树孝雅之风"等教育活动，学校师生和家长能够从读本、活动、日常的涓滴细节中理解"行孝雅事，做孝雅人"的内涵。通过课程目标的准确导向、课程内容的有效对接、课程实施的环环相扣和课程评价的科学规范，"孝雅"文化将内化为全校师生和家长的价值标准，由此促进人人的转变。通过数年的积累，学校文化将形成良好风尚，校园将充满着温暖、和谐、友爱、团结的氛围。阳光三小德育工作水平大大提升，"孝雅教育"成为校级精品课程，成为学校德育特色名片。

（二）评价主体

1. 学生评价：(1) 坚持每日暮省时段的评价和反馈；(2) 根据"558""博才少年"

素养评价体系，通过学生自评、班级互评、教师评的多种评价方式对学生进行评价，每学期根据积分和星星数量颁发"特别懂孝雅"奖章，并评选出班级、年级、校级"孝雅之星"。

2. 教师评价：每次班队会课，年级组长根据实际教学情况对教师进行评价，记入教师工作量，纳入教师的业绩考核，作为评选"博育教师"的重要条件之一。

3. 班级评价：评选一批"孝雅教育示范班"。

4. 课程评价具体如下表所示。

课程评价具体情况

评价维度	评价内容	评价方式
课程理念	1. 与"开才教育"的"广开心智，博育良才"的核心理念契合，展现了"行孝雅事，做孝雅人"的教育主张 2. 融合了道德与法治课程的学科核心素养要求	审议性评价
课程目标	1. 以"开才教育""558"校本化素养发展量化目标为导向 2. 目标设置有梯度，明确、清晰 3. 知识、能力、情感目标齐全	审议性评价
课程内容	1. 校本教材框架清晰，逻辑严谨 2. 校本教材内容科学合理，与生活实际结合，体现了本土化和时代性，启发性强 3. 校园、班级、亲子活动内容丰富多样，且常规化、主题化、系列化，层层渗透 4. 校园环境渗透"孝雅"文化，有效发挥了校园环境的隐性育人功能	满意度评价 审议性评价
课程特色	1. 深度挖掘了中华优秀传统文化中的"孝雅"文化资源，发扬了"孝雅"精神 2. 充分挖掘了本土文化资源，弘扬了地方文化 3. 利用好教育信息化建设，优化课程设计和实施 4. 与道德与法治国家课程紧密联系，是对道德与法治课程的补充和创新	满意度评价 展示性评价 审议性评价
课程实施	1. 课程小组在整个过程实施中充分发挥领导、监管和统筹作用 2. 能按照课程方案要求制订各年级的教学计划，安排好教学进度 3. 实施方式灵活多样，促进了学生的个性化发展，且能不断优化和创新 4. 面向全体学生和家长，实现了整体全方位覆盖，有效发挥了家校共育作用 5. 实施过程中能及时反思和调整	满意度评价 过程性评价 展示性评价 审议性评价
课程效果	1. 学生和家长深化了对"孝雅"内涵的认识，内化于心并外显于行 2. 学生和家长参与度高，积极性强，评价好 3. 学生、家长和教师有相应的成果、总结和展示	满意度评价 过程性评价 评选性评价 展示性评价 审议性评价

（三）活动表彰

每学期表彰一批师生"孝雅之星"和"孝雅教育示范班"，召开总结表彰大会，颁发奖状和奖品，进行专题报道、宣传展示。

（四）成果宣传

1. 课题申报：组织教师开展围绕《孝雅教育》课程开发和落地实施的相关课题申报工作。

2. 课例打磨：组织教师研讨、编写优秀课例。

3. 成果集：在实施的过程中不断修订完善《孝雅教育》读本；办好"孝雅之窗"；整理编印《孝雅教育随笔》等孝雅教育成果集（优秀案例集或画册集）；加强档案资料建设。

4. 对外宣传：借助学校官网、广播台、宣传栏、微信公众号等多种渠道推广和宣传典型。

（此方案选自阳光三小《"开才教育"课程实施方案》，2021年指导阳光三小《孝雅教育》课程开发组编制）

第三节 "558"综合素养：校品课程实施行动

"学导生成"主张以"立德树人"为根本任务，"五育并举""五育融合"，全面发展素质教育，并根据倡导研发的"学导生成""基础+"五大课程群，提炼出了"558"素质课程发展目标，即"学导生成"下学生发展综合素养的校本表达："五会五有八特别"（简称"558"），还针对性提出了实施"五大"策略，培养学生"五会"综合素养。

一、"558"素质课程发展目标的厘定

"558"素质课程发展目标，即"学导生成"下学生发展综合素养的校本表达："五会五有八特别"（简称"558"）。"五会五有"包括：会做人，有一颗孝雅之心；会学习，至少有一门优势学科；会锻炼，至少有一项体育爱好；会审美，至少有一种艺术特长；会劳动，至少有一项劳动技能。"八特别"包括：特别懂孝雅（道德与法治学科+），特别爱读写（语文学科+），特别勤思考（数学学科+），特别有视野（英语学科+），特别好探究（科学与信息技术学科+），特别讲团结（体育学科+），特别有情趣（艺术学科+），特别能做事（劳动与综合实践学科+）。

培育人才是学校教育的根本，小学是人才培养的根基。

结合《小学生守则》《小学生日常行为规范》和"学导生成"教育思想理念，基于"学导生成""基础+"五育课程群，提炼出"学导生成""基础+"五育课程群"558"素质课程发展目标，即"五会五有八特别"（简称"558"）。

其中"五会五有"对应"学导生成"理念下实施德、智、体、美、劳"五育并举"、融合发展学生综合素养的课程育人主张和侧重目标：会做人，有一颗孝雅之心；会学习，至少有一门优势学科；会锻炼，至少有一项体育爱好；会审美，至少有一种艺术特长；会劳动，至少有一项劳动技能。

其中"八特别"对应学生在"五育并举"、融合"学科+"课程学习下的个性化表达和侧重目标：特别懂孝雅（道德与法治学科+），特别爱读写（语文学科+），特别勤思考（数学学科+），特别有视野（英语学科+），特别好探究（科学与信息技术学科+），特别讲团结（体育与健康学科+），特别有情趣（艺术学科+），特别能做事（劳动与综合实践学科+）。如表3-2所示。

表3-2 "学导生成""基础+"五育课程群"558"素质课程发展目标

五育	综合素养（五会）	发展表现要点	侧重量化目标（五有八特别）
德	会做人	以"行孝雅事，做孝雅人"为德行基本要求，养成健康的思想感情，养成现代公民所必须遵守、履行的道德准则和行为规范	有一颗孝雅之心 特别懂孝雅 （道德与法治学科+）
智	会学习	勤于学习、敏于求知；既能自主学习，又能与人合作；具有良好的学习习惯、科学的学习方法，会思考，敢质疑，勇探究，能习得人文、科学等各领域的知识和技能，逐渐形成能运用人类优秀智慧成果的能力，做到知行合一	至少有一门优势学科 特别爱读写 （语文学科+） 特别勤思考 （数学学科+） 特别有视野 （英语学科+） 特别好探究 （科学与信息技术学科+）
体	会锻炼	热爱生活，悦纳自己，自信向上，乐群团结；具有安全意识与自我保护能力；掌握适合自身的运动方法和技能，养成健康文明的行为习惯和生活方式；拥有朝气蓬勃的"精气神"，身体发育良好、视力达标、体态匀称、体质强健	至少有一项体育爱好 特别讲团结 （体育与健康学科+）

续表

五育	综合素养（五会）	发展表现要点	侧重量化目标（五有八特别）
美	会审美	向往与追求美好形象和美好事物，学会感知美、善于发现美、体验美、理解美，在对生活、自然、科学、艺术的欣赏中，受到美的熏陶；在具有艺术知识、技能与方法积累的基础上传播美、发展美、创造美，提高自身的精神境界和审美品质，进而做到语言美、行为美、心灵美	至少有一种艺术特长 特别有情趣（艺术学科＋）
劳	会劳动	尊重劳动，具有积极的劳动态度、良好的劳动习惯和较强的自理能力，善于在实践中发现和提出问题，有解决问题的兴趣、热情和能力；具有动手操作能力，掌握一定的劳动技能；在主动参与的家务劳动、生产劳动、公益活动和社会实践中，具有改进和创新劳动方式、提高劳动效率的意识	至少有一项劳动技能 特别能做事（劳动与综合实践学科＋）

二、校品课程五大实施策略的建立

为确保"学导生成""基础＋"五育校品课程的顺利实施并切实发挥其高质量的育人功效，基于"学导生成"的教育思想和课程建设理念，针对"立品课程群""启智课程群""健身课程群""广才课程群""增能课程群"分别厘定了"博爱立品""博学启智""博能健身""博趣广才""博习增能"的实施策略，并把它们作为指导实施"学导生成""基础＋"五育校品课程的主要原则和策略。学校实施这五大策略，培养学生的"五会"综合素养。

（一）博爱立品

博爱立品即以爱育爱，培育学生的博大胸怀和爱家、爱国、爱人民的博爱精神及道德品质，使其成为有担当、有责任、有爱心的社会公民。在实施"立品课程"时，学校要以形式多样的德育主题活动为载体，以家校合育为途径，为学生提供榜样引领，创设良好环境，引导学生养成健康的思想感情，养成现代公民所必须遵守、履行的道德准则和行为规范，培养学生具备宽广的胸怀和深厚的爱心，使他们能够关心他人、尊重他人，并愿意为社会做出贡献。"立品课程"重点培养学生"会做人"的德育素养，实现人人"有一颗孝雅之心"的量化目标。

（二）博学启智

博学启智即博闻悦纳，格物致知，指学生主动学习吸收人类丰富优秀的知识和广博智慧以涵养心智，使自身具备广博知识、创新思维以及适应未来学习和发展的综合素质。实施"启智课程"需要学校、教师和家长共同努力，它为学生提供多元化的学习机会和丰富多样的学习资源、强调跨学科学习、设计多样化的教学活动、激发学习兴趣和动力、培养创新思维和终身学习的意识，助力学生的全面发展和成长。同时，学校要探索实施以"合作学习"为基础、以"学习共同体"建设为载体的"学导生成"教学模式，构建"三学三导三生"课堂（"三学"即"自学、研学、思学"，"三导"即"辅导、讲导、训导"，"三生"即"内生、共生、自生"），建立"小组合作学习"机制，帮助学生形成问题性学习、真实性学习、挑战性学习、体验性学习、互动性学习的学习方式，通过教学方式更新促进学习方式和思维方式的转变。"启智课程"重点培养学生"会学习"的智育素养，实现人人"至少有一门优势学科"的量化目标。

（三）博能健身

博能健身即以能促健，引导学生主动加强综合运动能力的培养，养成积极的生活方式和健康的生活习惯，全面提升身体素质和健康水平。在实施"健身课程"时，学校以"体育节""阳光大课间""我的体育秀"等锻炼体育才艺能力的校园文化活动为主要途径，通过体育兴趣的激发、体育项目的参与、体育技能的掌握、体育才艺的展示，促进学生健康成长。同时，学校要提供多样化的健身课程，满足学生对全面健身的追求，帮助学生提升身体素质、改善健康状况，并培养学生积极的生活态度和社交能力。"健康课程"重点培养学生"会锻炼"的体育素养，实现人人"至少有一项体育爱好"的量化目标。

（四）博趣广才

博趣广才即以趣养才，激发学生的广泛兴趣和学习潜能，培养学生高雅的情趣爱好、艺术特长和全面发展的能力，使他们能够在未来的社会中获得成功和幸福。在实施"广才课程"时，学校要提供多样化的课程和活动，培养学生的兴趣爱好和包括思维能力、创新能力、沟通能力、团队合作能力等的综合能力。如，组织开展才艺展示月、文体科技信息月、阅读节、达人秀等丰富多彩且形式多样的月（节）主题活动以及组建创客社团、沙砾艺海社团、翰墨书法社团、和韵合唱社团、舞之乐社团等社团，让学生有机会发现自己的潜能和兴趣所在。"广才课程"重点培养学生"会审美"的美育素养，实现人人"至少有一种艺术特长"的量化目标。

（五）博习增能

博习增能即以习得能，引领学生在"学习体验—感悟践行—再学习体验—再感悟践行"的循环过程中学习和发展，引导学生广泛训练、发展实践能力并培养全面发展的综合能力。在实施"增能课程"时，学校提供多样化的课程，注重培养学生的创造力和解决问题的能力。如：以综合实践活动、研学旅行、劳动展示秀、"我是公益小达人"等多种平台的设置和路径的拓展，引导学生参与各种劳动和社会实践，通过劳动态度的培养、劳动意识的提升、劳动技能的练习，培养学生的劳动素养和劳动技能。"增能课程"重点培养学生"会劳动"的劳育素养，实现人人"至少有一项劳动技能"的量化目标。

这五大实施策略，展现了"学导生成""基础+"五育校品课程对于学生成长的全新育人理念与实践，为学生的多元发展与个性成长提供了可贵的支持与引导，为未来的教育模式和学生的培养方向提供了有益的探索与启迪。

案例 3-5

探索具备"558"综合素养的"博才少年"的培育路径

教育的初心之一就是寻找符合生命成长的规律，进而通过科学的手段实现生命个体的健康发展。阳光三小的学校品牌建设，其核心要义和个性凸显就在于"开才教育"的理念体系。因此，在厘定和实践"开才教育"理念的过程中，学生的健康发展必将成为学校一切办学行为的终极指向。学校紧紧围绕"开才教育"、五大实施策略和学生综合素养校本表达的"558"要求，进一步多措并举推进学生发展策略，让每个学生的个性特长都得到健康发展，让每个学生的综合素养发展得以实践。

一、厘定"基础+"课程培育学生"558"综合素养的目标

开才教育"基础+"课程体系与学生综合素养发展对应关系表

开才教育"基础+"课程体系					校本"五会五有八特别"综合素质发展量化目标							
五大校本课程群	国家基础课程	拓展性课程	研究型课程	会做人	会学习	会锻炼	会审美	会劳动	五有	八特别	负责实施部门及负责人
立品课程群	道德与法治	升国旗课程、班（队）会课程、法治安全十五分微课程、"阳光博爱"德育活动课程	"孝雅"教育课程	★	★	★	★		有一颗孝雅之心	特别懂孝雅	德育处级组、正副班主任

续表

五大校本课程群	开才教育"基础+"课程体系			校本"五会五有八特别"综合素质发展量化目标								负责部门及负责人
^	国家基础课程	拓展性课程	研究型课程	会做人	会学习	会锻炼	会审美	会劳动	五有	八特别	^
启智课程群	语文	经典诵读与演绎课程	阅读与说写课程	★	★	☆	★	☆	至少有一门优势学科	特别爱读写	教导处、语文、数学、英语、科学、信息科组
^	数学	生活中的数学课程	思维导图训练课程	★	★	☆	★	☆	^	特别勤思考	^
^	英语	英语绘本阅读课程	英语绘本情景剧表演课程	★	★	☆	★	☆	^	特别有视野	^
^	科学信息技术	科技信息社团课程、科技信息活动课程	"我会创造"科创课程、项目式学习课程	★	★	☆	★	★	^	特别好探究	^
健身课程群	体育与健康	"四球一绳一定向"运动课程、大课间活动课程、体育社团课程、体育节活动课程、心育十五分微课程	游戏体验团辅训练课程	★	★	★	★	☆	至少有一项体育爱好	特别讲团结	教导处、体育科组、心育科组
广才课程群	艺术 音乐 美术	艺术社团课程、艺术节活动课程	打击交响乐课程、少儿沙艺课程	★	★	☆	★	☆	至少有一种艺术专长	特别有情趣	教导处、音乐科组、美术科组
增能课程群	劳动 综合实践	劳动与综合实践课程	低年级：我与家庭 中年级：我与学校 高年级：我与社会	★	★	☆	★	★	至少有一项劳动技能	特别能做事	德育处、级组、正副班主任、综合实践与劳动科组

二、探索实践"558"综合素养的五个培育路径

（一）深入激发"博爱孝雅情怀"

学校把立德作为育人首要任务，制订并有效实施落实《中小学德育工作指南》的具体工作方案，将培育和践行社会主义核心价值观融入教育教学全过程，教育引导学生爱党、爱国、爱人民、爱社会主义。阳光三小从 2008 年就开始探索实施"孝雅教育"研究，2016 年在原有研究成果的基础上，修订完善编印了一套一至六年级共 6 本的教育校本读本《孝雅教育》，实施"体验求知，践行发展"育人理念，大力

开展"学孝雅之规、正孝雅之态、融孝雅之气、树孝雅之风"等教育活动，并取得了丰硕成果。孝者，德之本也，教之所由生也。雅者，正也，合乎规范、标准也。"孝雅教育"是充满"阳光博爱"的教育，是培养学生孝心（为善之心、尚美之心）雅风（求真之风、悦上之风）的教育，即从"孝"着手，立德树人，从"雅"切入，修身成事。学校将继续使用好《孝雅教育》校本读本，规范班会课、队会课实施《孝雅教育》的组织、开展、落实环节，坚持每日暮省时段的评价反馈等，培养学生"为善的优雅形象、尚美的高雅情趣、求真的文雅举止、悦上的儒雅谈吐"，让学生成为"有正气""有骨气""有灵气""有才气"的孝雅人，进而成为"会做人""会学习""会锻炼""会审美""会劳动"的博才少年，力争进一步提升"孝雅"教育的成效，编辑一系列高品质的成果集（优秀案例集或文集或画册集）。

（二）深度构建"博学求真课堂"

学校不断深化、大力开展以"合作学习"为基础、以"学习共同体"建设为载体的"学导生成"教学模式，开展"三学三导三生"求真课堂的实践探索研究活动，以保证学生深层次学习、挑战性学习，帮助学生通过学生之间的合作学习获得高层次思维，获得综合素养的培养。学校每学期开展一次"博学求真课堂"研究成果交流展示活动，每学科各编印一套"博学求真课堂"优秀教学设计或课堂实录或研究文章等研究成果集。

（三）深化拓展"博识阅读成长"

学校以"广东省分级阅读示范基地"为平台，大力开展大阅读活动，继续开展"师生共读经典，同写反思"活动，并建设班级书柜，开展"悦读节""读书好学"展示活动，评选"书香班级、学生、教师、家庭""小作家"等，将师生阅读情况纳入"建阳光博爱班队"和"博才师生"团队以及个人评价体系中。学校深入探索常态化使用按年级修订编印的《经典诵读》校本读本的模式，每学期开展一次《阅读笔记》《好书推介文集》等优秀作品展，整理编印一套《大阅读指导课课例集》《班级悦读文集》《书香校园散记》（活动方案，书香班级、家庭、学生、教师等事迹）等。

（四）全力促进"博趣才艺发展"

学校着力推进以教学班级、社团、队组等为团队的才艺训练、展评活动，鼓励学生以"学有特长"为要求，通过参与学校组织的课内外体育和艺术教育活动，至少掌握两项体育运动技能和一项艺术特长，或发展一项个性特长。学校每学期开展"才艺展示月""文体科技信息月"主题活动，为学生搭建展示才艺的平台，评选表彰若干品牌学生（才艺学生、博才少年）、个性学生。

（五）全面开展"博联家校合育"

一方面进一步完善家委会建设指导学校管理的良性运行机制；另一方面深层次推进家校合作共育特色项目建设，高品质建立家校合作共育的育人体系。

第四章 "学导生成"的课堂生态营造

"学导生成"主张培养学生核心素养是"品质课堂"和"有效教学"的目标取向，是中小学教育走向高质量时代课程与教学改革的聚焦点。传统课堂教学的关注点是传授知识和培育能力，在教学关系上学生常常是"被学习"，"学导生成"教学的教学过程立足于互动相生和学生"自学习"与素养生成。"学导生成"教学是一种以培育学生核心素养与发展终身学习能力为着眼点，以促进学生知识、能力、品德等素养生成和发展为教学着力点的生态型教学模式体系。"学导生成"教学理念和模式是数智时代的教学生态，是高品质教学的课堂新样态。（见图4-1）

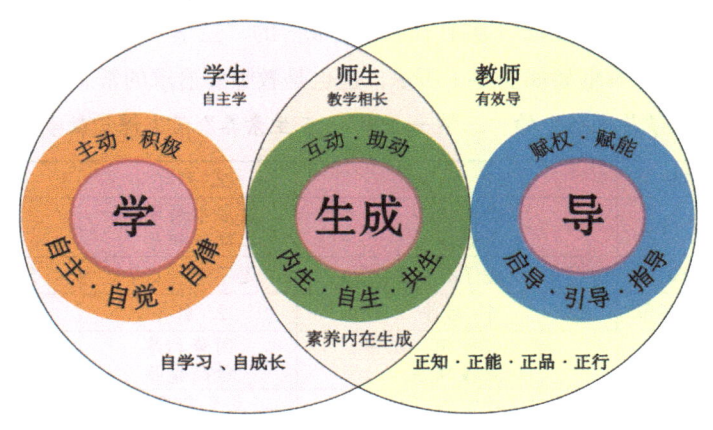

图4-1 "学导生成"教学生态圈模式图

第一节 "学导生成"高品质课堂生态

"学导生成"强调学生在教学过程中的主动参与和自主学习,以及教师的有效引导和指导。在这种教学模式下,课堂变成了一个学生主动"学"、教师有效"导"、素养主动生成的生态系统,在学生"自学习"和"生生"互助、师生互动的"学"与"导"的过程中,促进学生自我内化生成核心素养(见图4-1)。

一、"学导生成"课堂生态的特点和样貌

"学导生成"教学认为,课堂是培养学生核心素养的主阵地。高质量地培养学生发展核心素养是探索建立"课有定则"的"常态课堂教学模式"的价值追求,也是高品质课堂生态的本质属性。也就是说,课堂教学要成为实现从知识到能力及核心素养发展的基本路径和主要载体,而这一过程的实质是"教"指导和促进"学"的"教学相长"过程,是"教力"转化为"学力"的"学导生成"过程。为形成高品质的"学导生成"课堂生态,"学导生成"教学基于"学生自主学习""教师主导赋能""教学相长、自我生成"的原则和"主体生成教学""启发式教学""自学习自成长反馈""激发内驱与学习自觉""学科素养融合生成"的原理,倡导建立实施"三学—三导—三生素养"的常态课堂教学模式,指导教师于该模式开展常态课堂教学,大面积提高常态课堂教学质量和品质。基于"学导生成"的"三学—三导—三生素养"常态课堂教学模式的基本框架如表4-1所示,这也是教师要追求的常态课堂样貌。

表4-1 基于"学导生成"的"三学—三导—三生素养"常态课堂教学模式的基本框架

	三学环节	1. 自学	2. 研学	3. 思学
学生的"学"	学的方式	个人独学 小组合学	汇报展学 质疑研学	活练悟学 检测思学
	学的追问	学懂了什么?	还不懂什么?	真的懂了吗?
	三导环节	1. 启导	2. 引导	3. 指导
教师的"导"	导的方式	学案(视频)疏导 点拨辅导	因势利导 释疑精导	测评训导 提炼开导
	导的任务	精心设计学案(视频) 适度辅导,适时调控	立足重难点 精导突破	精心设计运用 "活练检测题"

续表

学导生成核心素养	学导目标	引领促进自我教育	引领促进自主生成	引领促进自觉完善
	学导价值	自学习	自发展	自成长
	三生素养	自我内生	互动共生	内化自生
时间分配		10分钟	20分钟	10分钟
备注		1. 高段学生的"个人独学"一般放在课堂外 2. 每节课在确保"两头"（即"自学"和"思学"环节）有足够时间的前提下，学生的"独学""合学""展学""研学"四个学习环节可据实删减，其内容安排、学习形式、时间分配等都可据实灵活处理 3. 教师在组织实施每一个教学环节前，都必须向学生清晰地明确该学习环节的任务和完成的时间；在各个学习环节，教师可以结合学习内容与任务目标实际，创新地采取线上线下、信息技术与学科教学相融合的教学形式组织实施教学		

（一）学生的主动和自主——需要高水平的学习设计

"学导生成"教学强调学生的主动"学"，让学生内在生成自主学习力。在"学导生成"课堂中，教师需要为学生预设高水平的学习活动——"自学""研学""思学"三个环节，以激发、调动学生主动"学"、自主"学"的需要、激情、兴趣等，学生在教师的有效引导和指导下，能有效开展"自学""合学""展学""研学""思学""悟学"等不同方式的学习活动，掌握各种学习方法，提高各种学习能力，生成学科素养和综合素质。学生在课堂中的样貌应该是积极参与课堂学习全过程，主动、自主探索，构建知识，生成素养。

"自学"环节主要是学生自主学习，一般设计有学生个人"独学"、小组"合学"两种学习方式和活动。在实际教学中，教师将根据教学内容和学情等，设计安排其中的一种或两种学习方式和活动。在此环节中，学生在教师的辅导下重点围绕"学懂了什么"开展自主学习，运用和掌握一些"自学习"方法主动学、自主学，生成自我教育的能力和素养。

"研学"环节主要是学生研讨学习，一般设计有学生汇报"展学"、质疑"研学"两种学习方式和活动。在实际教学中，教师将根据教学内容和学情等，设计安排其中的一种或两种学习方式和活动。在此环节中，学生在教师的指导下重点围绕"还不懂什么"，就"自学"环节后还存在的疑惑或重难点进行研讨学习，主动求真、自主务实地探究、研讨，在生生互助、师生互动中自主生成"自发展"的能力和素养。

"思学"环节主要是学生反思悟学，一般设计有学生活练"悟学"、检测"思学"两种学习方式和活动。在实际教学中，教师将根据教学内容和学情等，设计安排其

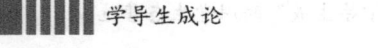

中的一种或两种学习方式和活动。在此环节中，学生在教师的引导下重点围绕"真的懂了吗"，就"自学""研学"环节后的真实学习效果和学习收获进行小结，在主动完成"活练检测题"、自主评价感悟学习成效中获得"自成长"，生成自觉完善的能力和素养。

（二）教师的引导和赋能——需要高层次的学导思考

"学导生成"教学强调教师的有效"导"，让教师与学生互动，助力学生生成自助内驱力。在"学导生成"课堂中，教师在为学生预设的"自学""研学""思学"三个高水平学习活动环节，有针对性地设计"启导""引导""指导"三个"导学"环节时，必须经过"高层次的思考"，灵活设计安排"疏导""辅导""利导""精导""训导""开导"等不同的"导"学策略和方法，激发学生的好奇心和求知欲，引导学生主动参与学习，从而激发学生的内在学习动力，保证学生完成深层次学习、挑战性学习，帮助学生获得高层次思维，培养综合素养。教师在课堂中的角色应该是学生学习的引导者和激励者，有效地赋权、赋能、举一反三，促进学生生成自助内驱力和核心素养。

在学生"自学"环节，教师处于"启导"地位，教师主要通过课前精心设计"学案"（视频）对学生的"自学"给予有效"疏导"，在学生"合学"时及时给予有效点拨"辅导"，鼓励、引领学生落实好"自学""合学"方法，激励、"启导"学生"完成自己所能完成的""会学的"学习任务，助力学生自我生成"自学习"力和核心素养。

在学生"研学"环节，教师处于"引导"地位，教师主要立足重难点和学生自学后的疑惑或困难处，通过精心组织合作研讨学习活动，有效把握时机，因势"利导"实现生生互助、师生互动，及时给予精讲"精导"突破，"引导"学生学会"自己不会学的和学不会的"，"教会学生学会学习"，真正落实"学习是自己的事，培养学生自主学习的能力"，助力学生互动共生"自发展"力和核心素养。

在学生"思学"环节，教师处于"指导"地位，教师应根据教学内容和学情，课前精心设计好"当堂活练检测题"（课堂作业或自测题），课中根据课堂"学导"实情，灵活安排组织练习检测"训导"，当堂"指导"学生反思学习效果，鼓励培养学生有效地开展自我评价，反思学习效果，不断改进学习方法和习惯，助力学生内化自生"自成长"力和核心素养。

（三）生生的互助和合作——需要高效率的学导方式

"学导生成"教育教学遵循的"助人自助"理念强调互助协调与合作的重要性，

教学过程是学生自主生成与教师价值引领相统一的过程。学生之间相互帮助，共同合作，协同完成学习任务，应该成为"学导生成"课堂的常态样貌，这对于学生的学习和发展具有重要意义。生生互助一般以下面的形式呈现：

分组学习，分工合作。将学生分成小组（2人、4人或6人一组不等），可根据学习任务，并结合各自特长、兴趣等对小组成员进行分工，鼓励学生开展合作学习，共同讨论课程内容、解答问题、完成作业、分享汇报等。通过合作互助学习，学生可以更好地理解和掌握知识，提高学习能力和学习效果。

角色扮演，互相辅导。实施"兵教兵"的方法，鼓励学生扮演教师的角色，向其他同学讲解某个知识点或任务，学生之间互相辅导、互相学习，帮助对方解决学习上的困难和问题。这种方法有助于培养学生的自主学习能力、团队合作精神和解决问题的能力，可以为学生创造一个更加积极、互动和有趣的学习环境。

分享资源，互相鼓励。倡导在学习过程中，学生可以相互分享学习资源，如教材、笔记、课外阅读等；当学生遇到挫折或困难时，同学之间可以相互鼓励和支持，一句关心的话语、一个鼓励的眼神，都将帮助学生重拾信心，继续努力。通过资源共享，相互鼓励，学生可以更好地应对学习挑战，实现共同的目标。

（四）师生的互动和反思——需要高质量的学导途径

"学导生成"教育教学遵循"教学相长""助人自助"两大理念，既要真正发挥学生的主体性（即自主"学"），又要发挥好教师的引领作用（即有效"导"）。师生之间的互动和反思是实现这一理念的重要途径，此时的"学导生成"课堂应既有师生教与学互相促进、相互成长的样貌，又有在"教"中"学"，在"学"中"教"的"教学生成"样貌。

师生互动：在教学过程中，教师要关注学生的需求、疑难处，鼓励学生提问、发表观点，与学生进行充分的交流。通过讨论、合作等方式，激发学生的学习兴趣，培养学生的团队协作能力和沟通能力。同时，教师也要关注学生的个体差异，因材施教，帮助每个学生发挥自己的优势。

反思悟学：教师要引领学生在学习过程中学会自我反思、感悟，思考自己的学习方法、态度和目标，感悟所学所得，发现自己的不足，调整学习策略，提高学习效果。

共同成长：在师生互动和反思的过程中，教师和学生共同成长。教师通过反思教学，提高自己的教育教学水平；学生通过反思学习，提高自己的学习能力。在这个过程中，教师和学生相互促进，共同进步。

"学导生成"课堂要真正呈现"师生的互动和反思"样貌，教师必须要树立"学生与教师是处于平等地位的、拥有完整生命的人"这一观念，保护学生作为对话人的主体地位，给学生的行为、思想比较大的自由度，这样学生才会增强自主意识，学会独立思考、自由表达、自我选择，促进自我发展。另外，小学生正处于生理和心理发育时期，课堂上易出现各种各样的行为偏差。面对学生的过失，"学导生成"倡导"爱"字当头，理解万岁。如，一位老师在执教《海底世界》一课时提问：哪里是写景色奇异的？哪里是写物产丰富的？学生众说纷纭，各有各的看法，老师没做出评价，也没说出答案，而是引导学生再读课文，再分析语句，把扎扎实实的训练过程展现给了听课的老师和学生。她关注"潜能生"的一举一动，多次鼓励"潜能生"发言，让学生在学习中时刻感受到心理安全和心理自由，从而大胆张开他的口，举起他的手，露出他的笑脸，献出他的金点子。这位老师的行为能帮助学生发展认知，培养精神和勇气，让学生自主参与到学习活动中去，将消极的言行转换为成长的积极力量，这"无拘无束的氛围"，让学生"自由地呼吸"，既收获了知识，也收获了自信与尊严，使学生主体人格得以施展与张扬。

二、"学导生成"课堂的学生素养生成原理

"学导生成"全程教育观认为"实现教育的全程能真正有效地学习育人"，"学导生成"教学认同"真正有效的学习是一种心智活动"的理念。"三学—三导—三生素养"的"学导生成"常态课堂教学模式可以使整个教学过程在学生主动、自觉的参与中顺利地完成，使学生经历"三学""三导"学习过程，并在"学"与"导"的有效调控下，通过"自我内生""互动共生""内化自生"来实现"自学习""自发展""自成长"的内生外化过程。

是否能实现"三学—三导—三生素养""学导生成"课堂教学的有效性、实效性、高效性，不仅取决于教师的教育教学智慧、能力和技巧，更重要的是教师要认识和掌握"学导生成"教学促进学生素养生成的原理和教学互动相生的生态式心路历程。"学导生成"教学在遵循"助人自助""教学相长"原则的基础上，经由"学"和"导"调控诸教育因素后，学生素养生成的原理和心路历程一般有以下三种类型：

（一）"先学后导"的素养"自我内生"原理和心路历程

"先学后导"的素养"自我内生"原理是指在学习过程中，学生通过自主学习和探索，积累知识和技能等，然后在此基础上，教师根据学生的学习情况进行启导、引导和指导，帮助学生深入理解和应用所学知识、能力。它强调学生在学习过程中的主体性和主动性，以及教师的引导和支持作用，注重培养学生的自我内生核心素养力。其心路历程为：自我探索认知—自我反思调整—教师导引提升—自我内化实现。

自我探索认知阶段：在这个阶段，学生通过阅读、实践、讨论等方式，自主学习和探索新的知识和技能，为后续的学习打下基础，形成自我认知。这个阶段的目标是积累基础知识和技能，这是内生核心素养的基础，也是学生主动学习和创新的动力源泉。

自我反思调整阶段：在这个阶段，学生对自己的学习过程进行反思，思考自己哪些会学、学懂了，哪些不会学、学不懂，以及在哪些地方做得好，哪些地方需要改进等，及时调整自己的学习方法和策略，以更好地适应新的学习任务。这个阶段的目标是优化学习过程，提高学习效率，提升学习质量，这是学生提升学习能力和自我内生核心素养的关键。

教师导引提升阶段：在这个阶段，学生在教师提供的指导和帮助下，不断深化对知识的理解，完善学习方法，提升学习技能。这个阶段的目标是提高学习的深度和广度，提升学习的价值。这是教师帮助学生保持学习的热情和动力，助力学生形成稳定的内生核心素养的重要阶段。

自我内化实现阶段：在这个阶段，学生通过不断的练习、学习和实践，实现了自己的学习目标，获得了满足感和成就感。这个阶段的目标是实现自我价值，提升自我信心，这是助力学生真正实现自我内生核心素养目标的必要阶段。

（二）"先导再学"的素养"内化自生"原理和心路历程

"先导再学"的素养"内化自生"原理是指在学习过程中，学生先通过教师的启导、引导和指导，理解、掌握新的知识和技能，然后再通过自主深化学习和实践，将这些知识和技能内化为自己的并最终形成自生的核心素养。它强调教师的引导作用和学生的主体性，以及知识和技能的内在化和应用，注重培养学生的内化自生核心素养力。其过程为：引导理解—学习实践—内化自生—创新应用。

引导理解阶段：在这个阶段，学生在教师提供的指导和启示下，掌握学习方法与思路，深入理解所学知识和技能的内涵、原理和应用。这个阶段是助力学生形成内化自生核心素养力的基础。

学习实践阶段：在这个阶段，学生进一步深化对新知识和技能的理解，通过练习、讨论等实践应用，在这一过程中检验自己的理解和掌握程度，找出自己的不足并进行改进。这个阶段的目标是提高理解和掌握新知识的程度与应用能力。

内化自生阶段：在这个阶段，学生通过不断的学习和实践，将新知识和技能完全内化为自己的，让新知识成为自己思考问题、解决问题的工具。这个阶段的目标是实现新知识和技能的自我生成和发展。

创新应用阶段：在这个阶段，学生能够运用所学的新知识和技能解决实际问题，甚至在这个过程中产生新的思考和创新。这个阶段的目标是实现新知识和技能的最大价值，是学生将所学知识和技能完全内化为自己的能力和素养的自我提升过程。

（三）"边学边导"或"边导边学"的素养"互动共生"原理和心路历程

"边学边导"或"边导边学"的素养"互动共生"原理是指在学习过程中，教师和学生共同参与，相互促进，学生和教师、学生和学生之间通过持续的互动和交流，相互引导，共同提升各自的素养。它强调学生和教师在教学过程中互动的重要性，他们共同探索和学习，通过互动实现共同成长和发展，最终形成共生的核心素养。其过程为：探索—共享—互动—反馈—内化—循环。

探索阶段：学生和教师共同探索新的知识和技能，通过实践和反思，深化对知识的理解和应用。这个阶段需要教师的引导和支持，来帮助学生建立正确的知识框架。

共享阶段：在这个阶段，学生将自己的学习成果分享给其他人，同时也从其他人那里学习新的知识和技能。这个阶段的目标是实现知识、技能的共享和传播，这需要教师的专业素养和教学技巧支持，来帮助学生快速掌握知识。

互动阶段：在这个阶段，学生和教师、学生和学生之间进行互动和交流，共享学习资源，讨论问题，解决困难。这个阶段的目标是通过互动，提高学习效率和质量。

反馈阶段：在这个阶段，教师对学生、学生对学生的学习进行评价和反馈，帮助学生了解自己的优点和不足，纠正错误，调整学习方法和策略，提高学习效果。

内化阶段：在这个阶段，学生通过持续的学习和实践，在所学知识和技能的基础上进行创新思考和实践，并内化为自己的能力和素养。这个阶段需要教师的引导和激励，来帮助学生形成稳定的内生核心素养。

循环阶段：在这个阶段，学生再次进入探索阶段，开始新的学习和探索。这个过程不断重复，形成一个良性的学习循环。

在这个过程中，学生的素养在不断提升和完善，学生完整地经历了一个自我内生的心路历程。

案例 4-1

基于"学导生成"理念的英语课例解析——英语"对话词汇整合课"教学课例

英语"对话词汇整合课""学导生成"课堂教学方案

"学"的方式		时间	教师行为	学生行为
自学		课前	设计导学案（微课）	根据导学案进行自学
自学 研学 思学		开课5分钟	呈现教学目标及表现性任务	了解本课（本单元）的学习主要任务
			师生共同检测导学案内容	
	Let's talk	课中25分钟	提供骨架文本，从"图—句—篇"引导学生思考	自主探究性学习，小组合作，建构语篇
			布置尝试朗读任务	自主朗读对话，标记难点
			播放对话录音	跟读录音，纠正发音
			布置角色朗读任务	小组合作表演对话
	Let's learn		设置情景，引出重点词汇，提供词汇拼读支架	小组合作拼读单词
			针对学情，进行词汇教学	自主纠正词汇发音
			延续情景，布置对话任务	小组合作重构对话、展示对话
		课末10分钟	回归表现性任务，设置情景，提供语言支架	小组合作，依据所学知识与技能创编对话、展示对话
思学		课后	设计作业（学案）	完成任务，思考所学

人教版小学英语六年级上册

Unit 1 How can I get there?

Period 1 What places do you want to go? (Let's talk & Let's learn)

一、单元内容分析及教学安排

《小学英语（人教版）》六年级上册"Unit 1 How can I get there?"的单元学习主题是问路，从问路到自己规划路线，主题语境属于"人与社会"和"人与自我"。本单元的学习紧紧围绕"How can I get there?"这一大任务展开。大任务可以分为三个子问题"What places do you want to go?""How can we ask the way?""How can we plan the best way?"本单元从"定位目的地""寻他人帮助""索工具指引""择最佳路线"等方面逐层展开教学，引导学生通过寻求帮助、运用工具（地图、导航系统、指南针等）和关注自然环境（星星、植被生长情况等）等方式，培养问路、认路、指路及规划路线的生活技能。

A部分的教学主要围绕子问题"What places do you want to go?"进行，根据地图谈论目的地及其方位，构建第一个单元子主题：定位目的地。

B部分的教学主要围绕子问题"How can we ask the way?"进行，谈论到达目的地的行走路线，构建第二个单元子主题：寻他人帮助。Read and write承接B部分"Let's talk"和"Let's learn"的话题情景，并加入课外阅读"Different Tools to help find the way"，谈论认路、指路的不同工具及方式，构建第三个单元子主题：索工具指引。

C部分Story time以及A big task围绕子问题"How can we plan the best way?"进行，首先引导学生在Story time中了解关于伦敦地标建筑的知识，再进行迁移，让学生关注东莞本土文化，规划东莞非遗旅游线路，引领学生综合运用语言解决实际问题"如何规划最佳的路线"，以此构建第四个单元子主题：择最佳路线。

二、单元第一课时课例解析

（一）教学内容分析

What：A部分的"Let's talk"和"Let's learn"是本单元的第一课时，"Let's talk"主要讲述Wu Binbin和Robin为了要去post office而问路的事件，"Let's learn"设置的情境是Wu Binbin和Robin要游览东莞其他地方。本课时基于单元学习主题问路，需要围绕第一个问题"What places do you want to go?"展开教学。另外，本课时还需关注两个问题"Why do you go there?""Where is it?"

How：本课的教学材料主要是对话语篇，目的是使学生在语境中能较好地掌握核心句型及词汇的语义及语用功能。核心语言有句型"Where is...?""It is..."，以及词汇science museum, post office, bookstore, cinema, hospital等。同话题、同语境、同主题、同内容下的"Let's talk"和"Let's learn"互助、互促、互补。但"Let's talk"是刻意学习内容，而"Let's learn"是顺带学习内容。

Why：通过Wu Binbin和Robin问路的对话文本，让学生建立在问路时要大胆问、礼貌回的意识，通过了解东莞南城中心区，了解东莞南城城市文化，增强归属感。

本文内容不但与学生的生活息息相关，还具有一定的现实意义和教育意义。

（二）学情分析

认知特征：六年级的学生求知欲强，探索意识强，喜欢挑战性的学习任务。思维活动从形象思维逐步过渡到抽象逻辑思维，学习和认知活动从直接经验向间接经验转变。

学习能力：学生对英语学习有着浓厚的兴趣，口头表达能力强，在听力、朗读、口语交流、阅读和书面表达等方面都有一定的基础，并且有形成适合自己的学习策略的意识。他们能够从听、看、读等方面获取学习内容中的关键信息，能够通过说和写来表达个人观点。

语言储备：在三、四年级的时候，学生已经掌握了部分表达地点的单词，如park, school, zoo, shop, library 等；在五年级时，学生已经掌握了表示方位的单词或词组，如 in, on, under, near, next to, beside, behind, in front of, between 等，另外学生熟悉"Where is ...?""It is..."的句型表达。

生活经验：本课的主题"问路"与学生的生活息息相关，认路、指路、规划路线的能力是学生终身受用的能力，很容易引起学生的兴趣。

学习劣势：学生有表达自我的强烈意愿，但是部分学生缺乏语言支撑，害怕用英语表达，因此教师需要及时复习旧知识及提供语言支架。

（三）教学设计整体思路

立足新课程标准，提倡单元整体教学，以指向核心素养的主题意义探究为引领，设立"人与社会"的主题语境，在单元大任务"How to get there?"的统领下，设立本课时的小问题"What places do you want to go?"

基于"学导生成"教育理念，以学生的自主学习为主体，以教师的启发引导为主线。课前，学生依据微课和导学案，自主学习有关地点的单词、方位词及句型"Where is ...?""It is...""Is there...?"内容，激活背景知识与经验。课中，教师通过运用 Skeleton 教学法，引导学生通过看、读、听、说来建构文本；学生尝试朗读，跟读录音，角色扮演，从而完成课中第一次"自学—研学—思学"的学习闭环。通过课中微课，教师设置情境，引出本课时重点词汇并提供词汇拼读支架，学生小组合作学习，尝试拼读单词，完成重点词汇的顺带学习，并在相应情境下完成文本的重构，从而完成课中第二次"自我—研学—思学"的学习闭环。最后回归表现性任务，教师设置情境，提供语言支架，学生小组合作，依据所学知识与技能创编对话、展示对话，完成整节课的"思学"部分。

整节课在真实的情境中进行，学生通过主动获取、自主成长的方式，在教师的引导和指导下，完成学习理解、应用实践、迁移创新等活动，解决现实中真实的问题（问路与指路），从而推动核心素养的发展。

（四）教学目标

1. 能够借助图片及教师提问，在情境中理解对话大意，能够用正确的语音、语调、意群朗读对话，并进行角色扮演。

2. 能够在主题语境中综合运用句型"Where is...?""It is..."及词汇 science museum, post office, bookstore, cinema, hospital，并能进行模拟性交流。

3. 在教师以及简易地图的帮助下，能够掌握看地图认路的技能，并且建立礼貌问路及乐于助人的意识；通过了解东莞南城中心区，了解东莞南城城市文化，增强归属感。

（五）教学环节与活动

Step 1 Warm-up & Lead-in

1. Check and say

教师通过课前微课，设置情境：Wu Binbin 和 Robin 将要去东莞，他们正在看东莞的电子地图，并围绕地图展开交流。课前，学生观看微课并完成导学案。在课堂伊始，师生对课前微课的学习情况进行检测反馈。

任务单主要有三个任务，一是整体理解文本并勾选答案，二是勾选微课中出现的地方，三是根据微课对地点方位的描述，完成地图的填写。

设计意图：通过课前微课，设立真实情境，激活学生的旧知，如表示地点的单词、方位词及句型"Where is ...?""It is..." "Is there...?"，联结学生的生活背景导入主题，激发学生的学习兴趣和自主学习动力。

2. Situation setting

教师呈现教学目标及表现性任务，学生了解本课的学习主要任务。

本课时目标：（1）能够理解对话大意，能朗读对话，并进行角色扮演；（2）能够运用句型"Where is...?""It is..."及词汇并创编对话；（3）能够看地图、礼貌问路。

表现性任务：南城即将举行"城市开放日"活动，需要招募小小志愿者，向大家介绍我们美丽的南城。

设计意图：明确学习目标和输出任务，让学生对本课内容做到心中有数，调动学生学习的积极性。

Step 2 Presentation

1. Let's try: Listen and choose

（1）教师呈现Wu Binbin和Robin的插图，并延续课前微课情境"Wu Binbin and Robin are in Dongguan."教师提问"Where are they？" 学生带着问题进行第一次听力学习，教师追问"Is grandpa there？"。

（2）解决以上问题后，学生带着问题"What do they want to do for grandpa？"进行第二次听力学习。

设计意图：引导学生通过听获取重要信息，感知对话情境，导入课文的话题。

2. View and predict

教师呈现调整后的插图，并提问"What do they want to buy for grandpa？" "Where do they want to go？"，学生根据插图做出预测。

设计意图：培养学生通过读图预测对话内容的能力，引导学生细致观察图片，启迪学生思维。

3. Think and discuss

（1）教师呈现骨架文本，学生浏览骨架文本，回答刚才预测的问题"What do they want to buy for grandpa？" "Where do they want to go？"。

（2）学生小组活动，根据插图及文本逻辑，猜测空缺句子。教师适时追问"Why？"。

骨架文本如下：

Binbin: Robin, _____ I want to buy a postcard.

Robin: It's near the door.

Binbin: Thanks. Where is the post office？ _____

Robin: I don't know. I'll ask.

Robin: _____

Man: Wow! A talking robot! What a great museum!
Robin: Where is the post office?
Man: _____
Robin: Thanks.

设计意图：教师挖空四个句子。第一个句子是顺应Let's try的语境，聚焦重难点；第二个句子是思维训练点，通过图片及行文逻辑，预测句子；第三个句子是内涵点，引导学生关注礼貌用语；第四个句子是聚焦重难点。通过此活动，引导学生关注图片信息及对话行文逻辑，发展学生的发散思维及逻辑思维，并渗透意识——问路时需要做到有礼貌。

4. Read and choose

教师提供以下可选句子，学生通过分析对比选择合适的句子填空。

A. Where is the museum　　　B. Where is the museum shop
C. Excuse me, sir　　　　　　D. I want to send it today
E. I want to take some photos　F. It's near the museum
G. It is next to the museum

设计意图：学生再次阅读文本及可选句子，通过对文本信息的观察对比，学会知识的统整分析，加深语言理解，提升思维能力。

5. Listen and check

教师播放录音，学生自主核对答案。

设计意图：调动学生自主探究的积极性，进行有效的听，完成对话的建构。

Step 3 Practice

1. Listen and imitate

(1) 学生自主尝试朗读对话，标记难点。

(2) 教师引导学生关注句子的语音、语调及连读，并进行模仿跟读。

设计意图：一方面，通过尝试朗读，发挥学生主观能动性；再通过模仿跟读，有针对性地解决学生语音问题。另一方面，可以加深学生对文本的理解，并促使学生用正确的语音、语调朗读对话，培养学生模仿地道英语的自主意识和习惯。

2. Role-play

小组分角色表演对话，从fluency, voice, action, no book等维度评价反馈学生的角色扮演。

设计意图：通过分角色表演对话，促使学生反思自己的学习——是否已经掌握了对话内容，让学生进一步巩固内化文本，为接下来的语言输出做准备。

3. Think and share

教师提问"What do you think of Robin?" 引导学生对 Robin 做出评价。

设计意图：关注 Robin 的话语"Excuse me"和"Thanks"，引导学生建立意识——在问路的时候需要表现得有礼貌。

4. Watch the micro-lesson

（1）教师播放课中微课。微课设置新的情境，Wu Binbin 和 Robin 从 post office 出来，并想游览其他地方。

（2）学生观看完微课后，回答问题"Where do they want to go?""Where is it?"以检测、评价学生对课中微课的理解，并引入"Let's learn"中单词的顺带学习中。

设计意图：课中微课，一方面引入"Let's learn"中单词的顺带学习，一方面通过介绍东莞南城中心区丰富语言输入，进一步巩固和拓展核心语言，培养听说能力，为下面的语言输出活动做示范，学生可以以此来重构文本对话。

5. Know more places and make a dialogue（文本重构）

（1）教师呈现课中微课的地图，通过问题"There are many places in Dongguan. What places can you find in the map?" 引出本课重点词汇。教师提供词汇拼读的支架，小组合作拼读单词，教师再给予针对性的辅导。

（2）学生依据课中微课示范及"Let's learn"的词汇，重构文本。

设计意图：提高学生看地图的能力，培养学生解决问题（问路、指路）的能力，并在情境中引导学生自学和合学，从而完成对"Let's learn"中词汇音和义的顺带学习，并用这些词汇完成对"Let's talk"核心语言的操练。通过介绍东莞南城中心区，让学生了解东莞南城更多的城市文化，增强学生的归属感。

Step 4 Production

1. Talk about the map of Nancheng（文本创构）

（1）回归本课表现性任务：南城即将举行"城市开放日"活动，需要招募小小志愿者，向大家介绍我们美丽的城市。

(2) 教师展示东莞的真实地图及语言支架，学生依据情境创构对话。

语言支架如下：

This is a map of Nancheng, Dongguan. There is a library. It is near the park on Hongfu Road. We can read books there.

There is a _____.

It is _____.

We can _____.

Welcome to Nancheng.

设计意图：给学生提供一个真实的语用情境，强化核心语言的运用，进一步提升学生的综合语言运用能力，并培养学生看地图认路的能力，让学生在真实的情境下迁移创新，解决真实的问题。

（六）课后作业

1. Read the dialogue and words on P4-5

2. Watch the micro lesson and finish the task sheet

任务单主要有三个任务：（1）勾选微课中出现的地方；（2）将勾选出来的地方的英文表达填在对应镇街的地图上；（3）用英语介绍三个你喜欢的地方。

设计意图：通过作业设置，帮助学生巩固本课时的学习重点，引导学生充分利用微课资源，完成对东莞南城地图的描述，巩固看地图的能力及培养综合运用所学语言去解决问题的能力。

（七）教学反思

1. 本课基于单元整体设计，以"Wu Binbin 和 Robin 去东莞游玩"的情境为主线展开教学，教学内容贴近学生生活，能很好地引起学生的共鸣，为深度学习奠定了基础。

2. 本课充分体现"学导生成"教学理念，关注学生的自主探究、自主学习及主动生长，关注教师的启发引导和主导地位。运用了 Skeleton 教学法，基于英语学习活动观，引导学生通过看、读、听、说来解构文本、建构文本、重构文本、创构本文，完成学习理解、应用实践、迁移创新等活动，培养学生解决问题的能力，推动其核心素养的发展。

3. 本课在发展学生语言能力、学习能力、思维品质的同时，培养学生看地图认路的能力，并培养学生有礼貌问路的意识和乐于助人的品质，学生将会终生受用。另外，本课通过设置游览东莞南城的情境，让学生更加了解东莞南城的城市文化，增强归属感，坚定文化自信。

（此课例被评为 2022 年广东省基础教育精品课、2022 年教育部基础教育精品课，由东莞市南城阳光第三小学英语科组提供，教学设计：陈美青、黎佩琪）

第二节 "学导生成"高质量教学常态

课堂教学的真正意义不仅在于传授知识，更在于通过传授知识而生成学生的知识、能力、品德等素养。换言之，课堂教学和课堂教学模式的探讨，其实质是促进学生素养的生成和发展。这才是真正的课堂教学本质，才是真正的素质教育。

一、从"学导教学"到"学导生成教学"的课堂品质演进

一直以来，在学校教学实践中，存在教师教得辛苦、学生学得也不轻松、质量又不高的问题。为此，我们坚持鼓励各科教师学习、借鉴、运用"学导教学"法、尝试教学法、发现教学法、问题教学法、案例教学法、主体性教育、体验教育、新基础教育等古今中外的教育理论与方法，教师们持续不断地开展了"常态课堂教学模式"滚动式实践研究。教师们在"常态课堂教学模式"的实践研究过程中，最关注的问题就是"怎样将课堂还给学生""怎样形成以学生为主体、以教师为主导的课堂"，他们试图通过开展教学模式实践研究来解决"教"和"学"的关系问题，通过模式中的教学流程和步骤来保证课堂教学中教师的让位、学生的参与，关注"学生怎样学"和核心素养的培养，以确保每节常态课堂都能体现"学生为主体，教师为主导"，能达到"助力学生核心素养生成"的教学效果。

（一）教学模式的完善演进

"学导生成""三学—三导—三生素养"常态课堂教学模式的建立，主要经历了"体验—探究—升华""学导式"教学模式—"三模块""五环节""体验践行"常态课堂教学模式—"三学三问""问—学"常态课堂教学模式—"三学—三导—三生素养""学导生成"常态课堂教学模式四个阶段近二十余年的"常态课堂教学模式"完善性实践探索，其演进过程如下。

第一阶段：1995—2005年的"体验—探究—升华""学导式"教学模式探究（该教学模式以《体验·探究·升华——一种新的小学音乐教学方法》为题发表在《中国音乐教育》2003年第3期），其基本结构如表4-2所示。

表4-2 "体验—探究—升华""学导式"常态课堂教学模式的基本结构

程序	1. 体验 置境激情 导学体验	2. 探究 释疑诱情 精导探究	3. 升华 感悟固情 活练升华
学生的"学"	明确学习目标 主动参与体验 自学感受疑问	探究发现奥秘 研讨交流感受 领悟理解内容	提炼产生概念 自我表现评价 感悟内化升华
教师的"导"	提出学习目标 导演体验情景 激发学习热情	诱发活跃思维 精导点拨方法 组织研讨交流	提供成功机会 引导内化提升 培养学习信念

第二阶段：2005—2015年的"三模块""五环节""体验践行"常态课堂教学模式探究（该教学模式2014年5月以《体验求知 践行发展——"高效课堂"实验工程"体验践行"课堂教学模式研究》为题刊登在《南粤校长论坛》总第4期上，并于2015年以《"三模块""五环节""'体验践行'常态课堂教学模式"》为题被收录在东莞市"高效课堂工程"研究成果集），其基本结构和实施程序如表4-3所示。

表4-3 "三模块""五环节""体验践行"常态课堂教学模式的基本结构和实施程序

课堂模块 程序结构		体验			践行	
		1. 自学			2. 探究	3. 检测
		第一环节	第二环节	第三环节	第四环节	第五环节
教学环节	学生的"学"	个人独学	小组合学	汇报展学	质疑研学	活练悟学
	学生的"学"	学案疏导	点拨指导	因势利导	释疑精导	测评引导
目标任务	"学"的目标	学会了什么？			还不会什么？	真的会了吗？
	"导"的任务	精心设计"学案"	适度辅导	适时调控	精导突破重难点	精心设计运用"活练检测题"
时间分配		20分钟			10分钟	10分钟
备注	1. 高段学生的"个人独学"环节一般放在课堂外。 2. 每节课在确保"两头"（即"自学"和"检测"环节）有足够时间的前提下，学生的"独学""合学""展学""研学"四个学习环节及内容安排、时间分配等可据实灵活处理。 3. 课堂上，教师在实施每一个环节前，都必须向学生清晰地明确学习的任务和完成的时间。					

-114-

第三阶段：2015—2018年的"三学三问""问—学"常态课堂教学模式探究（该教学模式以《基于尝试教学理论的"三学三问"常态课堂教学模式研究》为题刊登在《现代教育》2018年5月第10期），其基本结构和实施程序如表4-4所示。

表4-4 "三学三问""问—学"常态课堂教学模式的基本结构和实施程序

课堂模块 程序结构		1. 自学	2. 研学	3. 思学
教学环节	学生的"学"	个人独学 小组合学	汇报展学 质疑研学	活练悟学 检测思学
	学生的"学"	学案（视频）疏导 点拨指导	因势利导 释疑精导	测评引导 提炼启发
目标任务	"学"的目标	学会了什么？	还不会什么？	真的会了吗？
	"导"的任务	精心设计学案（视频） 适度辅导，适时调控	立足重难点 精导突破	精心设计运用 "活练检测题"
时间分配		10分钟	20分钟	10分钟
备注		1. 高段学生的"个人独学"环节一般放在课堂外。 2. 每节课在确保"两头"（即"自学"和"思学"环节）有足够时间的前提下，学生的"独学""合学""展学""研学"四个学习环节及内容安排、时间分配等可据实灵活处理。 3. 课堂上，教师在实施每一个环节前，都必须向学生清晰地明确学习的任务和完成的时间。			

第四阶段：2018年至今的"三学—三导—三生素养""学导生成"教学模式探究（2022年7月4日通过线上线下以40节课例观摩展示的形式宣传介绍了该教学模式的研究成果，线上观摩人数达15万人），其基本结构和实施程序如4-1表所示（该教学模式以《基于培养核心素养的"学导生成"教学模式探究》为题刊登在《师道》2024年第2期）。

从以上"学导生成"教学模式不断完善演进的过程可以看出，"学导生成"教学所遵循的教学原则和技术原理一直贯穿其中，不断更新完善的是具体的实施策略、方法、工具、程序等。这些更新完善的内容使培养学生综合素质和核心素养的教学目标更加清晰明确，使以"学"和"导"调控学生"主动学"和教师"有效导"的灵活度更大、过程更优化。"学导"指向"教"的方法与过程，"生成"指向"育"的价值与目标，核心就是"致力于引领和促进学生自主成长"。

（二）课堂品质的提升演进

"学导生成"常态课堂教学模式的不断完善，使"学导生成"课堂也经历了从"学导教学"到"学导生成教学"的课堂品质演进过程，主要体现在以下三个方面。

一是从关注"学"和"导"的技术路线，演进到关照学生的自主发展。

从许多观摩课中不难发现，课堂上教师更多关心的是自己的教学技术技巧，以及如何展示自己的风采。表面看，精心设计的教案目标正确，一切按计划进行，学生也在参与，也有收获，高高兴兴，热热闹闹，天衣无缝，准时下课。但是实际上教师事前不向学生进行调查，课上也不关心学生在想些什么，只是让学生去"痛饮"教师准备的那"一桶水"，这样的课堂怎么能使学生得到主动发展？

从"学导生成"常态课堂教学模式不断完善的过程中不难发现，"学导生成"教学已切实注意到，教师仅仅关注自己在"学"和"导"上的技术路线与策略方法，还不足以满足现代教育的需求问题。随着教育理念的不断发展，"学导生成"教学已明确指导教师不仅要关注自己在"学"和"导"的方法与过程方面所发挥的主导作用，更应关注引领学生自主发展的赋能作用；不仅要关注学生对知识与技能的掌握，更要关注以形成学生优化的学力结构（智力、能力、动力）为基础的核心素养的培养。"三学—三导—三生素养""学导生成"教学模式的建立就试图指导教师在这方面进行强化与突破，真正形成将"教力"转化为"学力"，把教学变成关照学生自主发展的"学导生成"课堂。

二是从关注"学"和"导"的过程效果，演进到关照学生的全面发展。

"学导生成"常态课堂教学模式不断完善的过程，其实质就是围绕"课堂教学如何更利于"的改进和更新过程，这是"学导生成"教学追求高品质课堂的本质。课堂教学不仅仅是传授知识的场所，更是塑造学生综合素养、品格和能力的主阵地，教学过程应该注重学生多元发展，培养学生的全面素养，使其在不同领域都能得到发展和提升。

"三学—三导—三生素养""学导生成"教学模式，很清晰地让教师明确课堂教学的目标就是"促进学生素养的生成和发展"，"三学""三导"的过程就是"教"指导和促进"学"的"教学相长"过程，所倡导的"学"法和"导"法，以及一切多元化的技术手段、工具等，都将是促进学生全面发展的"学导生成"课堂的重要组成部分。

三是从关注"学"和"导"的结果质量，演进到关照学生的健康发展。

课堂上，如果教师只注重知识和技能的传授，教师拥有绝对的权威，高高在上，集权管理，学生则处于被控制、被压抑的状态，课堂教学则成了以复制系统知识为目的的流水型作业,忽视了特定的教学情境和活生生的"人"。这样的课堂所"塑造""雕琢"出来的学生,不乏以下五种典型类型:①缺乏创新型。此类学生很容易接受权威,信仰权威,不敢说"不"字,老师没讲过的不敢想,老师没做过的不敢试,因循守旧,从而养成了思维的惰性和被动学习的习惯。②缺乏个性型。此类学生常常俯首帖耳、顺从、听话,课堂中"不枝不蔓",不骄不躁,是命令的服从者、被动的学习者,久而久之,他们便失去了独特的个性品质。③缺乏求异型。课堂上常有这样的现象:一个问题十来个学生回答。答案都大同小异,出奇的相似。这说明这些学生不敢突破常规,而是随波逐流,人云亦云,在学习中只会简单地模仿,缺乏独创性。④缺乏自信型。此类学生经常不懂装懂,害怕暴露自身的弱点,缺乏端正的学习态度和良好的学习品质。⑤缺乏兴趣型。此类学生在课堂上或集体活动中,往往退居二线,不愿主动参与,不敢积极表现,长此以往,就表现出事事不关心,对什么都不感兴趣,缺乏激情与追求的状态。

凡此种种,都属于学生身心发展不健康的情况,归根结底,都是教育的"错"。

"学导生成"教学学生观强调学生是学习的主体,是活生生的人,而且是在生理、心理上处于快速成长着的人。现在的学生在课堂上特别需要关爱、尊重、快乐、理解、表扬、引导、表现、沟通、磨砺、体验、探究、发展等,"三学—三导—三生素养""学导生成"教学模式倡导教师要像关心、爱护自己的孩子、兄弟、姊妹一样为他们提供"三学""三导"的课堂学习帮助与服务,要为学生营建"三安"课堂环境("安心""安全""安静")。在师生、生生交流的过程中,教师应具有良好的"听"德,做到认真地倾听,真诚地回应,倾听每个学生的声音,声声入耳句句扣心,让学生自由轻松地与教师交换意见,坦率地表达自己的思想,发展自己的判断、选择能力,形成主动、自觉的人格品质,真正形成关照学生身心健康发展的"学导生成"课堂。

二、"学导生成教学"模式的学科教学实践样态

提升学生"自学习"能力是教育高质量发展的价值所在,是发展学生核心素养不可或缺的组成部分。以培育学生"自学习""自发展""自成长"终身学习素养为取向的"学导生成"教学理念和模式是数智时代的教学生态,是高品质教学的课堂新样态。

"三学—三导—三生素养""学导生成"常态课堂教学模式中的"三学""三导"环节虽独成一体,但又相互渗透联系,在一个"学""导"环节中就可能发生"三

学""三导"的学习过程。在运用"三学—三导—三生素养"常态课堂教学模式指导具体教学实践时，教师必须依据不同学科、不同教学内容、不同对象的特点和要求，形成不同的变式，只有这样，才能将课上"活"，学生在课堂上才能变"活"，学生的核心素养才能得到充分培养与发展。

教师在实施"三学—三导—三生素养""学导生成"教学模式开展课堂教学时，逐步形成了"课前苦功，课中享受，课后轻松"的统一认识，加强了信息技术与"学导生成"教学模式深度融合的教学探索实践。各学科都在"三学—三导—三生素养""学导生成"教学模式基本结构和实施程序的基础上，着力探索出了"三课型"（新授课、复习课、评讲课）的"学导生成"生态型课堂教学模型，进而不断凝练出各学科、各学段"学导生成"常态课堂教学操作范式，积淀了"学导生成"课堂教学特色，并形成了基于培育学生"自学习""自发展""自成长"终身学习素养的"学导生成"课堂教学常态。比如，学生建立了稳定的小组合作学习行为范式，教师形成了教学微视频辅导独学合学、"学案疏导"自学习惯方法、自拍学习微视频引领展学研学、练习检测引导活练悟学等个性化的"学导"亮点做法，各科组根据不同教学内容探索和建立了诸如语文科组的"双线六学"教学模型、英语科组的"双线三学五步"教学模型、数学《数与代数》"学案—导学"课型操作模型、语文《习作教学》"微写作"课型操作模型等课堂教学操作范式。表4-5、表4-6为英语和语文科组建立的模型框架。

表4-5　英语"双线三学五步"课堂教学模型框架

双线	三学	五步
线上		课前： 教师设计导学案及微课，学生根据微课学习
线下	自学	课中15分钟： （1）师生共同检测微课导学案内容 （2）小组合作拼读词汇 （3）小组汇报学习成果，教师点拨指导词汇的音及形
	研学	课中10分钟： （1）教师建构支架，学生思考单词的意思 （2）学生以小组为单位，讨论词汇的含义 （3）教师播放微课点拨指导，突破词汇的形、义
	思学	课中15分钟： 教师设计情境与任务，学生综合运用所学知识创编对话或文段
线上		课后： 教师设计学案及微课，学生根据微课学习

-118-

表4-6 语文"双线六学"课堂教学模拟框架

学习形式	线上	线下
教学环节	自学 1. 教师设计自学单 2. 学生线上完成自学任务	合学 1. 课堂小组合作任务单 2. 教师随堂适时利导
	研学 1. 学生线上收集学习材料 2. 教师协助筛选分析	展学 1. 学生展示学习成果 2. 教师顺势精导
	活学 1. 学生线上检测学习成效 2. 教师点拨启发	悟学 1. 学生分享学习感悟 2. 教师拓展总结

常态化"学导生成"教学模式的实施,撬动了教学的可持续发展,完善了育人体系,让学生与课堂都发生了明显变化,更加凸显了"课堂是实施素质教育、培养学生核心素养的主阵地",培育了学生"自学习""自发展""自成长"的终身学习素养。"学导生成"教学模式的作用具体表现为:一是学生求知的欲望与兴趣越来越浓,课内、课外学习气氛融洽;二是学科特长生越来越多,学生敢于表现,主动学习,学习能力大大提高;三是课堂上能面向全体学生,每个学生都有不同侧面、不同程度的进步,提高了学困生的转化率;四是学生主动探究研讨,思维活跃,勤于交流与合作,促进了学生各方面素质的全面提高;等等。

案例4-2

基于"学导生成"理念的语文课例解析——语文"阅读教学"课例

语文"阅读教学""学导生成"课堂教学方案

教学环节	时间划分	教师的"导"	学生的"学"
自学	课前	设计导学案(自学单)	根据导学案自行学习
	开课5分钟	组织汇报,检查自学	汇报交流,订正修改
研学	课中25分钟	梳理脉络,把握内容	默读浏览,圈画批注
		点拨指导,领悟表达	交流讨论,回答记录
		指导朗读,感悟情感	多元朗读,汇报展示
		设计问题,提升思维	思考交流,形成文字
		拓展延伸,长线积累	朗读摘抄,背诵积累
思学	课末10分钟	设计练习,出示要求	完成练习,习得方法

言意共生　想象积累　习得表达
——课文《荷花》的教学设计

教材内容：

人教版义务教育课程标准实验教科书三年级下册第三课《荷花》

教材解读：

《荷花》是人教版义务教育课程标准实验教科书小学语文三年级下册第一单元"美丽的大自然"中的第三篇精读课文，课文描写了作者清早到荷花池边去欣赏荷花的场景，按照看到荷花，闻到花香，再看到荷姿，最后想象荷语的顺序展现了一幅美丽的画卷。文中用了大量笔墨去写荷叶、荷花的特点，写作者的想象，展示大自然的美丽，这是本文在表达上的独特之处。

设计理念：

《语文课程标准》指出："有较为丰富的积累和良好的语感，注重情感体验，发展感受和理解能力。"本单元的阅读要素是"一边读一边想象""体会优美生动的语句"，习作要素是"把观察到的事物写清楚"。本课的教学设计以《语文课程标准》为依托，结合文本解读及单元要素，教学时积极倡导"言意共生，想象积累，习得表达"的学习方式，挖掘文本，引导学生立足文本语言，凸现语文本体，在浓浓的语文味中培养审美意识，积淀精神，真正做到在读中感悟，在想中品味，在写中运用，努力实现"简简单单教语文，完完全全为学生，扎扎实实会言语"的教学理想。

教学目标：

1. 认识"蓬、胀"等5个生字，会写"瓣、蓬"等11个字，掌握多音字"挨"，理解"荷花、清香"等14个词语。

2. 有感情地朗读课文，能读好儿化词和轻声词。背诵第二至四自然段。

3. 能边读课文边想象画面，体会并积累优美生动的语句，体会这一池荷花是"一大幅活的画"。

4. 能仿照课文第二自然段描写荷花不同样子的句子，写一种自己喜欢的植物。

教学重点：

能边读课文边想象画面，体会优美生动的语句，体会这一池荷花是"一大幅活的画"。

教学难点：

学习作者具体细致地观察和描绘事物的方法，尝试仿照课文描写一种自己喜欢的植物。

课时安排：

2课时

《荷花》第一课时

教学目标：

1. 认识"蓬、胀"等5个生字，读准多音字"挨"，会写"瓣、蓬"等11个字，会写"荷花、清香"等14个词语。

2. 正确流利地朗读课文，能读好"花瓣儿、花骨朵儿"等儿化词和"莲蓬、衣裳"等轻声词。

3. 初步感知课文，了解课文围绕荷花写了哪些内容。

教学重点：

学习生字词，了解课文大意。

教学难点：

整体感知课文，梳理文章结构。

课前准备：

教师准备多媒体课件。

教学过程：

一、检查自学，吟诗入题

（一）造境——"对"中寻"花"

1. 创境设"对"。

同学们，荷花又名莲花，也叫水芙蓉，被称为花中仙子，自古以来就受到历代文人墨客的喜爱和追捧。这些描写荷花的诗句，你能和我对一对吗？

PPT呈现：

小荷才露尖尖角，_____。

_____，映日荷花别样红。

出污泥而不染，_____。

2."对"中寻花：多么优美的诗词，呈现在我们面前的是那花中仙子——荷花。

(二)入题——"揭"题入"文"

1.揭示课题："出淤泥而不染，濯清涟而不妖"，荷花的端庄秀丽、洁白无瑕，让我们在诗中可以赏荷花、悟荷花。今天让我们伴随着美妙的音乐，和现代著名作家叶圣陶爷爷一起到荷花池边去欣赏他笔下的荷花吧。（播放荷花图片，播放背景音乐《采莲曲》）

2.板书课题：荷花。设计意图：背诵有关荷花的古诗，交流见过的荷花，激活学生的认知储备。美丽的荷花图片呈现与课文相关的情境，使学生在潜移默化中不知不觉地融入其中，激发学生学习课文的热情。

二、再查自学，读词近文

(一)"我会读"——分组识词，读准字音

1.小老师带读第一组词语：饱胀、舞蹈、莲蓬、衣裳。

2.读准"轻声词"：强调"莲蓬""衣裳"是轻声词，在读的时候，要把"蓬""裳"的音发得轻而短。

3.读好"儿化音"：花骨朵儿、花瓣儿。

(1)仔细观察，这组第二行词语有什么特点？

(2)小结：这些词语都含儿化音，这是北方语言的一种风格，也有表示少量，表达可爱、亲切的功能。这么一读，就把"花瓣儿、花骨朵儿"的娇小可爱读出来了。

(二)"我会认"——语境识字，区分字音

1.小老师带读第二组词语：翩翩起舞、挨挨挤挤。

2.强调多音字。

(1)"挨"是多音字，有两个常见的读音——āi，挨家挨户、挨挨挤挤、挨近；ái，挨打、挨饿、挨冻。

(2)语境练习。

PPT 呈现：

> 王小三从小就没了娘，只能在地主家当童工。只要（　　）近了地主的小儿子，就要（　　）打，他感到非常痛苦。每当这个时候，他就会来到附近的荷花池，望着那（　　）（　　）挤挤的荷叶出神，希望自己不要（　　）饿受冻。

-122-

(三)"我会写"——关注字形，扫清易错

1. 重点指导"瓣"和"蓬"的笔画。

"瓣"：两边长中间短，三个部分都要写得窄长，左边"辛"最后一笔是撇。

"蓬"：草字头偏长，盖住下面的"逢"。注意"蓬"是上下结构，走之底的捺要舒展。

2. 教师范写，学生书空。

3. 学生在田字本上抄写生字，教师巡视评价。

(四)"我会用"——借助插图，运用词语

1. 呈现插图，赏花入境：你们工整的字体将叶爷爷看到的这一池荷花都唤到眼前了。你们看到了什么？

2. 用词说图，走近文本：叶爷爷特别想听你们介绍这一池荷花，你们能用上刚刚学的两三个词来形容吗？

预设：一阵清香扑面而来，一池的荷花随风舞蹈，各有各的姿势，就连那饱胀得马上就要破裂一般的花骨朵儿也随风扭动着腰肢。

…… ……

3. 小结赞赏，鼓励运用：你们也是小作家，能把叶爷爷写下的优美词语积累并运用下来。

设计意图：归类识字，以促积累，提醒学生读准字音，注意易错笔画、笔顺，有的放矢，不必逐字指导，通过图画帮助理解词义，夯实基础。本环节层层递进，采用"识—认—写—用"综合运用的方法，达到熟练、纯熟、娴熟的水平。

三、研学品"花"，厘清思路

(一)初读，感知"内容"

1. 目标导读：古代文人墨客诗中的荷花各具特色，叶爷爷笔下的荷花又有怎样的韵味呢？让我们走进课文，默读课文，紧跟叶爷爷去赏花，看看每个自然段分别介绍了什么。

2. 分段检查：指名分别朗读五个自然段。

3. 交流收获：叶爷爷先写闻到了荷花的清香，接着写看到荷花的样子，然后展开想象，把自己变成了荷花，最后又回到了现实。（根据教学情况，适机板书）

（二）再读，提炼"方法"

1. 聚焦作者：叶爷爷的很多文章都被收录进了我们的课本，每一篇都生动传神。当我们了解内容之后再读读课文，你能发现，叶爷爷是用什么来观察荷花的吗？（微课播放叶圣陶的介绍）

2. 提炼方法：鼻子闻、眼睛看、心里想，调动多个感官，全面地了解事物。

设计意图：语言学家、语文教育家吕叔湘说，"教学，教学，就是教学生学"，主要不是把现成的知识教给学生，而是把学习的方法教给学生，这样学生就可以受益一辈子。此环节引导学生发现叶爷爷的调动五官的观察方法，达到"授之以渔"的目标。

四、思学闻"花"，雕章琢句

1. 教师范读第一自然段，聚焦"鼻闻"。

2. 圈注关键词，体会叶爷爷赏花之急切。

你觉得叶爷爷赏花的心情怎样？从哪儿看出，请画出有关的词句。

3. 朗读促感悟："赶紧""跑"表现了叶爷爷赏花的急切心情，真是花香诱人呀，请带着你的感受读一读这一段。

4. 小结：不愧是大文豪，短短一句话，叶爷爷就把我们的鼻子牵住了，也把叶爷爷对花的喜爱之情表达得淋漓尽致。那叶爷爷又是如何用眼睛观察，生动地展现荷花、荷叶的姿态，又是如何展开想象？下节课我们再一起细细评赏。

板书设计：

```
        3. 荷花
  闻到清香      （鼻闻）
  看到荷姿      （眼观）
  展开想象      （心想）
  化作荷身
```

设计意图：借助关键词，帮助学生整合文中重要信息，把握课文主要内容，梳理文章结构，板书则帮助学生提炼观察方法，为日后的观察打基础。

第一课时作业设计

一、积累词句，感受表达（必做）

"荷叶挨挨挤挤的，像一个个碧绿的大圆盘"，优美生动的语句让我们身临其境，仿佛欣赏到了美丽的荷花。工整漂亮地摘抄你喜欢的词句吧，并说说摘抄的理由。

积累词句

好词：_____

好句：_____

_____

二、调动感观，观察事物（选做）

观察一种你最喜欢的植物，注意观察它的形状、颜色等，喜欢画画的就用画笔记录下来，喜欢描述的就用表格填写下来。

观察记录表

植物名称：_____

眼观（样子、颜色）：_____

鼻闻（味道）：_____

心想：_____

我用画笔记录

设计意图：在归类中积累好词佳句，让学生看到叶圣陶爷爷笔下更美、更生动的画面。提前布置学生运用叶圣陶爷爷的观察方法观察自己喜欢的植物，解决下节课"写什么"的问题。

《荷花》第二课时

教学目标：

1. 学习运用边读边想象画面的方法，体会作者笔下荷花的优美姿态，感受文章语句的优美，体会这一池荷花是"一大幅活的画"。

2. 有感情地朗读课文，背诵积累优美语言。

3. 仿照课文第二自然段描写荷花不同的样子，写一种自己喜欢的植物。

教学重点：

能边读课文边想象画面，体会优美生动的语句。

教学难点：

能仿照课文第二自然段的写法，写一种自己喜欢的植物。

教学准备：

教师准备课件、教具、美丽生字单。

教学过程：

一、情境复习，检查自学

（一）情境创设，检测生词

1. 回顾旧知：同学们，盛夏已至，上节课跟随叶圣陶爷爷到荷花池边欣赏荷花，我们闻到花香，再看到荷姿，最后展开想象，化作荷身，很多同学都说意犹未尽，那今天趁着清早凉爽，一起到公园再细细观赏吧。

2. 情境美，写生字：填写荷叶单，检测生字。

```
盛夏赏荷花，
挨挤大圆叶，
展花□儿，
露莲□，
花骨朵儿全饱□，
朵朵□各不一，
随风舞□翩翩起，
化为荷花忘此行
```

3. 配乐美，读儿歌：现在让我们伴随着美妙的音乐，与儿歌同行，一起去赏花吧。

（二）情境设计，走进文本

设计意图：宋代大学问家程颐指出，"未见意趣，必不乐学"。开课就将学生和老师带进美丽的公园中，在情境创设的过程中走进文本，检测生字的认读与书写，重点巩固儿化音，打开学生的视觉空间，再现文本内容，让学生对本节课的想象、积累、习得语言产生期待。

二、品"语"赏"荷"，研学积累

（一）赏画，初品荷美

1. 用"眼"赏画：同学们，你们美写生字、美读儿歌的样子真美！瞧，不知不觉，我们已经来到公园的荷花池边了！哇，你们看见了什么？

2. 用"口"述画：我看见了……它们……

（二）品"语"，想象荷美

1. 聚焦词句，初品语言。

叶爷爷和你们一样，也看到了这一池的荷叶和美丽的荷花，那他是怎么写的呢？自由读第二自然段，用横线画出描写荷叶的句子，用波浪线画出描写荷花的句子。

2. 汇报交流，感受美丽。

（1）品"语"赏荷叶——多、活、美。

①问题交流：叶爷爷是怎么写看到的荷叶的？

②齐读句子：荷叶挨挨挤挤的，像一个个碧绿的大圆盘。

③情境置换：叶爷爷为什么说这荷叶"挨挨挤挤"的呀？

预设：

生：因为这里的荷叶很多！

④适时点拨：除了要告诉我们荷叶很多，叶爷爷还想告诉我们什么呀？

教师：你可真会发现，看！碧绿的荷叶一张紧挨着一张，又多又密，铺满了整个池塘。你看它们紧挨着的样子多像你们这些顽皮的孩子平时挤在一起开心地玩游戏（出示课件）。一个"挨挨挤挤"就让荷叶鲜活起来，写出了它旺盛的生命力，让我们感受到这一池荷花就像一幅活的画！

⑤朗读体会：男同学读出这一池荷叶的活力！女同学读出这一池荷叶的美！

（2）品"语"赏荷花——美、活。

①汇报交流：看，大家光顾着说荷叶，荷花已经迫不及待地出来了！谁来读读你找到的句子？

②聚集花姿：听着叶爷爷的描写，你眼前浮现了哪几种姿态的荷花？

③想象积累：虽然姿态不一，但这些荷花都可以用一个词形容——美丽。是啊，这荷花美，这描写荷花的文字更美。叶爷爷不愧为大文豪，寥寥几笔，就将这满池

的荷花展现在我们面前。让我们边想象美丽的画面，边背诵优美的文字。

④品"冒"感活力

一品"冒"——圈：你们的背诵太美了！这一池的荷花，叶爷爷用了一个什么字来形容它们从荷叶中长出来？赶紧读读第二自然段，将它圈出来。

二品"冒"——解：你觉得"冒出来"是怎样出来？

预设：很快地长、调皮地长、兴奋地长……

三品"冒"——读：你们体会得太好了，这就是作者用词的精妙之处，一个"冒"字，让我们感受到了荷花是在调皮地长、生机勃勃地长，"冒"这个动感的词让画面一下子活了！

⑤情境朗读：请全班同学读出这种感觉！

（三）想花之"姿"，感叹花美

1. 引生疑问：多么可爱的白荷花呀！你们就像一个个小精灵，一个个"冒"了出来，充满了生命的活力！所以，面对这满池的荷花，作者不由发出这样的感叹！

2. 呈现句子：如果把眼前的这一池荷花看作一大幅活的画，那画家的本领可真了不起！齐读。

3. 想象说话：这一大幅活的画里还有哪些姿态的荷花呀？

4. 畅谈感受：同学们，这么多的荷花，你想用什么词来形容呀？（千姿百态、美丽无比……）

5. 小结朗读：是呀，怪不得叶爷爷发出了这样的感叹！"如果把眼前的这一池荷花看作一大幅活的画，那画家的本领可真了不起！"

设计意图：言意共生，从段到句到词到字，图文结合，联系生活，在品读中理解、积累语言。图文结合加上形式多样的朗读方式，不仅加深了学生对课文语言文字美的品味，而且促进了学生对优美词句的积累内化。

三、品"言"得法，借鉴运用

（一）树立目标，产生期待

同学们，叶圣陶爷爷不愧为大作家，他能把荷花"画"得如此迷人。你们想不想向叶爷爷学习，当一回小画家？那你们有什么问题想向叶爷爷请教？

预设：

生：叶爷爷，你用了什么方法把公园里的荷花写得这么美呀？

（二）创设情境，微课导法

亲爱的小画家们，问题的答案就藏在叶爷爷写的文字当中，请看！

播放微课：小朋友们，你们真是一群好学的"小画家"。写好荷花有密码：密码一——构段有序。来到公园，看到的是总体景象，然后才静下心来看荷花池，先细心观察荷叶，再细看一朵朵荷花，先总后分按顺序描写。密码二——突出特点。荷叶大又圆，荷花美又多，都要"画"出来。密码三——表达生动准确。关键词语细斟酌，比喻、排比好帮手。亲爱的小朋友们，用好金钥匙，定能赛过叶爷爷哟！叶爷爷等你们来挑战。

（三）当堂练笔，学以致用

1. 教师导写：小画家们，有了叶爷爷这三个写作密码（构段有序、突出特点、表达生动准确），你们一定可以画好最美的画，写好最美的景。今天我们一起来画果林里盛开的桃花吧！首先请欣赏一段视频。

2. 细致观察：课件播放桃花视频、图片。

3. 学以致用：老师相信桃花美，你们笔下的桃花更美！当然你们也可以写写其他的植物。还等什么，请同学们拿出作业单，赶紧动笔吧，我提醒你们用好叶爷爷的三个写作密码。

作业单：

（1）第二自然段写出了荷花不同的样子，仿照着写一种你喜欢的植物。

春天到了，花果林的桃花开得真热闹，有的_____；有的_____；有的_____。

（2）你也可以写写其他的花。

_____

4. 评价引路：呈现评价表，学生堂上练笔。

我是小画家星级评价表

密码	标准	星级
构段有序	★	
突出特点	★	
表达生动准确	★	

5. 交流展示，现场点评（自评、集体点评、互评）。

设计意图：叶圣陶先生说，"语文教材无非是个例子"，阅读效果如何，需要写来检验和促进。阅读结合练笔，应该成为语文教学的常态。引导学生仿照段落，使自己表达的事物更清楚、更形象、更丰富，在运用方法的过程中内化语言，提高能力。课文只是个例子，课外才是广阔的天空。

四、聚焦自然，思学体验

（一）感大自然之魅力

我要问问"小画家"们，是谁让你们画出这一幅幅美丽的画卷呀？

预设：

生：大自然！

（二）诵大自然之醉人

是的，大自然这位神奇的画家，把荷塘画成了一大幅活的画，让人赞叹，让人陶醉啊！（配乐朗读第四自然段）

（三）想大自然之美妙

1. 分享体验：读着读着，我觉得我自己变成一朵荷花了。你们呢？

2. 带入梦境：也是呀！你为什么变成荷花了呢？

预设：

生：被荷花迷住了。

3. 想象世界，美美朗读：来，被迷住了的荷花仙子们，让我们捧起书美美地读一读第四自然段，走进荷花的世界，去看看，去听听。

4. 化身仙子，想象聆听。

（1）情境引导，听觉想象。

①美丽的荷花仙子们，你们还听到了什么？

预设：小蜻蜓告诉我清早飞行的快乐。

②师：嘘，别说话，有小动物来了，你听见了什么？

预设：小鲤鱼游过来告诉我"跳过龙门的喜悦"！

（2）情境小结，丰富想象。

多美妙的境界呀，作者也深深陶醉在美景中了，他用自己丰富的想象、优美的文字，使我们看到这美丽的境界。我们也深深地沉浸在其中，用我们丰富的想象，

-130-

看到了作者文字省略的美丽。

(3) 朗读体验，升华想象。

让我们用朗读来呈现这美丽的境界吧。（配乐朗读第四自然段）

设计意图：引导学生立足文本语言，凸现语文本体，在浓浓的语文味中培养审美意识，丰富想象，积淀精神，感受语言的魅力。

五、回到课堂，总结升华

1. 梦境唤醒：美丽的荷花仙子们，醒醒，我们不是荷花，是在看荷花呢。

2. 总结写法：瞧瞧，叶圣陶爷爷不仅把看到的挨挨挤挤的荷叶、朵朵冒出来的荷花写下来，还把自己的联想写下来，让公园里的一池荷花来到我们眼前。今后我们要和叶圣陶爷爷一样，用我们的眼睛去看，一边看一边想，把你发现的大自然的美写下来，你就会有更多美丽的画卷！

板书设计：

设计意图：图文并茂的板书形象而直观地体现了本节课的重点、难点。主板书的荷叶加"冒"字形象地凸显出荷花的生机与活力；随机放了几只小动物，展示听觉想象，丰富学生的想象力。副板书则归纳总结写作密码，为学生在本单元的习作中写一种自己喜欢的植物做好铺垫。

第二课时作业设计

一、美诵小诗，语言积累（必做）

课文就是一首小诗，美美地读一读吧，尝试背诵！

一阵微风吹过来，　　　　　　　蜻蜓飞过来，
我就翩翩起舞，　　　　　　　　告诉我清早飞行的快乐。
雪白的衣裳随风飘动。　　　　　小鱼在脚下游过，
不光是我一朵，　　　　　　　　告诉我昨夜做的好梦……
一池的荷花都在舞蹈。
风过了，我停止了舞蹈。
静静地站在那儿。

二、定格画面，阅读提升（必做）

阅读短文，回答问题。

荷花已经开了不少了。荷叶挨挨挤挤的，像一个个碧绿的大圆盘。白荷花在这些大圆盘之间冒出来。有的才展开两三片花瓣儿。有的花瓣儿全展开了，露出嫩黄色的小莲蓬。有的还是花骨朵儿，看起来饱胀得马上要破裂似的。

1. 用"～～～"画出描写荷花的句子。

2. 用"———"画出描写荷叶的句子。

3. 读了这段话，我仿佛看到了（　　　）（　　　）（　　　）这几种姿态的荷花；闭上眼睛，我还能看到（　　　　　　）的荷花。

4. 把你喜欢的优美生动的语句抄在横线上。

_____

三、雕章琢句，妙笔生花（选做）

我是大自然的"小画家"，我能用优美的文字把观察到的景物描写下来。

_____，

_____，

_____，

_____。

密码	标准	星级
构段有序	★	
突出特点	★	
表达生动准确	★	

（此课例被评为广东省优秀教学设计一等奖、东莞市小学语文优秀教学设计一等奖，由东莞市南城阳光第三小学语文科组提供，设计执教：曾巧燕）

第三节 "学导生成"高赋能教学策略

"学导生成"教学策略是课堂教学中,教师灵活有效运用"学导生成"教学原理与教学实践,来促进学生素养生成发展的思路、智慧、能力的思维导图。学科教师在具体实施"学导生成"开展学科课堂教学时,需要正确实施"四好四助"主要策略;学校在应用"学导生成"教学的"自主学习、主导赋能、自我生成"三大基本原则时,重点是要贯彻落实"五给五让"策略。

一、教师要正确实施"四好四助"策略

(一)总体把握好"学""导"各环节的主要任务和实施要点,助力学生核心素养自主生成

"学导生成"教学模式以培育学生核心素养和发展终身学习能力为着眼点,重点关注的是学生的"学"和教师的"导",即学生"怎样学的"和"学得怎么样",教师"怎样导的"和"导得怎么样",致力于引领和促进学生自主成长。"自学"环节主要是学生自主学习,涵盖学生个人独学、小组合学,重点解决的问题是学生"学懂了什么",此环节教师处于"辅导"地位,要精心设计"学案"(视频)疏导,点拨、指导、落实好自学方法。"研学"环节主要是师生围绕自学后存在的疑惑或重难点进行研讨学习,涵盖学生汇报展学、质疑研学,重点解决的问题是学生"还不懂什么",此环节教师处于"讲导"地位,要精心组织合作研讨,及时给予精讲精导。"思学"环节主要是学生完成"活练检测题",评价学习效果和感悟学习收获,涵盖学生活练悟学、检测思学,重点解决的问题是学生"真的懂了吗",此环节教师处于"训导"地位,教师要落实好当堂"活练检测题"的设计、组织、引导,确保质量,堂堂必清。

(二)正确处理好不同学段"学"和"导"的侧重点,助力学生核心素养自助生成

"学导生成"教学模式的教学各环节主要是以学生的"学"和教师的"导"两条线来建构的,强调以学生的自主学习为主体,以教师的启发引导为主线,以培养学生的核心素养为主要目标。因此,教师要按不同学段学生学习的特点,厘清并把握好"学"和"导"两方面的侧重点,激发学生主动性,再加以正确引导。一般中、

高段侧重于"自学"，主要是"独学""合学""展学"，低段侧重于"导学"，主要是"教师导学""同伴导学"。在具体施教过程中，教师必须真正实现课堂上"把学习的自主权'还给'学生，把成功的机会'留给'学生"，真正落实"学习是自己的事""学生是学习的主人"的理念。

（三）精心设计好"学案"和"活练检测题"，助力学生核心素养内在生成

"学案"导学和"活练"悟学是"学导生成"教学模式中引领、促进学生内在生成"自学习"能力等核心素养的两个关键环节。"学案"不是简单的学习任务和要求的罗列，"活练检测题"也不是简单的作业题。它们需要教师根据学习目标，把自己当成学生，自主学习完学习内容，进行学习过程的梳理后设计。因而，"学案"既有学习任务与要求的呈现，又有学习方法、习惯能力的训练与指导；"活练检测题"既是对所学内容的巩固练习，又是对所学内容、方法和能力的灵活运用与训练，两者都应始终贯穿"学习是自己的事"和"学生是学习的主人"的理念，始终关注学生"怎样学的"和"学得怎么样"的落实。

（四）建立实施好"小组合作学习"机制，助力学生核心素养互动生成

"小组合作学习"是"学导生成"教学模式重点关注的学生学习行为范式，是在"学导生成"课堂教学中学生核心素养互动生成（同伴互助、"教学相长"）的重要学习过程和环节。让学生学会独立自学、充分自学，是学生进行小组合作学习和教师开展精讲精导的前提；让学生学会有效地合作学习能够唤醒学生沉睡的潜能，激活封存的记忆，开启幽闭的心智，建立具有"主动参与、乐于探究、交流与合作"特征的课堂学习方式。要建立实施好"小组合作学习"机制，"异质分组，建设较长期合作小组文化"是基础，"培养组长，训练学生合作技能"是重点，"科学评价，正确把握好合作学习契机"是关键。

二、学校要贯彻落实"五给五让"策略

（一）把学习的主体权给学生，让学习充满自主活力

如何真正落实学生是学习的主体的"学导生成"主体生成教学理念呢？在教育教学实践中，我们提出这样一个口号："不让学生问的教师无能，鼓励学生问的教师称职，不怕被学生问倒的教师高明。"教师只有从内心接纳了学生的主体地位，才可能将思想付诸于教育教学行为之中，"学生乃学习活动的主体"才不会成为一句空话。学校和教师要为学生营造一个开放平等的育人空间，培养学生的主体意识。

1. 难度适宜

"学导生成"教学要求教师更新教材观,"不唯书",根据教材可以重组、改编或综合开发教学内容,但设计的教学情境和提供的学习材料("学案""活练检测题"等),必须要与教学目标要求一致,并且要贴近学生的学习生活经验,适宜学生"自学""导学"。教学各环节提出的学习目标和创设的具有激发性的问题情境的难度要恰当,既能激起学生思考的热情、探究的主动性,又能满足学生分享成功喜悦的心理,使其能够真正自主学习。

2. 交给时间

课堂上教师力求精导活练,尽可能地把更多的时间交给学生,使他们能有时间、有精力去"主动参与、独立学习、合作学习",学习自己所需要的东西,发展自己的个性特长。一堂课学生参与学习活动的时间不得少于三分之二,要"保两头、压中间",即要确保"自学"和"思学"环节的时间,"研学"环节的时间可以根据实际情况做适当调整。教师要成为一名好的观察者、倾听者、导演者,认真巡视,听听学生说了些什么,看看学生发现了什么,必要时给予精导,即在关键处给予导学,语言简练,一语破的,点中要害:一是导在难处,即导在学生不理解、有困难的地方;二是导在惑处,即导在学生容易混淆、容易出错、容易迷失方向的地方;三是导在浅处,即导在学生表面上会了,实则未必理解了知识的前后联系,或理解肤浅的地方。

3. 指导方法

学生自主学习的前提是必须掌握学法。教师一方面应注意采用先进的教学方法,在教学过程中随时有机地指导学生学习的方法;另一方面,应对学生学习全程的各个环节进行探讨,并给学生提供学法指导,鼓励学生间相互交流好的学习方法。根据学生的年龄认知特点,指导学生逐步学会调节、管理自己的学习活动,逐步教会学生在自学、听课、练习、小结、计划和查阅工具书等方面的学习方法和思维方法。这些点滴的学习方法是训练学生学会求知的坚强基石,学生一旦掌握了学法,就能对学习内容融会贯通、举一反三。如高年级语文教学中,教师教会学生"三读三划三写三问"阅读自学法;数学教学中,教师教会学生分类、比较、观察、分析、综合、抽象、概括等方法;在中高年级,教师教会学生"审题追问"解应用题法等。

(二)把成功的体验权给学生,让成长充满愉悦感受

让学生在学习中感受到成长的喜悦和满足感,是激发他们学习动力和积极性的

良方，也是"学导生成"启发式教学所追求的育人效果。教学过程是师生交往、互动的过程。学生是具有主观能动性的人，学生作为一种活生生的力量，带着自己的知识、经验、思考、灵感、兴致参与课堂活动，并成为课堂教学不可分割的一部分，从而使课堂教学成为有效教学。

1. 自学质疑，分层施教

让学生学会独立自学、充分自学，是学生进行小组合作学习和教师开展精讲精导的前提。采取"分合有致""动静结合""全员参与""各得其所"的独立自学、分层施教的策略，可以促进不同层次学生的学习发展。具体做法是，教师围绕教学目标，提出自学的具体要求或设计学案导学等，让学生独立自学；再根据学生的自学情况，实行同桌、小组互助自学。我们一方面强调通过问题来学习，把问题看作学习的动力、起点和贯穿学习过程的主线；另一方面强调要通过学习来生成问题，把学习过程看成是发现问题、提出问题、分析问题和解决问题的过程。"学导生成"倡导教师在课堂上要尽可能鼓励学生质疑，激起学生自主学习的欲望，引导他们去寻找解疑的钥匙。如，当学生自学到一定程度时，教师可以追问：解决这个问题的关键是什么？你还有哪些疑问？等等。教师巡回辅导，特别是对那些基础相对较差、自学能力较弱的学生及时给予更多的帮助，做到因材施教，让学生人人都感到"我能学""我会学"，获得成功的快乐。

2. 小组合作，异质分组

在实施小组合作学习时，教师一般不提倡学生自愿组成合作学习小组。教师向学生说明，合作学习小组不是纯粹的交友小组或娱乐小组，而是一个协同共事的团队。就像难以选择与谁做邻居一样，学生要学会与不同的人相处，尤其是要关心那些交往能力弱、学习成绩暂时不理想的同学，与他们共同进步。因此，合作学习小组由教师根据学生性别、成绩、性格、能力等方面的相对差异，进行异质分组，一般4~6人一组，并明确小组内各成员必须轮流担任某一个特定的角色：小组长、学科长、协调者、操作者、报告者等，还要激励各小组完成好取组名、定口号等建组程序，强调在小组汇报展示学习情况时，必须以"我们"的身份进行表述，这样可以让小组成员互相信赖，增进学生互动的有效性。在合作学习中，人人都能得到不同层面的训练与发展，人人都能感受到团队成功的喜悦。

3. 关注过程，分层评价

评价是指挥棒，是导向。教育应面向全体学生，要特别注重培养学生的学习习惯和学习兴趣。因此，对学生学科成绩的评价应注重其在学习过程中的学习表现及学习态度，特别是要注重对合作学习小组的评价激励。比如，对小组合作学习的评价，各班队可以采取"三星级"（及时聚拢，人人发言）、"四星级"（讲解清楚，认真倾听）、"五星级"（相互补充，展示全面）等星级梯级目标评价。教师对学生平时课堂学习情况可以采取定性和定量分层评价（含练习评价），如在课堂练习、活练检测评价中，认知水平相对差的学生做对了基础题，给"优B"或"B100分"；认知水平中上等的学生做对了基础题，又能尝试做拔高题，就给"优A"或"A100分"；做错了不给分，在学习小组同学的指导和帮助下懂了，订正后再给"优C"或"C100分"。

（三）把思学的自主权给学生，让教育充满灵动智慧

"学导生成"自学习自成长反馈原理关注学生的"悟学""思学"过程。让教育充满灵动智慧，关键在于把思学的自主权交给学生。

"施教之功，贵在诱导"，教师要注重诱发和调动学生积极进取的内在动力：一要创设"民主、和谐、宽松、共振"的教学情境，消除学生的心理障碍，使学生心情愉悦而愿学；二要充分利用学生已有的生活经验、知识水平，唤起学生的认知感、激发求知欲，使之能学；三要善于不断地创设具有激发性的问题情境，激起学生思考的热情，主动学习探究，变"要我学"为"我要学"。

"进学之功，贵在心悟"，教师要充分发挥学生自我完善的能力（自主、自觉、自律）。教师鼓励和培养学生有效地组织学习活动，对所学内容，从知识结构、能力发展、学习方法等方面予以概括、总结，并进行自我表现评价，使学生从更高层次将所学内容内化，心领神会，达到"悟"的境界，并获得成功地进行求知的愉悦情感体验，乃至感悟到人类智慧的力量和知识的美、艺术的美、自然的美。最后，学生所"思"所"悟"形成的结论，如果被全班学生所接受或者进一步验证，这就是这节课学生通过学习收获的知识、能力；如果这个结论有错误或不完美，教师不要武断地去否定，而应当在下一节课再设计有针对性的教学情境，对这节课的结论提出挑战，使学生在新一轮的"三学—三导—三生素养"中修正这个结论，形成不断改进学习方法的习惯与能力素养。

（四）把班级的建设权给师生，让班级充满共生气息

班集体和个别化结合，是教学形式改革的重要趋势，是"学导生成"激发内驱与学习自觉原理关注的重要方向。

班级是学校教育工作的基本组织形式，是学校教育教学的基本单位，是学生在学校学习生活成长的重要场所，是学校两个主人（学生、教师）共同生活、成长的栖居地。加强班队育人成长环境建设，实施协同化的学生、教师团队建设机制，开展"阳光博爱班队"创建活动，发展凸显学校"阳光—博爱"核心理念的文化建设，也即把班级的管理权交给师生，让他们共同协作，在一种民主决策、人人参与的氛围中，充分调动每位教师和学生的班级建设积极性，使每一位学生都能在具体事务的参与体验中"会做人""会学习""会锻炼""会审美""会劳动"。

将班级的建设权交给师生，旨在营造一个有共生气息的班级环境。这种共生气息意味着师生之间、同学之间形成了合作、互助和共同成长的氛围，以促进整个班级的和谐发展和个体成长。这种做法需要坚持以下原则。

1. 合作性原则

班主任要发挥好纽带作用，要密切与副班主任（中队辅导员）和其他任课教师、学生、家长合作与协调，形成"阳光博爱班队"建设的强大合力。在这样的班级中，教师不再是单方面的知识传授者，而是和学生共同构建知识、分享信息、解决问题的合作伙伴。

2. 激励性原则

教师要尊重学生、激励学生，善于发现学生身上的闪光点，让师生平等对话，让学生个性得到张扬，感受到"阳光—博爱"。教师鼓励学生参与班级规划、活动安排和学习方式选择，让学生有决策权和参与感。学生在参与班级建设的过程中，会培养起对班级发展的责任心和归属感，他们会更积极地投入到班级事务中，乐于为共同目标努力。这种参与也有助于培养学生的团队合作意识和领导能力。

3. 自主性原则

自主性原则要求学校激发学生、教师的主体意识，培养精干的班队干部队伍，让其积极参与班队、学校各项活动，实行人人有岗位、个个有作为的班队管理机制，让学生、教师在自主教育与管理中体会成功，与班队集体一同在成长中收获成功，收获"阳光—博爱"。班级共生气息让每个人都能感受到自己的存在与价值，不同

个体之间的交流、理解和支持，促进了大家的共同成长。

这种有共生气息的班级环境将有助于营造出更具活力、积极向上的学习氛围，推动学生的全面发展。师生共同参与班级建设可以塑造出一种独特的班级文化和氛围，这种文化以尊重、信任、合作和共享为核心价值，激发了学生学习的热情和对学习的积极态度。在这样的共生气息中，学生不仅仅被动接受知识，还能在交流、合作、分享的过程中提升沟通能力、领导能力、团队协作能力等综合素质。

（五）把发展的主动权给师生，让校园充满勃勃生机

"学导生成"教学认为教学应面向全体学生，应面向学生全面发展的各个方面和整个教学过程。要让校园充满勃勃生机，关键在于把发展的主动权交给师生，这也是"学导生成"学科素养融合生成原理所强调的重要内容。

只有当学校在课程、课堂、活动和管理等方面都充满活力，才能真正为学生提供一个积极、健康、有益的学习环境。因此，我们强调师生在课程设置、课堂建设、活动设计和组织管理等方面都是主人、主体，鼓励师生积极主动参与、建设、管理。

学校的课程设置是否丰富多样，能否满足学生的兴趣和需求；是否有创新性的课程，能够激发学生的学习兴趣和动力。

学校的课堂氛围是否活跃、积极，教师是否能够引导学生参与讨论和互动；教学方法是否多样化，能够满足不同学生的学习需求。

学校的活动是否组织得丰富多彩，为学生提供展示才华和交流互动的平台；是否能够培养学生的综合素质和兴趣爱好，提高学生的参与度和积极性。

学校的管理是否科学、规范，能否为学生提供良好的学习环境和服务；学校的管理制度是否健全，能否有效地解决学生的问题和困扰。

让校园充满生机，学校的综合建设尤为重要。总的来说，给予师生发展的主动权，在于建立一个合作、共同发展的校园环境，让教师和学生都能在学校的发展中有所作为、有所收获。学校可以鼓励师生更多地参与校园生活和活动，更好地激发他们的潜能，培养他们的领导能力和创新思维，进而推动学校更好地适应社会和时代的发展需求。

案例 4-3

综合实践"六课型"实施指南及活动案例

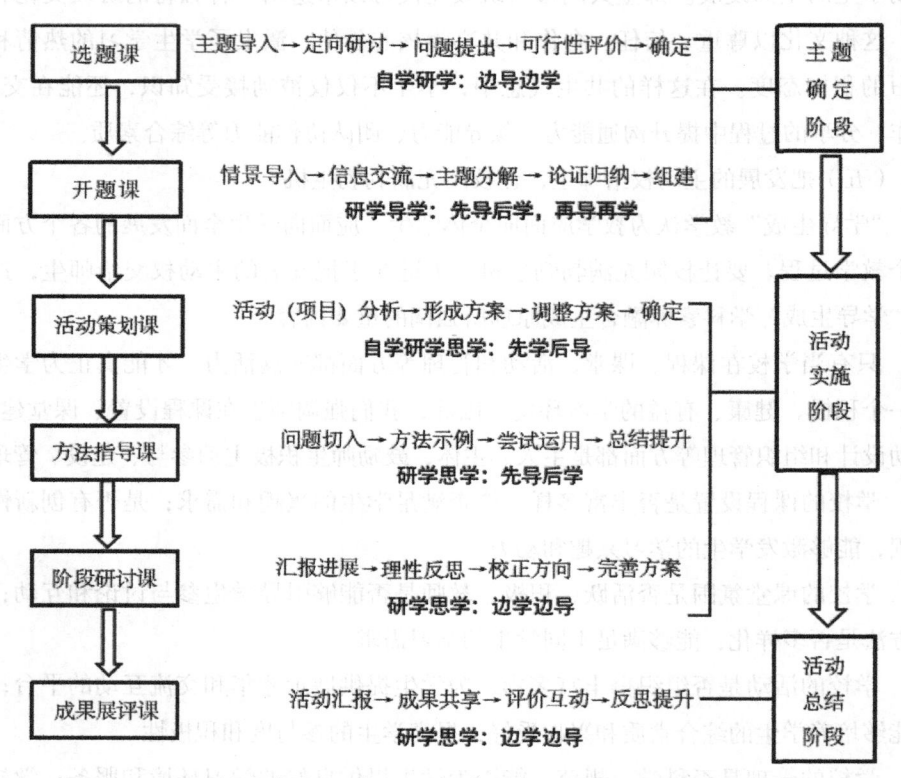

选题课	主题导入→定向研讨→问题提出→可行性评价→确定	主题确定阶段
	自学研学：边导边学	
开题课	情景导入→信息交流→主题分解→论证归纳→组建	
	研学导学：先导后学，再导再学	
活动策划课	活动（项目）分析→形成方案→调整方案→确定	活动实施阶段
	自学研学思学：先学后导	
方法指导课	问题切入→方法示例→尝试运用→总结提升	
	研学思学：先导后学	
阶段研讨课	汇报进展→理性反思→校正方向→完善方案	
	研学思学：边学边导	
成果展评课	活动汇报→成果共享→评价互动→反思提升	活动总结阶段
	研学思学：边学边导	

综合实践活动"六课型"实施指南结构图

在"六课型"实施指南的指导之下，学校开展了丰富多彩的综合实践活动。以下的"健康陪伴，酸奶赋能"就是其中的优秀案例。

健康陪伴　酸奶赋能
——小学综合实践活动主题活动案例

一、活动背景

注重身体健康，提高身体免疫力是当今社会的热点话题。钟南山院士也提出"多喝牛奶、酸奶，摄入优质蛋白，提高自身免疫力"的倡议。酸奶因健康美味、老少

-140-

皆宜，受到人们的青睐。酸奶具有调节肠道的功效，更掀起了人们喝酸奶的热潮。加之本学期"综合实践活动"（五年级下册）教材第三单元"微生物的妙用"推荐活动是"制作酸奶"，同学们纷纷表示对这个活动很感兴趣，于是经过全班师生充分讨论，我们确定了"健康陪伴，酸奶赋能"这一探究酸奶的综合实践活动。

二、活动对象

五年级全体学生

三、学情分析

五年级的学生已经具有一定的认知水平和探究能力，他们对生活中的事物充满好奇心，有很强的探究欲望。开展此次"健康陪伴，酸奶赋能"主题活动，是为了让学生通过自己的探究与实践，深入了解酸奶的相关知识，提升动手实践能力。

四、活动时长

6周

五、活动目标

价值体认：树立健康饮食的观念，增强制作健康食品的意识，激发热爱劳动、团结合作的情感价值。

责任担当：通过实践操作，学习酸奶发酵的原理和制作工艺，激发健康饮食的意愿，增强做健康食品传承人的责任感和使命感。

问题解决：能够在调查了解酸奶的相关知识、制作酸奶的活动过程中发现问题、解决问题，为主题活动的顺利开展出谋献策，贡献力量。

创意物化：通过探究性学习，设计和制作各种酸奶食品，丰富酸奶口味，满足不同人群的需求。

六、活动重难点

活动重点：树立健康饮食的观念，增强制作健康食品的意识。

活动难点：在探究实践活动过程中发现问题，解决问题。

七、活动方案

为达成活动目标，在主题活动实施的过程中，以"六课型"为实施指南，在活动的准备阶段、实施阶段和总结阶段，创设相关的活动任务驱动活动，让实践活动扎实高效。具体安排如下图。

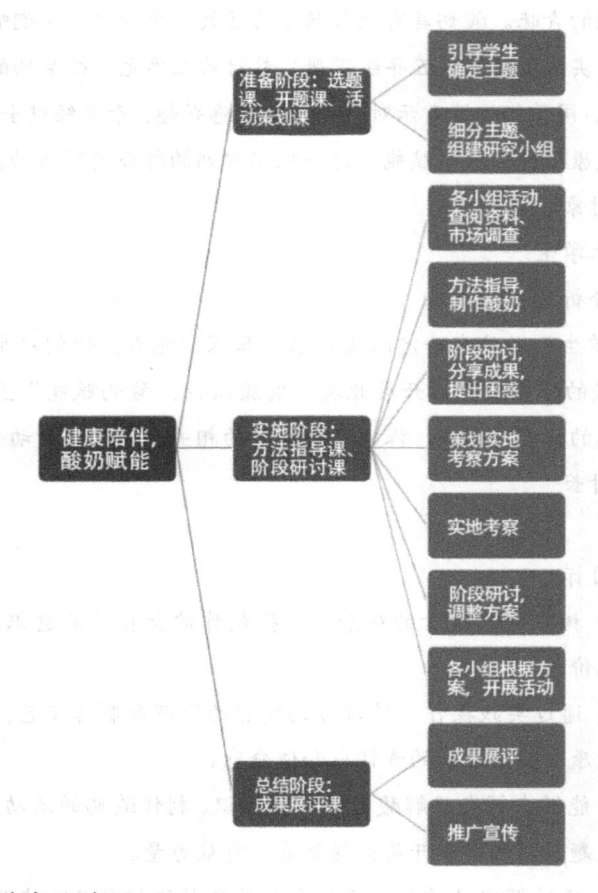

```
健康陪伴，   准备阶段：选题   ── 引导学生确定主题
酸奶赋能    课、开题课、活   ── 细分主题，组建研究小组
            动策划课
                            ── 各小组活动，查阅资料、市场调查
            实施阶段：       ── 方法指导，制作酸奶
            方法指导课、     ── 阶段研讨，分享成果，提出困惑
            阶段研讨课       ── 策划实地考察方案
                            ── 实地考察
                            ── 阶段研讨，调整方案
                            ── 各小组根据方案，开展活动
            总结阶段：       ── 成果展评
            成果展评课       ── 推广宣传
```

八、活动具体实施过程

（一）准备阶段：选题课、开题课—活动策划课

1. 选题课、开题课——源于生活、始于问题、明确目标

《中小学综合实践活动课程指导纲要》（下文简称《纲要》）中指出，从生活情境中发现问题，转化为活动主题。选题课上，教师问学生：你们喜欢喝酸奶吗？为什么？学生齐刷刷地举手发言，有的说酸奶酸甜可口，很美味；有的说酸奶丝滑，口感很好；有的说酸奶很有营养，帮助消化。打开学生的话匣子后，教师结合社会热点和生活热点，追问：近年来，钟南山院士建议多喝牛奶、酸奶，提高自身免疫力。酸奶为什么可以提高免疫力呢？当出现肠胃不适的症状时，喝酸奶调节肠道，这是科学的吗？出现呕吐、腹泻症状的人，适合喝酸奶吗？听到这些跟自己生活和身体

健康息息相关的问题，学生迸发出探究酸奶的浓厚兴趣，确定了"健康陪伴，酸奶赋能"这一活动主题。

在开题课上，学生以小组为单位，根据"围绕主题、富有价值、操作性强、表述完整"等原则，围绕酸奶这一主题，提出了很多感兴趣的问题，然后将这些内容进行归纳分类，确立了四个子课题：酸奶的历史与发展、酸奶的品牌与种类、酸奶的营养与功效、酸奶制作。接着，学生根据兴趣自主选择子课题，志同道合的学生分别组成了几个研究小组，各小组遵循民主原则推选了小组长，小组成员共同商议，确定了团队名称和口号。

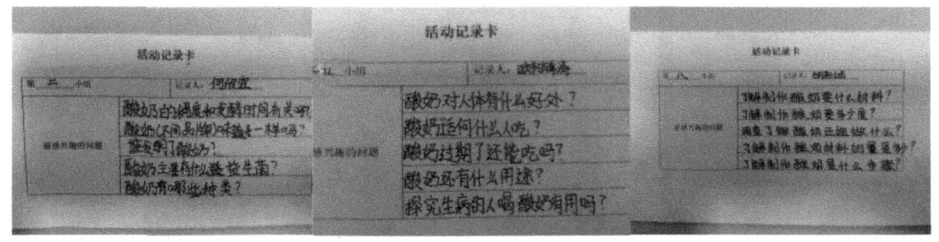

小组感兴趣的问题记录卡

2. 活动策划课——集思广益，策划小组活动方案

凡事预则立，不预则废。为了让活动顺利开展，活动策划课上，教师先用视频导入，帮助学生了解如何制订活动方案，分享活动方案有哪些要求。然后，各小组组员在组长的组织下，群策群力，根据自己任务内容确定活动方式。教师建议每个组长根据组员特长分配任务，合理分工，做到人尽其才，并鼓励他们用不同的方式展示成果。小组组员经过初步讨论，完成了小组活动方案。接着，各组长上台交流活动方案，在师生的互动与讨论中完善活动的方案设计。为了保证活动的效果，教师还要强调实践活动要注意的问题及事项，如要注意实践活动的安全，准备一些必要的设备，采访人员要注意预约时间，文明礼貌，设计好访问提纲等。

（二）实施阶段：方法指导课—阶段研讨课

1. 方法指导课——指导得法、实践提升、解决问题

活动一：查阅资料，市场调查

策划活动后，学生便开始查阅资料，设计调查问卷，到社区、超市进行采访、调查等实践活动，了解不同人群对酸奶的喜好、评价，实地调查酸奶的种类和品牌，以及市场销售量等。

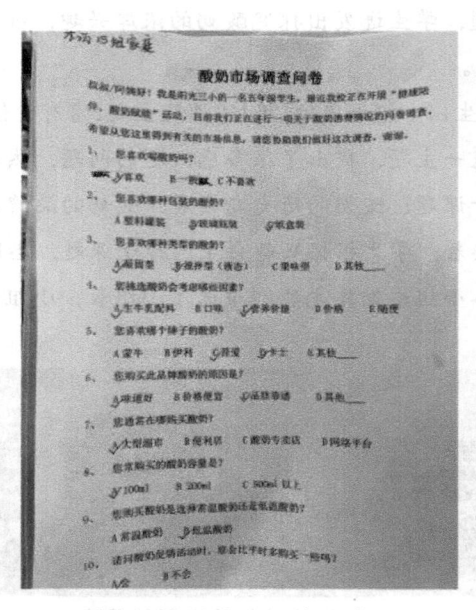

学生设计的市场调查问卷

活动二：制作酸奶，解决难题

《纲要》强调，在活动实施阶段，教师要捕捉活动中动态生成的问题，组织学生就问题展开讨论、及时解决问题。在实践过程中，酸奶美食队在制作酸奶时遇到了困难，做出的酸奶失败了。于是，教师便以"酸奶制作的奥秘"为主题开展方法指导课。课上，教师让学生交流了他们在制作酸奶时遇到的问题。有的说酸奶没有凝固；有的说酸奶里渗出很多水，更像豆腐花；有的说酸奶太酸了；有的说酸奶没有奶香味；还有的说家里没有酸奶机，没法做。于是课上，教师展示了制作酸奶的微课，让学生交流制作步骤和注意事项，再反思自己失败的原因。学生受到启发，探讨出了保温桶也可以做酸奶。教师总结方法后，学生根据"100℃消毒容器，牛奶与乳酸菌20：1混料搅拌，40℃发酵"等奥秘，现场制作酸奶，教师巡视、指导、改进。这节课，解决了本次主题活动的难点。这个阶段，教师充分结合教学经验，强化了对学生的活动方式与方法的指导，及时帮助学生找到合适的解决问题的方法。

2. 阶段研讨课——及时研讨、助力活动、排忧解难

《纲要》指出，教师要指导学生选择合适的结果呈现方式，并根据同伴及教师提出的反馈意见和建议查漏补缺，明确进一步的探究方向，从而深化主题探究和体验。

活动一：分享阶段性研究成果，调整小组活动方案

在阶段研讨课上，教师播放学生实践过程的点滴画面导入，接着引导学生根据"表达清晰、突出重点"等分享原则分享阶段性活动成果，反思活动中存在的不足，听取了教师及其他小组的意见，修改了展示内容，为下阶段活动打下基础。

小组阶段性成果展评改进表　　　　　　小组阶段研讨课堂评价表

活动二：策划实地考察活动方案

在阶段研讨课上，品牌小飞队初步分析市场调查结果时发现，卡士酸奶特别畅销。为什么卡士酸奶特别受欢迎呢？学生提出：如果能去卡士生产工厂进行实地考察，一探究竟就好了。此项活动得到家长们的鼎力支持，经过多方努力，学生们获得了实地考察机会。为了让活动顺利开展，考察前，教师开展了实地考察活动策划课，指导各小组完成考察计划的制订。

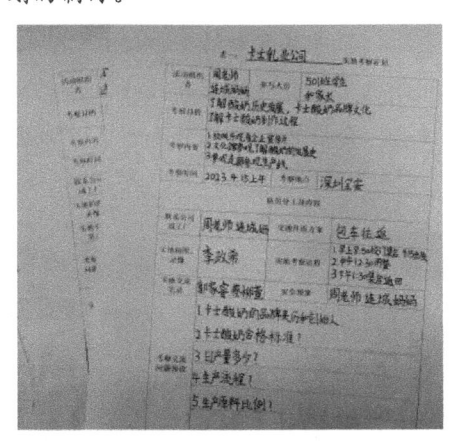

小组制订实地考察方案

活动三：前往深圳卡士乳业有限公司实地考察

2023年4月15日，在家长的陪同下，我们前往深圳市卡士乳业有限公司进行

-145-

实地考察。在卡士乳业有限公司负责人的热情带领下，学生们参观了酸奶历史发展文化长廊，深入了解了酸奶的起源和发展历史；观看了卡士乳业的文化宣传片，详细了解了卡士酸奶的品牌文化；隔着透明玻璃，参观了卡士乳业的无菌化生产车间，直观地了解到卡士乳业先进的现代化制作工艺和大规模的生产流程。学生们还采访了工作人员，通过工作人员耐心热情地解答，学生们了解了很多关于酸奶和卡士乳业生产、销售方面的知识。本次参观、采访、实地考察让学生们受益匪浅。

（三）活动总结阶段

1. 成果展评——多样展示、有效评价、拓展延伸

经过一系列的探究实践，同学们取得了丰硕的成果。我们举行了一场成果展示会。

（1）历史探索队：以手抄报的形式，介绍了酸奶的起源和历史发展情况，并通过情景剧演绎了有关酸奶知识的历史故事。

学生绘制的手抄报

（2）品牌小飞队：用绘画形式直观地展示了卡士酸奶现代化生产流程；撰写市场调查报告、实地考察报告，介绍酸奶的品牌和种类，教会学生根据配料、蛋白质含量选购优质酸奶。

取奶　　　　　　　　　　　进入无菌化生产车间

巴氏杀菌➡净乳分离➡混料➡均质➡接种➡灌装➡发酵➡冷却➡2℃~6℃冷链运输

学生介绍卡士酸奶现代化生产流程

（3）营养小纵队：以绘画形式，直观地展示了显微镜下乳酸菌的形态；用PPT生动具体地介绍酸奶的营养成分，以及酸奶对人体的功效。

（4）酸奶美食队：制作了原味酸奶、果味酸奶、坚果酸奶、酸奶冰激凌、酸奶水果沙拉、酸奶杯、酸奶蛋糕，开展酸奶家族鉴品会。

《纲要》指出，活动评价要坚持学生成长导向，通过对学生成长过程的观察、记录、分析，促进教师把握学生的成长规律，为更好地促进学生成长提供依据。所以学生的过程性评价需格外重视，不同课型运用侧重点不同的评价表，对学生的活动过程进行评价，记录学生的成长。

2. 推广宣传，扩大影响力

为了使活动更有意义和影响力，我们在"六课型"外，还做了总结延伸，开展了以下活动：撰写"健康陪伴，酸奶赋能"倡议书，在升旗仪式上宣讲；制作宣传单，走进社区进行酸奶有益健康的推广，倡议人们多喝酸奶，少喝不健康饮料。

学生宣讲"健康陪伴，酸奶赋能"倡议书

学生手绘"酸奶有益健康"宣传海报

九、活动反思

（一）充分发挥学生的主体性

本次"健康陪伴，酸奶赋能"系列综合实践活动遵循以生为本的教学理念，充分发挥学生的主体性和教师的主导性，学生在教师的指导下自主分工、自主策划、自主开展活动，充分发挥了自主能动性，体现了责任担当，增强了社会责任感。教师引导学生通过查阅资料、市场调查、实地考察、参观访问、手动制作、小组合作等活动，将知识和实践相结合，加强学生的小组合作意识、团结互助意识，加强师生交流互动，达到了我们预期的目的。

（二）多方配合，活动有声有色

本次活动得到了学校、家长、社会多方面的鼎力支持与配合，他们的支持使活动开展得有声有色。例如，家长发动各方面力量，联系到卡士乳业负责人，为学生争取到了实地考察的宝贵机会，让学生深入了解了酸奶的起源和发展历史，见识了卡士酸奶先进的现代化生产工艺以及卡士乳业的品牌文化，拓宽了学生视野，增长了学生见闻。

（三）跨学科融合发展

教师引导学生将语文、数学、美术、信息技术、劳动等多学科知识融合运用到本次活动中，开展上网查阅资料、设计与统计调查问卷、实地调查采访、制作PPT、撰写活动报告、制作手抄报、绘制宣传海报等活动，让活动过程、成果展示丰富多彩。

（四）不足之处

在开展实地考察时，因为对深圳卡士乳业有限公司不熟悉，考虑到安全问题，学校未能让全体学生参加活动，挫伤了部分学生的活动热情，让学生感到很失望。再者，本次活动没有利用线上网络媒体扩大宣传范围，增大活动影响力。

十、活动影响

在本次活动中，学生不但在全校升旗仪式上进行"健康陪伴，酸奶赋能"的宣讲，还绘制宣传海报，走出校园，到社区进行酸奶有益健康的宣传，让社区更多的孩子加入多喝酸奶、少喝饮料的行动中，真正实践了做自己健康身体的小主人。

此次活动还得到了学校、学生和家长的一致肯定，在开展的"学生写收获，家长写评价"的活动中，学生和家长纷纷表示此次活动很有意义，收获满满。

（一）学生收获

李政希：通过这次活动，我有很大的收获，我了解到酸奶的由来和制作流程，在市场调查与访问中，我的语言表达能力增强了，在制作酸奶的过程中，我提升了动手能力。

李沛珊：在本次活动中，我有许多收获。我了解了酸奶的制作过程、酸奶的起源和历史发展故事……我学到了很多课本上学不到的知识。

欧阳梓琳：我了解了酸奶的历史故事、酸奶的制作过程、酸奶的营养价值等各种各样的知识，我还去了酸奶工厂，了解了有趣的酸奶知识，学会了做酸奶，还了解了菌类知识，收获颇多。

（二）家长评价

李沛珊家长：这样的综合实践活动，给了孩子们更多的成长机会和展示自我的平台，也在父母与孩子之间架起了沟通、互助的桥梁。通过这次活动，孩子们体会到了劳动的不易，父母也发现孩子长大了，对于喜欢的事，能做得很好。

欧阳梓琳家长：作为家长，我很荣幸能与学校老师和孩子一起参加这次酸奶制作工厂的参观活动，也多了一次与孩子近距离沟通交流的机会，带着孩子一起了解工厂生产流程，参与社会活动，在让孩子收获知识和见识的同时，也让家长多了一份童心和同感。

李政希家长：感谢周老师组织开展此次活动。活动不仅有意义，还增强了孩子的动手能力，也充满了乐趣。孩子们通过一杯酸奶，了解了酸奶背后的故事以及制作过程，从中学习了更多关于酸奶的知识。

邓梓萌家长：这次综合实践活动非常有意义，让孩子开阔了眼界，增长了见识，激发了孩子的求知欲，还让孩子们学会了自制酸奶，提高了他们的动手实践能力。

李诗颖家长：让孩子从课本理论知识的学习走向生活实践是明智的，俗话说，实践出真知，孩子在实践中收获的团体精神和探索精神在生活中作用特别大。

（此教学案例由东莞市南城阳光第三小学综合实践科组提供。案例曾获得东莞市小学综合实践活动案例评选二等奖。教学设计：周佔弟、简彩翠）

案例 4-4

基于"学导生成"理念的道德与法治课例

道德与法治主题课"学导生成"课堂教学

教学环节	时间划分	学生的"学"	教师的"导"
自学 （先导后学）	开课 5 分钟	观看视频引发关注 独学：自学感知，交流讨论	动画视频激趣 微课视频疏导
研学 （边学边导）	课中 30 分钟	合学：汇报交流，回答记录 体验：角色扮演，行为外化 探究：探讨规则，明理导行 悟学：交流心得，分享内化	梳理脉络，把握内容 设计问题，提升思维 树立意识，感悟情感 课堂小结，行为期待
思学 （先学再导）	课末 5 分钟	提升：反思、分享、提升	拓展延伸，长线积累

《买东西的学问》第 2 课时教学设计

教材分析：

本课是四年级下册第四课《买东西的学问》，主要是让同学们在主题学习的基础上，学习购物的基本能力。本课包括"学会看包装""避免购物小麻烦""购物讲文明"和"维权意识不能少"四部分。教学时教师应从学生已有的知识经验出发，运用生动活泼的例子引领，让学生参加购物活动，在实践中学会基本的购物常识和技巧。

学情分析：

四年级的学生处于中年级向高年级的过渡期，他们经过前三年的课程学习，对购物有所认识，但对如何正确购物还不十分清楚，自我保护意识也还不够。本课在教学时通过情境法、角色扮演法等让学生学会基本购物常识和技巧。

-151-

教学目标：

1. 知识目标：让学生初步认识到购物的过程中，有很多学问，感受购物的乐趣。

2. 能力目标：学生通过自主学习、合作学习、探究学习，懂得在购物的过程中要有维权意识。如果遇到一些侵犯自己权益的行为，学生要学会拿起法律的武器维护自身的合法权益。

3. 情感态度与价值观：让学生懂得《中华人民共和国消费者权益保护法》是保护消费者权益的法律，了解一些保护自身合法权益的途径和方法。

教学重难点：

重点：引导学生做一个文明的顾客，养成良好的购物习惯。

难点：让学生懂得在购物的过程中要有维权意识，维护自身合法权益。

教学方法：

讲授法、情境法、角色扮演法。

教学准备：

教师准备：PPT多媒体课件，动画视频，课本插图等。

预习要求：

1. 观察日常生活中有哪些文明的购物行为，还有哪些不文明的购物行为。

2. 回顾自己的购物经历，想一想自己在购物过程中，有没有遇到侵犯自己权益的行为。

教学过程：

一、导入新课，激发兴趣

1. 播放动画视频，调动学生学习兴趣。

嘿，大家好，我是雯雯，是文明购物使者。今天啊，我来到了大家身边，将和大家一起去感受文明购物的美妙。不过，在感受购物的美妙之前，我要考考大家，上节课的购物小知识，你们掌握了吗？

2. 学生交流自己的收获，教师进行总结评价。

师：哇！大家太棒了！如果今天你们依然能熟练掌握购物小技巧，我会奖励你们"文明小天使"称号。走，让我们一起跟随雯雯的脚步去超市体会买东西的学问吧！

二、视频启迪，感知文明

1. 播放含有三种不文明购物现象的视频。

师：同学们，我们现在去超市啦，睁大你们的眼睛仔细看哟！兴致勃勃的雯雯怎么一下变得满脸不愉快呢？谁能告诉我们？

2. 学生交流自己的发现，并指出视频中不文明的购物现象。

师：你们真是火眼金睛，原来是一些不文明的购物行为影响了雯雯的心情。同学们，在我们身边有没有类似这样的不文明行为呢？大家可以畅所欲言，大胆曝光（不文明购物曝光台）。

3. 依据生活经验，学生分小组交流生活中不文明的购物现象。

4. 师小结：我们在购物的时候，需要养成良好的购物习惯，做一个文明的消费者。这既是必要的行为规范，也是社会道德的基本要求。

5. 展示商家的温馨提示，学生交流。

三、角色扮演，行为外化

师：哇，你们的火眼金睛，让老师非常震惊。看来在平时的生活中你们也特别注意留心观察。我们的文明购物使者雯雯还主动帮助在购物中遇到困难的同学刘晓明，让我们一起看看，刘晓明遇到了什么困难？

1. 播放录制的视频，学生观看视频。

旁白：刘晓明去商场买文具盒，想要拆开文具盒的包装膜，遭到营业员的阻止，于是刘晓明把文具盒重重扔在柜台上就走了。

视频内容：

生1：那你是否说话很不礼貌？

刘晓明：我认为我花钱买东西，别人就该为我服务，满足我的一切要求。

生2：我觉得你的观点是不正确的，尽管是你花钱买东西，你也应该遵守商店的规定。营业员应该为你服务，但是不应该满足你的无理要求。

刘晓明：我也是害怕买回去的东西是坏的！

生3：那你可以使用文明用语，和营业员好好沟通，让他给你看看样品质量。

刘晓明惭愧地低下了头，说道：好吧，我知道错了！

2. 师提问：你们同意刘晓明的做法吗？

3. 学生发表自己的看法。

4. 现场活动体验，师生共同参与角色扮演。

过渡：不知同学们想不想体验一下现场购物的感觉呢？要不就跟着老师一起走进"阳光大卖场"看看吧！

师：同学们好！我是超市促销员，为了让大家的学习和生活变得丰富多彩，我特意给大家选了一些你们喜欢的学习用品，快来选购吧！

生1：阿姨，请问这个多少钱？

生2：我喜欢这个，谢谢阿姨，我要蓝色的！

生3：哇，这个这个，我找妈妈要了很多次，她都不帮我买！阿姨，可以帮我把这个包起来吗？

5. 师小结：今天真开心，作为同学们的老师，我看到你们除了选到了自己心仪的学习用品以外，还特别尊重超市的工作人员，将"请、谢谢、您好、麻烦了"这些文明用语挂在嘴边，我感觉特别欣慰。在刚才的现场购物过程中，你们有没有看到什么不文明现象？老师要奖励文明的同学"文明小天使"称号。看来啊，购物的时候不仅要有文明的行为，还要有文明的语言，二者缺一不可。

四、树立意识，维权不能少

师：同学们都掌握了购物时的小诀窍，也学会了做个文明的小顾客。此时还在超市的文明购物使者雯雯应该满载而归了吧？我们再来看看。

1. 播放录制的视频，学生观看视频。

2. 展示两幅插图，播放妈妈和同学劝说的录音。

3. 教师提出问题，学生猜一猜妈妈和同学会怎么说。现场讨论：妈妈的做法是忍让，同学的做法是争吵。你们觉得哪种做法可取呢？

过渡：同学们的讨论好激烈，既然大多数同学都觉得雯雯的妈妈和同学的做法都不可取，那么雯雯究竟怎样做，才能有效地解决问题呢？有没有同学有其他建议？

4. 展示维权小贴士，学生了解维权知识。

5. 展示两个情境，四人小组进行演练。

情境一

a：哎，你这卖的什么破玩意儿啊？有质量问题！

b：怎么了？

a: 刚才我在你这里买了个魔方，想变换颜色，但扭也扭不动，你给我退了吧！

b: 你都拆开了，包装都被你撕烂了，我怎么给你退？

a: 我不管，在你这里买的，你就要给我负责到底！实在不行，你给我换一个也行！

b: 我都不知道是不是你故意弄坏的，不喜欢了就说是质量问题，我们这里不能退换！

a: 真是没良心的商家，我以后再也不来了！

情境二

a: 阿姨，您好！我刚才在你们阳光大卖场买了一个魔方，刚刚打开发现想变换颜色却扭不动，我可以换一个吗？

b: 你的购物小票和包装盒还在吗？

a: 在呢，阿姨，您看看！

b: 按道理说拆开包装的商品我们是不能退换的，但这个确实有质量问题，我就给你换一个吧！

a: 太好啦，谢谢阿姨！我下次选文具还到你们这里来。

6. 教师现场采访，学生畅谈感受。

师：感谢同学们的精彩呈现！你们看，同样都是维权，我们用不同的方式去处理，会有完全不同的两种结果。雯雯同学说要给你们两个小组颁发文明形象大使的称号！我想采访这位不给退换商品的同学，当时你为什么那么坚决地拒绝他？你是怎么想的？

师小结：通过这一次购物，我们懂得了很多购物知识以及维权知识，雯雯这个文明购物使者也非常开心，你们瞧，她还给咱们带来了购物小心得，想跟大家一起来分享呢！（展示课本35页的雯雯购物心得）师生合作读，请小老师示范读，全班再一起击掌读。

购物是门大学问，几个要点该记牢。

合格商品才能买，看清包装很重要。

商家要选信誉好，消费别忘留发票。

购物言行需文明，注意尊重和礼貌。

学会协商与投诉，维权意识不能少。

五、课堂小结，行为期待

请同学们结合平时购物的情况，也像雯雯一样，在小组中分享一下自己今天的学习心得。

今天我们和文明购物使者雯雯一起上了难忘的一课，知道了我们在购物的时候需要养成良好的购物习惯，以及如何做一个文明的消费者。这是我们的收获，更是我们的成长！让我们做生活的有心人，在以后的生活中，我相信会做得更棒，期待你们的表现！

（此教学课例由东莞市南城阳光第三小学道德与法治科组提供，在2021年东莞市小学道德与法治"品质课堂"教学能力大赛中获一等奖。设计执教：王妍）

第五章 "学导生成"的融合走心策略

"学导生成"认为"教育应从'心'开始,'走心'的教育一定会培养出身心健、素质高的人才",并基于"自主学习""主导赋能""自我生成"的原则,主张在小学实施"融合走心育人"教学,即实施"融合育心,内化生成"的教育理念。

"学导生成"主张"融合走心育人",倡导学校通过遵循学生品德形成发展的"德性内生"原理——"外塑—内化—内生—外化"和"他律—自律—自觉—自为"的特点规律,沿着立德树人的"植入—转化—生长—外化"过程,积极开展"走心德育"校本化体系与模式的整体建构。这意味着学校德育将找到从表层形式到深层引领的走心之道,学校德育的实施与效果将发生凸显"实"的转变,这种转变主要体现在"立德树人的根本任务落到'实'处而不是停留在形式和口头上",落实到具体的"走心式"班主任工作、"走心式"德育活动与课程教学、"走心式"德育管理与评价等"走心德育"实践之中,在这种转变中,学校德育立德树人的实效性将显著增强。学校德育"实"的转变也将带来学校整体育人氛围和文化的更新,并将从根本上推动学校整体的快速良性发展。(见表5-1)

表5-1 整体构建实施立德树人一体化的"融合走心育人"生态体系表

第一节　从"学导生成"到"素养生成"的融合走心策略

"德性内生"理论和"走心德育"理念与模式，是富有理论创新和实践指导双重意义的见解和主张。"走心德育"是"德性内生"理论的实践体现。近十年来，广东省一批中小学实验学校从德育形式、内容与方式方法创新的角度，积极探索了学校德育走进学生心灵和引导学生品德形成发展的有效途径。结果显示，学生品德的形成和发展得到了显著的促进，学校形成了"小故事大道理式叙事德育""小活动大感悟式心灵德育""小实践大体验式生活德育"等一系列体现品德内生与自我建构特征且富有特色的学校德育活动模式。但结合学校自身德育心育工作实际，国内开展"德心融合走心教育策略"研究和"走心德育"校本化整体性建构的实践研究还很少。

"学导生成"的理念强调学生的自主性和主动性，认为学生应该在教师的引导下自主地学习和生成素养。基于这一理念，我们可以提出一种基于"德性内生"原理的"融合走心育人"生成策略。这种策略旨在通过培养学生的内在德性，实现全面人格的发展。它不仅注重学科知识的传授，更关注学生的正确价值观、必备品格和关键能力的培养。通过"融合走心育人"的方式，我们可以激发学生的学习兴趣和主动性，使他们能够从内心深处理解和体验所学内容，形成自己的独特见解和价值观。

一、"德性内生"原理与融合走心策略

（一）"德性内生"原理解析

传统德育在对儿童品德发展规律的认识问题上，以皮亚杰的儿童品德发展的"他律—自律"理论为指导，把"自律"作为德育的最高目标追求，偏重道德的规范性和品德的自律功能，忽视道德的利他性和品德的自为功能。在对品德形成问题的认识上，把"外塑—内化"作为品德形成的全部过程，以品德"内化"作为中小学德育的终极目标。因此，传统德育强调德育过程中说理、灌输、行为习惯养成的作用，道德认知主体的自我价值没有得到充分的肯定和体现。

"德性内生"是儿童青少年品德形成与发展的两大基本规律，即"外塑—内化—内生—外化"的品德形成程式规律和"他律—自律—自觉—自为"的品德发展程式规律，

由此派生出德育的两大原理：其一，外塑意在内生，内生方能外化——德育引导"内生外化"原理；其二，他律达成自律，自觉才可自为——德育促进"自觉自为"原理。

"德性内生"原理不仅丰富和完善了少年儿童品德形成与发展的理论，更为重要的是，它在中小学德育的实践领域将中小学德育与心理健康教育加以有机整合，深入探索了品德形成的过程与品德发展的内在规律，分析了儿童青少年品德形成与发展过程中的各种影响源，尤其是道德认知主体自身道德自我建构的价值和作用，形成了"德育是在道德规范要求和教育者的有效指导下，道德认知主体进行积极整合互动的品德内在生成与自我建构的过程"的现代德育理念和中小学德育活动模式。

这一现代德育理念模式与"学导生成"的学生主动"学"、教师有效"导"、"素养自我生成"的育人主张不谋而合，基于"德性内生"原理的"融合走心育人"生成策略也就顺理成章地诞生了。

（二）融合走心理念内涵

基于"德性内生"原理的"融合走心育人"生成策略是一种教育方法，也是一种教育实践理念与模式，其核心理念是"融合育心，内化生成"，即将德育与心育融合，并融合于学校各方面工作之中，让学生心理素质与品德、核心素养的发展形成，经历走进学生、对话心灵和引领心灵成长深层内化、内生的过程。这种教育一般可以分为三个阶段。

外塑阶段：在"融合走心育人"策略中，外塑阶段侧重于外部规范要求和行为习惯训练。这包括学校的道德规范、教育方针或行为指南等，它们为学生的品德和素养发展提供了前提性、奠基性和积淀性的知识、价值和行为导向。

内化和内生阶段：在"德性内生"的理念下，教育影响需要在学生内部进行"同化"，使之成为学生德性的一部分。在"融合走心育人"策略中，这个阶段强调学生对外部影响的分析、整合、内化和自我生成。学生需要基于已有的道德知识、价值观念或行为习惯，将外部规范和教育影响转化为他们内在的道德品质与核心素养。

外化阶段：最终，内在形成的德性与素养会外化为行为习惯。在"融合走心育人"策略中，表现为学生通过内在的德性品质与核心素养来展现行为和态度。这一阶段的目标是通过内在形成的德性与核心素养来塑造学生的行为习惯，促使他们在实际生活中表现出良好的道德品质和综合素养。

因此，"融合走心育人"生成策略基于"德性内生"原理，强调从外部规范到内在生成的过程。它关注学生内在道德和素养的形成，通过"教"影响引导学生分析、接受并将外部规范内化为自身的德性与素养，最终反映在其行为习惯和品质上。

（三）"融合走心育人"体系

"融合走心育人"生成策略是基于"德性内生"原理总结和提出的德育与心育有机整合的实践理念与模式，即根据学生品德形成的原理，探索德育与心育有效融合并走进学生心灵，被学生接受、认同并能唤醒、激励、引导学生心灵自我成长的理念体系、实践模式与操作系统。

1. "融合走心育人"目标

"融合走心育人"的目标是追求"三全"走心育人心育价值，营建适合学生成长的"和谐身心、和谐班级、和谐校园""融合育人"环境，提高全体学生的心理素质和道德品质，促进学生和谐健康全面发展，培养身心健、素质高的新时代少年。

2. "融合走心育人"策略

其一，以品德心理问题预防和品德心理素质发展为目标取向，实施"融合育心"策略——队伍建设融合，文化管理融合，课程教学融合；其二，以学生和谐健康发展为导向，实施"三全"走心育人策略——"以心聚心"全员育人，"以心唤心"全方位育人，"以心育心"全过程育人。

3. "融合走心育人"机制

其一，将心育和德育与学校各方面工作进行有机整合、融合，构建"以心聚心"的心育队伍、"以心唤心"的心育环境、"以心育心"的课程教学心育机制；其二，把心育和德育原理、理念、技术具体融合并应用于学校各项工作的全过程中，实施"以心聚心"全员育人、"以心唤心"全方位育人、"以心育心"全过程育人的"三全"育心机制。

二、"三全""融合走心育人"生成策略

（一）实施德育心育与学校队伍建设融合的"以心聚心"全员育人策略

1. 建设"以心聚心"全员育人队伍

小学心理健康教育和德育内容的丰富性、延展性，以及小学生心理素质和品德发展与形成的特殊性，决定了学校必须逐步建立以学生健康成长需要为中心的全员育人工作体系，真正实现全员育人。我们所倡导的全员育人，包括两个方面，即实施教育主体最大化的全员和接受教育对象最大化的全员。

为增强全员育人工作的规范性、科学性与实效性，学校倡导着力加强心育德育与学校师资队伍建设的融合，实施"整合—和合—融合""以心聚心"的师资队伍建设策略，建设和谐身心、和谐班级、和谐校园的"融合育人"环境。这就是说，从学校师资队伍建设的内容与方法等各方面，该策略都融入了"德育与心育的科学原理，儿童心理和品德发展规律"等，把德育与心育的原理和技术有效地应用于学校师资队伍建设的全过程，让全体教师都经历"共生—内生—续生"的过程，使得参与"全员育人"的德育心育人员都获得"和谐身心"素质和"融合育心"能力的提升，凝聚开展"德心"工作的"全员育心"力量，确保全体师生都能获得"和谐身心"的有效德育心育，即"以心聚心"。

学校基于"全员育人"思想实施"以心聚心"师资建设策略，关注教师心理健康和师德素养提升，实现师生共同发展，这从根本上增强了"全员育人"的科学性和规范性，有利于营造"和谐身心"的育人环境，有利于激发学生积极主动地参与到育人过程中，实现知行统一，达到自我建构、自主生成、自觉发展的"自我教育"育人效果，这体现了"教学相长，助人自助"的全员育人思想，从而形成了"以心聚心"全员育人的良好心育工作局面。（见图 5-1）

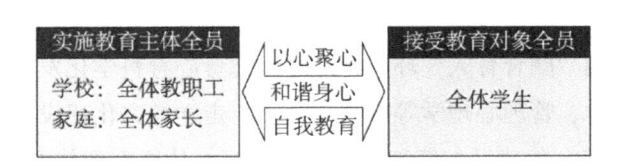

图 5-1　"以心聚心"全员育人实施简图

2. 提升"以心聚心"全员育人力量

（1）学校要遵循德育心育科学原理建设专业的专兼职德育心理教师队伍

要遵循道德认知发展理论、"德性内生"原理、情绪心理学、发展心理学、学习心理学、教育心理学等德育心育原理和内容体系，来提高教师的德育和心育专业素养，力求让每位专兼职德育和心育教师都能成为德育心育专业工作者。

（2）学校要遵循儿童品德和心理发展规律培育具有学科教学融合德育心育素养的师资队伍

要遵循儿童心理发展的特点和品德形成发展的基本规律，把握"从形象到抽象"的认知发展规律，"从自然群体到心理共同体"的班集体形成规律，"从被动到自觉"的行为发展规律、"从互动到群动"的群体动力和组织行为规律、"从外塑到内化"的品德形成规律、"从内生到外化"的品德自构规律、"从他律到自律"的品德发展规律等，将这些规律应用于学科教学融合德育心育师资培养过程和班级建设、学生成长，并倡导"每一个教师都是德育心育工作者"的理念，将德育心育融合于学科课程教学中，融合于班主任工作中，融合于班级常规管理中，融合于校园文体活动中，融合于社会实践活动中等，大力营造"人人都是德育心育责任人、处处都是德育心育责任点、时时都是德育心育全过程"的"泛在德育心育"氛围。

（3）学校要基于人际沟通与情绪管理智慧建设学生干部和家校合育队伍

人际关系的实质是人际沟通与情绪管理智慧，俗称情商，是德育心育不可或缺的内容。学生干部和家长是直接参与德育心育工作的重要辅助力量，学校要加强对他们的培养，把他们塑造成具有人际沟通与情绪管理智慧的两支辅助队伍。

（二）实施德育心育与学校文化管理融合的"以心唤心"全方位育人策略

1. 营建"以心唤心"全方位育人环境

为增强学校"文化育人"的科学性、有效性，我们倡导大力开展德育心育与学校文化管理融合的建设，实施"以心唤心"文化管理建设策略，建设和谐身心、和谐班级、和谐校园"融合育人"环境，即遵循德育心育科学化发展规律，融入德性融合、积极心理学、管理心理学等原理与技术，走学校文化建设与管理科学化发展之路，以期让学校文化建设与管理从理念到目标、从原理到技术、从内容到形式、从途径到方法，更贴近生活、贴近校园、贴近师生、贴近时代，这样的学校文化建设与管理才有鲜活的生命力和发展的勃勃生机，才能走进师生的心田，容易被师生接纳，得到师生的情感认同，带给师生成长与发展的正能量，唤醒、激励、引导师生心灵自我成长，即"以心唤心"。

"协同管理，合作共育"是现代学校管理所倡导和追求的最优化目标。学校可通过聚焦文化管理，自觉运用品德形成与发展规律、积极心理、心理期望效应等德育心育原理与技术，于学校文化建设与管理中，以学校文化建构为引领，以浸润为方式，不断探索、充实、优化学校文化内涵，大力践行"主动生成具有'办学核心理念'因子的学校文化"，个性推进办学核心理念的物象化、标识化、视觉化建设，建立具有"办学核心理念"因子的学校文化体系与特色发展体系，施行"层级管理"与"扁平化管理"相结合的"协同化管理",再搭建适应"协同化管理"的学校内部管理结构,有效开展"协同管理,合作共育"的现代学校管理制度建设的实践探索,全面营建"以心唤心"的全方位育人的环境。

2. 增强"以心唤心"全方位育人实效

学校可着力进行"美心"工程、"强心"工程、"暖心"工程等师生"融合育心"工程的建设,营造环境活动"美心"文化、德心课程"强心"文化、人文关怀"暖心"文化,增强"以心唤心"全方位育人实效。

(1) 应用积极体验德育心育原理与技术开展"美心"工程建设

"美心"工程就是学校通过精心、用心、尽心的设计建设,组织开展学生乐于接纳、参与的学习活动,营建环境活动"美心"文化,使学生经历"身心投入—情感互动—体验感悟—认知升华"的全过程,引导和促进学生心灵成长。学校可从环境文化浸润"美心"、实践活动锻炼"美心"、轻松活动体验"美心"等方面加以设计、实践建设。

(2) 应用德育心育科学原理和儿童品德心理发展规律开展"强心"工程建设

"强心"工程就是学校遵循品德心理教育科学原理和儿童心理品德发展规律,通过精心、科学地设计与建设高品质的德心课程体系,对学生实施增强品德知识和强大心理品质的品德与心理健康教育,营建德心课程"强心"文化,使学生经历"情感领悟—认知感悟—心品内化"的全过程,让学生成为自己的心灵主人。学校可从专设常规德心课程、十分钟德心短课、德心主题班会课、德育心理小剧场等,创新地建设高品质德心课程体系,以实现德心课程"强心"的目的。

(3) 应用积极情绪心理德育原理与技术开展"暖心"工程建设

"暖心"工程就是学校用心、耐心地设计、组织、经营开展的充满人文情怀,能被学生接受、认同的关怀激励类教育活动,营建人文关怀"暖心"文化,使学生经历"情景感受—情绪感动—情感感悟—明理导行"的全过程,唤醒、激励、引导学生心灵自我成长。如,学校可开展"三个一"活动。学校可倡导全体教师坚持每学期在自己所任教班级中开展"送一份小礼物,走一次心,谈一次话"的"三个一"活动,活动要求"送礼"环节要有情景、有仪式感,教师可精心准备一份小礼物送给学生,"走心"环节要有体验体悟、有真情实感,"谈话"环节要尊重学生隐私、要拉近心理距离,确保通过"三个一"活动能持续及时地了解学生心理健康状况和及时给予学生心理营养。学校可开展"一对一"关怀"暖心"活动。学校可建立具有人文关怀的心理危机隐患排查与处置机制，对排查出的需要给予重点关注的学生建立"一生一档"，并针对性地制订个性化的帮扶转化辅导方案，给予跟踪辅导，通过实地家访或约谈父母、学生，给予家庭教育指导意见，给予学生感情支持。学校可开展"课外访万家""暖心"活动。家访应成为学校常年坚持开展的一项常规工作，要做到"教师全覆盖、班级全覆盖、学生家庭全覆盖"。家访的主要目的与意义是形成家校合作共育合力，为学生营建良好的健康成长环境。家访的主要内容与任务是肯定学生的成绩、进步，激励学生主动发展、自主成长；了解家庭教育情况，共同探讨家教方式方法；倾听家长意见和建议，达成家校合作共育共识。检验家访成效的主要标准是学生是否希望、接受、认同教师再次家访；家访后学生是否有进步、有变化；家长是否希望、接受、认同教师再次家访。

（三）实施德育心育与学校课程教学融合的"以心育心"全过程育人策略

1. 建设"以心育心"全过程育人课程

为增强学校课程教学建设质量和课程教学育人质量，形成质量"双"保证，学校倡导全力开展德育心育与学校课程教学融合的建设，实施"融合—共生""以心育心"课程教学建设策略，建设和谐身心、和谐班级、和谐校园的"融合育人"环境。这就是说，学校倡导聚焦课程教学建设，从课程开发与建设的顶层设计开始，就要有意识地在原理、理念、模式、目标、内容、途径、方法等方面，让课程建设与心理教育有机融合，选择道德认知发展理论和"德性内生"理论、行为心理学理论和积极心理学理论，以及元认知心理干预技术和教育学相关理论作为学校课程开发与课程教学的指导性原则，实施从原理到理念、从理念到策略、从策略到技术、从技术到方法的心理教育科学向学校课程开发与教学实践的全面应用与转化，确保所开发建设的学校课程体系和实施的课程教学能关注到课程的育人价值，关注到学生的生命成长，具有教化人、启迪人、陶冶人的力量，让学生能够真正感受到课程所赋予的精神力量和教师给予的尊重、关怀、鼓舞和启迪，即"以心育心"。

2. 夯实"以心育心"全过程育人基础

该策略倡导学校要利用元认知智慧培养师生认知智力观，开展"基础＋"课程校本拓展行动；利用认知心理学指导教学设计，开展"三学—三导—三生素养""学导生成"课堂教学研究行动；利用心理学策略和德性内生理念营造和谐实效的教育氛围，开展"走心德育"校本化生态体系构建行动；利用积极心理学激发学生学习的动力源，开展学生综合素质积分制评价体系探究行动，夯实"以心育心"全过程育人基础。

三、"融合走心育人"生成策略实施要点

（一）要注重探索融合走心教育到素养生成的融合点

学生核心素养的养成，是一个长期的过程。实施融合走心教育，要注重从促进学生素养生成的内容、方法、途径、过程环节等方面，探索找准融合点，并加以有效实施，促进学生素养融合发展及外化内生。

按照走心德育"植入—转化—生长—外化"的过程，每一个德育"走心点"或"走心环节"（植入、转化、生长和外化），就是融合走心教育与素养生成的关键融合点。

植入：植入阶段是指将道德观念、价值观念和行为规范等德育内容引入学生的心中。在这个阶段，教师通过走心的教育、引导和榜样等方式，向学生灌输正确的道德观念和价值观念，使其初步了解并接受这些内容。

转化：转化阶段是指学生将所学的道德观念和价值观念转化为自己的内心信念和行为准则。在这个阶段，学生通过走心的体验、讨论和实践等方式，逐渐理解并接受所传授的德育内容，并将其内化为自己的行为准则。

生长：生长阶段是指学生在德育过程中不断深化和发展自己的道德品质和人格特质。在这个阶段，学生通过与他人交往、参与社会实践和解决问题等，不断提升自己的道德素养和社会责任感，形成积极向上的品质和良好的人格特质。

外化：外化阶段是指学生将内在的道德品质和人格特质转化为外在的行为表现和习惯。在这个阶段，学生通过日常行为、言行举止和社会交往等方式，将内在的道德素养和人格特质展现出来，成为他人学习的榜样和社会的有益成员。

总的来说，走心德育是一个渐进的过程，从最初的植入到最终的外化，学生需要经历不同的阶段来逐步形成正确的道德观念、价值观念和行为准则，并将其转化为自己的内心信念和行为习惯。

比如，实施走心德育与序列主题班会课程融合的课程就是个非常好的路径。通过编印《孝雅教育》校本读本，在每周的班会课上对学生进行孝雅教育，打造触及学生心灵、课堂氛围和谐、上课方式灵活、多种手段相结合的孝雅班会课堂，遵循学生品德形成发展的"外塑—内化—内生—外化"和"他律—自律—自觉—自为"

的规律，按照"植入—转化—生长—外化"的过程，从思想意识、行为转化、养成习惯等方面对学生进行循序渐进的"融合—生成""走心式"孝雅教育主题班会课程教学。同时，以年级为单位，组织班主任开展"走心式"孝雅教育微主题班会课的研讨课、比赛课、展示课，让班主任认识到班会课要从说理教化走向体验内生、从内容零散拼凑走向融合共生、从过程预设程序走向生成心路历程，以"叙事—共情""活动—体验""感悟—明理""体悟—成长"为基本途径、方式，以"让内心沸腾起来"成为心灵的动力内涵，设计具有针对性的微主题班会，解决学生普遍存在、特例出现或德育低效等问题。

（二）要注重寻找融合走心教育到素养生成的连接点

从融合走心教育实施，到学生素养的真正生成，其中的连接点是需要用心探索寻找的。只有学生的心灵被唤醒、被激励，才能实现自我成长，才能完成素养的生成。

所谓从融合走心教育到素养生成的连接点，就是有效实施融合走心教育促进学生素养生成的方式、机制等。如，叙事共情、活动体验、对话明理、心理图像、思维课程、破茧汇谈、镜己反思、真人图书、留白孵化、生成教学等方式或机制。

"叙事—共情"：这种方式主要通过讲述故事或经历来引发学生的情感共鸣和共情能力。教师可以选择一些具有情感冲突或感人的故事，让学生在听故事的过程中能够感同身受，理解他人的感受和处境。这种方式可以培养学生的同情心、关爱他人和理解他人的品质。

"活动—体验"：这种方式通过组织各种实践活动和体验活动来培养学生的品德素养。在活动中，学生可以亲身参与并体验到帮助他人、关心社会的重要性，从而培养出积极向上的品质和社会责任感。

"感悟—明理"：这种方式通过引导学生思考和反思，帮助他们从具体的经历中悟出道理和价值观。教师可以通过提出问题、讨论案例或分享个人经验等方式，引导学生深入思考自己的行为和选择是否符合道德规范，从而明确正确的价值观念和行为准则。

"体悟—成长"：这种方式强调通过亲身经历和实践来获得成长和发展。学生通过参与各种活动和面对各种挑战，逐渐形成自己的人生观、价值观和行为准则。在这个过程中，学生需要不断反思和调整自己的行为，从而实现自我认知和个人成长。

这些方式、机制中融合走心教育到素养生成的连接点，出现在学生的"叙事""活动""感悟""体悟"与其"共情""体验""明理""成长"之间，学生对前者全身心参与，后者包含的生命体悟和成长转化才会出现。

（三）要注重营造融合走心教育到素养生成的生长点

让德育走进心灵，引导心灵和促进心灵成长；让品格成为学生发展的导向性核心素养；让学生成为自己的心灵主人：这是走心德育的理想追求，也是"融合走心教育"到素养生成的生长点。

长期以来，中小学德育偏重他律与外塑，要求自为与外化，但常忽略自律与内生。外塑型德育强调利用道德灌输转变学生的思想，方式是在时间和空间上最大限度地占据学生的思想和转变学生的行为，以塑造其灵魂。外塑型德育把部分当全部，把要求当结果，效果偏低。因此，只有在思想上正确认识和遵循少年儿童品德形成与发展的基本规律和基本原理，才能在实践中科学有效地促进少年儿童思想品德的顺利形成和健康发展。

遵从生命的成长规律，让儿童自觉主动形成各自素养，正是"学导生成论"的核心原则，也是激发、引导和帮助学生形成以自觉、自为和利他品德为核心价值导向的道德情感需要和道德思维与行为方式，如此才能真正促进学生道德自觉及其行为品格的形成和发展，促进学生综合素养的健康生成。

当学生经历了品德形成发展"植入—转化—生长—外化"的过程，获得了"叙事—共情""活动—体验""感悟—明理""体悟—成长"等融合走心之道后，学生素养生成的生长点就在于引导其"内生外化"和促进其"自觉自为"。

案例 5-1

阳光三小十五分钟德育走心剧场
——小话剧，大德育

第一卷 理想信念 /001
　　一起努力，永不放弃 /004
　　拒绝抄作业，学习靠自己 /011
　　诚信应考 /017

第二卷 社会责任 /023
　　珍惜粮食 从我做起 /026
　　节约用水 /031
　　多一份自觉 多一份清洁 /038

第三卷 行为习惯 /047
　　做一个文明的小读者 /050
　　文明看剧 /055
　　排队我礼让，安全有保障 /059

第四卷 健康生活 /067
　　爱护眼睛 /070
　　劳逸结合，学得更好 /076
　　电池引发的思考 /085

第五卷 身心素质 /095
　　学会道歉和宽容 /098
　　尊师乐学 /106
　　充满爱的一餐 /111

学会道歉和宽容

一、剧情介绍

当今社会，由于父母的娇惯，个别孩子自以为是，不尊重别人，常常与同学产生矛盾而不知如何化解。本剧讲述的是一个自私自利、唯我独尊的孩子在老师的精心引导下，改掉了缺点，学会了道歉，懂得了如何与同学友好地相处。

二、剧本

第一场（地点：教室内）

开　场：（下课铃声响起，同学们有秩序地走出教室，何蕊在整理书本，花宇泽正要出去玩耍。）

花宇泽：终于下课了，走啦，去玩喽。（一边拿球，一边急匆匆地往外走，不小心把何蕊的书本和文具弄掉了）

何　蕊：站住，你给我捡起来，真讨厌。

花宇泽：说谁讨厌呢，我又不是故意的，你自己捡吧！（说完直接拿球走了）

何　蕊：（狠狠地瞪了花宇泽一眼，一边捡书一边说）全班我最讨厌你了，我再也不理你了。

第二场 （地点：操场）

花宇泽：女生就是娇气，为了那么点儿鸡毛蒜皮的小事还要生气，多没劲啊！你问我是谁？提起我，在全班可是相当有名了，我——人送外号"淘气大王"，班里同学成天向老师反映，不是说我不写作业啦，就是不值日啦，你说他们烦不烦。尤其我的同桌，成天嚷嚷要换座，成天不理我，我还不理他呢，踢球去喽！哎呀，踢着人了，赶快跑。

郑博亦：（在操场跳绳）哎哟，疼死我了，是谁踢的，没长眼睛吗？

花宇泽：说谁呢？你才没长眼睛呢！不就踢了你一下，有什么大不了的。

（两人争执起来，此时上课铃声响起）

第三场 （地点：教室）

（上课铃响，同学们回到教室内，迅速坐好，老师进来）

冯洁：上课。

何蕊：起立！

学生们：老师，您好！

冯洁：同学们好。请坐。

学生们：谢谢老师。

冯洁：同学们，上节课我们学习了武松打虎，这节课我们进行角色扮演，请同学们先分组进行练习。

花宇泽：来来来，我要扮演武松，谁来跟我一组？

何蕊：你刚刚才把我的书碰到地上，既没捡，又没道歉，我才不想和你一组。

花宇泽：真是的，有必要那么小气吗？

何蕊：哼！

花宇泽：哼！本少爷还不稀罕呢。郑博亦，我们组队怎么样？

郑博亦：你刚刚踢疼了我，还没有跟我道歉呢。

花宇泽：不就是被球踢了一下吗，有那么严重吗？不行的话就去医院，我家有的是钱，需要多少吱一声就行。

郑博亦：有钱了不起吗？

旁白：（同学们都不愿意搭理花宇泽，没有人愿意跟他一组。大家很快就已经分好组了，只剩下他一个人闷闷不乐。）

冯洁：这节课我们先上到这里，下课。

学生们：谢谢老师！老师您辛苦了！

冯洁：同学们，下个月学校将要举行运动会，有个项目是两人三足，同学们可以提前组队练习一下。

花宇泽：两人三足，这项运动我喜欢。姚静萱，本少爷勉为其难，和你组队吧。

姚静萱：怎敢让花少爷屈尊降贵？我高攀不起，你还是另请高明吧。（转过头，背对花宇泽小声说："上课总是说话，又欺负别人，谁想跟你玩呢？"）

花宇泽：哎呀！本少爷还不稀罕呢！

（四个同学在下棋，花宇泽也想参与）

花宇泽：哇！下棋，这个好玩儿，我也来。

四个同学：不好意思，我们人够了。

旁白：（渐渐地，同学们都疏远了花宇泽，没有人愿意跟他玩，他孤零零一个，感到很伤心。）

冯洁：花宇泽，你怎么一个人坐在这里啊？

花宇泽：大家都不愿意和我玩。

冯洁：你知道是什么原因吗？

花宇泽：摇头。

冯洁：你平时跟同学闹矛盾吗？

花宇泽：都是一些小事而已。

冯洁：那你就说说都是些什么小事。

花宇泽：有一次我不小心把何葱的文具碰到了地上，有一次踢球不小心踢到郑博亦，还有上课忍不住说了两句话让我们组扣分。

冯洁：你觉得这些都是小事吗？你事后跟同学们道歉了吗？

花宇泽：他们既没流血，又没受伤，那还不是小事吗？

（老师把花宇泽的东西推到地上）

花宇泽：老师你干吗？

冯洁：你生什么气？就一点儿小事而已。（接着老师又装作不小心撞到了花宇泽）

花宇泽：老师，你撞到我啦！

冯洁：你既没流血，又没受伤，有啥好生气的？

花宇泽：你要跟我道歉。

冯洁：那你撞到别人的时候道歉了吗？

花宇泽：没……没有。

冯洁：花宇泽，现在你知道同学们为什么都不跟你玩了吗？

花宇泽：嗯。

冯洁：那你知道以后该怎么做了吗？

花宇泽：我要跟大家道歉，要尊重别人，要跟同学们友好相处。

冯洁：去吧，孩子。

花宇泽：何蕊，上次是我不好，没有及时帮你把文具捡起来，对不起，请你原谅我。

何蕊：我接受你的道歉，以后走路小心一点儿就好。

花宇泽：郑博亦，上次踢到了你，真是不好意思，请接受我的道歉。

郑博亦：没关系，下次注意就好。

花宇泽：姚静萱，我老是害我们组扣分，以后我会改正的，希望你能原谅我。

姚静萱：你知错能改，我很开心。

花宇泽：同学们，我刚买了一副飞行棋，我们一起玩吧。

同学们：好的，好的。

旁白：有一种勇敢叫作道歉，有一种美德叫作宽恕，人都会犯错，但不能一错再错。如果犯错了，我们就需要勇敢承认，并且改正错误。怀着感恩的心去宽恕别人，原谅别人，相信我们一定会从中得到快乐，让我们在和谐与快乐中一道成长。

（该剧选自东莞市南城阳光第三小学德育处编著的《十五分钟德育走心剧场——小话剧，大德育》）

第二节　从"德心融合"到"立德树人"的全面育人策略

教育的核心任务是立德树人，培养德性高尚的人才。然而，实现德性教育的有效实施一直是一个困扰教育界的难题。传统的教育模式往往注重知识的灌输和技能的培养，而忽视了学生内在德性的培养。"学导生成"的德心融合走心教育策略为我们提供了一种可能的解决方案。

从"德心融合"到"立德树人"的全面育人策略是指在教育过程中，将德育和心育有机地结合起来，以培养学生全面发展的素质为目标。构建德育心育"融合走心"的目标内容体系是实施"学导生成"德心融合走心教育策略的一项系统而又重要的任务，也是学校教育发展的重要方向。通过将德育和心育目标有机结合，我们能够培养学生全面发展的能力，使他们在道德品质、心理健康和社会责任感等方面得到全面提升。这样的目标内容体系将为学生的综合素质发展和幸福成长提供坚实的基础。

一、德育与心育的融合解析

（一）德育与心育的内涵关系

德育，即道德教育，也就是培养学生品德的教育。德育过程实际上也是德育对象自身在道德等方面不断自主建构的过程。简言之，德育即立德树人。立德树人是学校教育的根本任务，也是"检验学校一切工作的根本标准"。立德，就是要培养人的道德品质，包括个人品德、家庭美德、职业道德、社会公德，就是要传承和弘扬中华民族传统美德。立德，就是要培养人的思想政治素质，包括爱党、爱国、爱人民、爱社会主义，引导青少年学生把个人理想与实现中华民族伟大复兴的中国梦紧密结合起来，敢于有梦、勇于追梦、勤于圆梦，自觉学习和践行社会主义核心价值观。学校德育的主旨就是培育学生的思想品德，立德树人。引导学生品德的形成与发展，是落实立德树人的根本任务，是中小学德育的核心任务，也是提升中小学德育实效的目标指向和具体体现。

心育，即心理健康教育，是指通过培养学生的心理素质和心理能力，促进其心理健康发展的教育活动。它旨在帮助学生认识和理解自己的情感、思维和行为，提高情绪管理能力，增强应对压力和解决问题的能力，培养积极的心态和良好的人际关系，从而提升个体的生活质量和幸福感。心育的目标是培养学生的自我意识、自我认知和自我调节能力，使其能够更好地适应社会环境的变化，处理各种挑战和困难。它注重培养学生的情绪智力、人际交往能力和解决问题的能力，以提升学生的心理韧性和抗压能力。心育可以通过多种形式进行，包括课堂教学、心理咨询、心理辅导、心理训练等。在学校教学中，心育通常被纳入课程体系，如开设心理健康教育课程来培养学生的心理健康意识和技能。此外，学校还可以组织各种活动，如心理健康讲座、心理测评、心理辅导等，为学生提供全方位的心理健康支持和服务。总之，心育是一种关注个体心理健康的教育活动，旨在帮助个体提高心理素质和心理能力，促进其全面发展。

德育和心育之间存在着密切的关系。

首先，德育和心育都是关注学生全面发展的教育内容。德育强调培养学生的道德品质、价值观念和社会责任感，使其成为有道德修养的人；而心育则注重培养学生的心理素质和心理能力，促进其心理健康发展。两者共同致力于培养全面发展的人才。

其次，德育和心育相互影响、相互促进。德育通过培养学生的道德意识和道德行为，提升其心理素质和心理能力。例如，一个具有良好道德品质的人更容易保持积极的心态，处理困难和压力，从而更好地适应社会环境。同样，心育通过培养学生的情绪智力、人际交往能力和解决问题的能力，促进学生道德发展和价值观的形成。良好的心理状态有助于个体更好地理解和践行道德规范。

最后，德育和心育在教育实践中常常是相辅相成的。在学校教学中，德育通常通过开设思想品德课程、组织社会实践活动等方式进行；而心育则可以通过心理健康教育课程、心理咨询和辅导等形式进行。两者相互补充，共同为学生的全面发展提供支持和指导。

可见，德育和心育是密切相关的教育领域概念，它们共同关注学生的全面发展，相互影响、相互促进。在教育实践中，德育和心育应该有机结合，共同为学生的成长和发展提供支持和指导。

（二）德育与心育的融合意义

德育与心育融合的意义主要体现在以下几个方面。

1. 促进学生全面发展。
2. 培养学生积极的心态和良好的人际关系。
3. 增强学生的心理韧性和抗压能力。
4. 培养学生的自我认知和自我管理能力。

综上所述，德育与心育的融合对于学生的全面发展具有重要意义。它不仅可以促进学生在道德、智力、情感等方面的全面发展，还可以培养学生积极的心态、良好的人际关系、心理韧性和自我管理能力。因此，在教育实践中应该重视德育与心育的融合，为学生提供全面的教育支持和指导。

二、德育心育融合走心的目标内容体系

（一）德育目标

1. 培养学生正确的价值观和道德观，使其具备良好的品德和社会责任感。

2. 培养学生的道德意识和道德行为，使其能够主动遵守道德规范和行为准则。

3. 培养学生的公民意识和社会责任感，使其能够积极参与社会公益活动并为社会做出贡献。

（二）心育目标

1. 帮助学生认识和理解自己的情绪、思维和行为，提高情绪管理能力和解决问题的能力。

2. 培养学生的情绪智力、人际交往能力和解决问题的能力，使其能够建立积极的心态和良好的人际关系。

3. 增强学生的心理韧性和抗压能力，使其能够应对挑战和困难，保持心理健康。

（三）融合走心的目标内容体系

1. 培养学生的自我认知和自我管理能力。

2. 培养学生保持积极心态、建立良好人际关系的能力，让学生能够有效地与他人沟通和合作。

3. 培养学生的社会责任感和公民意识，使其能够积极参与社会公益活动并为社会做出贡献。

4. 培养学生的创造力和创新能力，使其能够为社会发展做出贡献。

由此可知，德育心育"融合走心"的目标内容体系旨在培养学生全面发展的素质，包括道德品质、心理素质、自我认知和自我管理能力以及保持积极心态和维护良好人际关系的能力。这样的目标内容体系能够帮助学生在面对各种挑战和困难时保持积极的心态，建立良好的人际关系，并具备为社会做出贡献的能力和意愿。

三、整体构建实施立德树人一体化的"德心融合走心育人"生态体系

从以下几方面整体构建实施立德树人一体化的"德心融合走心育人"生态体系。

（一）建立实施校本化"德心融合走心育人"的目标内容体系

根据国家《义务教育质量评价指标——学生发展质量评价》中的"品德发展"指标，结合学校"开才教育""558"学生综合素质校本表达，以学生品德形成发展为重点目标建立实施校本化走心德育的目标内容体系。如，从学生综合素质发展校本评价

指标体系和"开才教育"理念下的校本化走心德育目标内容体系两方面开展校本化"德心融合走心育人"目标内容体系研究，以东莞市南城阳光第三小学（以下简称"阳光三小"）为例，其评价指标和内容体系如表 5-2、表 5-3 所示。

表 5-2 阳光三小学生综合素质发展校本评价指标体系

校本表达的五大素质培养（558）			学生综合素质发展校本评价指标			
五会	五有	八特别	十个类别	十二个关键指标	二十七个考察要点	六十九项观察点
会做人（德）	有一颗孝雅之心	特别懂孝雅	孝雅品行 行为规范	理想信念·社会责任 行为习惯	5个 3个	20项	按6个年级分12个学期分别拟定达标要件和考评细目量化标准
会学习（智）	有至少一门优秀学科	特别爱读书 特别勤思考 特别有视野 特别好探究	学习习惯 文化素养	学习习惯·创新精神 学业水平	4个 2个	21项
会锻炼（体）	有至少一项体育爱好	特别讲团结	运动素养 人格心理	健康生活 身心素质	4个 1个	10项
会审美（美）	有至少一种艺术特长	特别有情趣	艺术素养 高雅情趣	美育实践 感受表达	3个 1个	5项
会劳动（劳）	有至少一项劳动技能	特别能做事	实践活动 多元智能	劳动习惯 社会体验	2个 2个	13项

表 5-3 阳光三小"德心融合走心育人"目标内容体系

德育目标校本表达	重点目标	主要目标	关键指标	指标考查要点内容	观察点	观察场景细则关联词
德 会做人 有一颗孝雅之心 特别懂孝雅	品德形成发展	A1 小雅品行	B1 理想信念	1.了解党史国情，珍视国家荣誉，铸牢中华民族共同体意识，爱党爱国爱人民爱社会主义立志听党话、跟党走，从小树立为实现中华民族伟大复兴的中国梦而努力奋斗的志向。 2.会唱国歌，积极参加升国旗仪式；积极参加重要节日、纪念日主题教育活动，积极参加少先队、共青团活动。 3.热爱并努力学习中华优秀传统文化、革命文化和社会主义先进文化，传承红色基因，增强"四个自信"；积极向英雄模范和先进典型人物学习。	1.爱国爱校	升国旗；戴红领巾；核心价值观；四个自信；主题教育；班队活动
					2.勤奋好学	课外练习；课外阅读；传统文化
					3.守正向上	守正向上；学习楷模
			B2 社会责任	4.养成规则意识，遵守校规校纪，遵守法律法规、社会公德和公共秩序。 5.爱护公共财物，保护公共环境，热爱大自然；节粮节水节电、低碳环保生活；积极参加集体活动，主动为班级、学校、同学及他人服务。	4.安全守纪	队我队列；课间纪律
					5.守时守约	守时守约；课堂作业
					6.尊重宽容	尊重宽容；和睦相处
					7.讲究公德	遵规守纪；社会公德；公共秩序
					8.爱护公物	爱护公物
					9.绿色环保	爱护环境；节约资源
					10.感恩担责	担当尽责；服务集体；知恩感恩
		A2 言行规范	B3 行为习惯	6.注重仪表、举止文明，诚实守信，知错就改，朴素节俭，不194互攀比。 7.孝敬父母，尊重师长、同学和他人，礼貌待人，与人和谐相处。 8.自己事情自己做，他人事情帮忙做。	11.仪表文雅	校服着装；举止文明；仪表干净
					12.文明有序	文明有序；集会观摩；上下楼梯；追逐打闹
					13.诚实守信	诚实守信；知错能改
					14.知耻自省	知耻自省
					15.朴素节俭	勤俭节约；虚荣攀比；铺张浪费
					16.尊长有爱	尊重师长；友爱他人
					17.礼貌待人	待人有礼；入室报告；礼貌用语
					18.自理自立	自己做；帮他做；整理收纳
					19.卫生整洁	整洁有序；个人卫生；公共卫生
					20.团结互助	讲团结；乐助人

（二）建立实施校本化"德心融合走心育人"的途径方法体系

基于"德性内生"原理，应用"走心德育"理念与模式，结合学校"开才教育""立品"育人体系，从班主任工作和德育课程两大领域建立实施校本化"德心融合走心育人"的途径方法体系。如从班队集体建设、班级文化建设、家校关系建设等方面开展"走心式"班主任工作研究；从"融合—浸润""走心式"少先队活动课程教学、"融合—内化""走心式"心育课程教学、"融合—共生""走心式""基础+"课程研发教学、"融合—生成""走心式"孝雅教育主题班会课程教学、"融合—成长""走心式"生命安全教育课程教学等方面开展"走心式""立品""基础+"课程教学研究；等等。

（三）建立实施校本化"德心融合走心育人"的管理评价体系

基于"德性内生"原理，应用"走心德育"理念与模式，结合学校"开才教育""开才"评价体系，从班队集体和学生个人品德素质发展等方面建立实施校本化"德心融合走心育人"的管理评价体系。如开展"走心式"班队管理与评价研究；从"孝雅之心""立德"表现管理与评价、"四级"博才少年管理与评价两方面开展"走心式""立德"表现"博才少年"管理与评价研究；等等。

（四）建立实施校本化"德心融合走心育人"的整体运作机制（见图5-2）

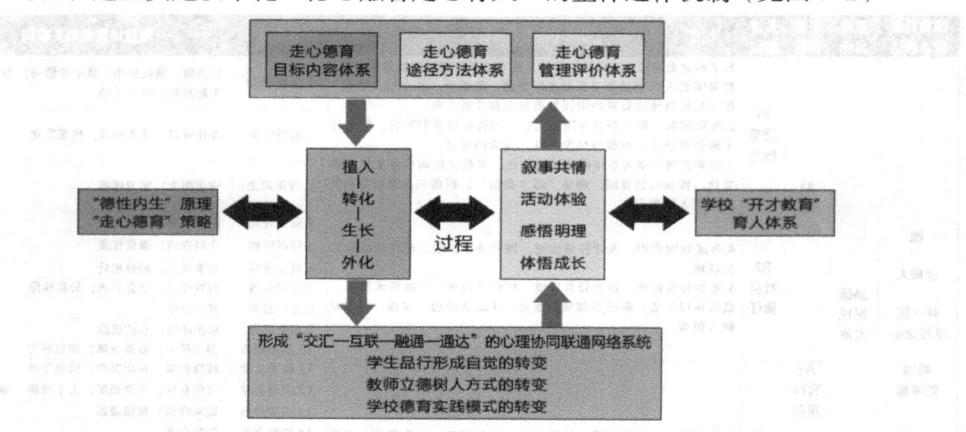

图 5-2 阳光三小"德心融合走心育人"整体运作机制

"德心融合走心育人"整体运作机制的基本思路可以表达为依据、应用"德性内生"原理和"走心德育"理念与策略，整合学校"开才教育"育人体系，从德育目标内容、途径方法、管理评价等方面入手，沿着立德树人的"植入—转化—生长—外化"的过程，整体建构实施立德树人一体化的走心德育生态体系，构筑小学生品德形成发展的"交汇—互联—融通—通达"的心理协同联通网络系统，保障立德树人根本任务能够落实到位。其核心就是遵循学生品德形成发展的"外塑—内化—内生—外化"和"他律—

自律—自觉—自为"规律,针对整体建构的走心德育校本化体系的各领域,按照走心德育"植入—转化—生长—外化"的过程,在每一个德育"走心点"或"走心环节"(植入、转化、生长和外化),采用合适的"走心德育"方式("叙事—共情""活动—体验""感悟—明理""体悟—成长"等),开展实施立德树人的校本化走心德育。

案例 5-2

"德心融合走心育人"德育案例之美德故事润童心

什么是教育?教育过程首先是学生精神成长的过程,然后才是科学获得知识的过程。教育是一个德育概念,从德育的意义上,精神成长才是真正的成长。我校围绕立德树人这一根本任务,探寻"走心德育"的实践意义。

走心德育,即教师和学生一道探究生命和心灵的本质,升华对爱的感悟和理解,心心相印,共同追寻,拉近德育与生活的距离。我们主张,让学校德育走进学生的心灵,引导学生品德的形成与发展,做到"德"与"心"相容,让品德在"心灵激荡"中引发学生的情感共鸣,在"心灵交融"中感悟道德力量。

与普通的课堂教学课程不同,德育教育更有效的方式可能是讲故事和体验活动。为什么这么说?在德育活动中,空洞的说教是无益的,德育不是学生在课堂背诵出来的,更不是教师在课堂灌输出来的。"走心德育"所要做的就是实现知识的情境化、生活化,避免直白的说教,用一个个鲜活的事例打开学生的心灵世界,让学生自主感受,唤起学生的心灵感受,不露痕迹地激发学生的内应力,让德育教育以润物细无声的方式深入学生的心灵世界,净化学生的思想,在潜移默化中规范学生的道德行为,完善学生的精神人格,提高学生的道德素养。

为此,我们根据"走心德育"内涵,结合学校研究课题"'走心德育'的校本化实践研究",与德育处共同设计了"美德故事润童心——讲好美德故事""美德少年树榜样——收录美德行为""美德活动立品行——开展美德活动"系列主题教育活动。本文以第一板块"美德故事润童心"为例,具体介绍我们的实施步骤及做法,既是回望总结,也是探讨研究,以期德育工作能做得更加科学、更有实效。

一、采集美德故事

确立了以"讲好美德故事"为德育工作的突破口,以学校红领巾广播站为主要平台后，召集"学生发展中心"的6位"德育小组长"，做好故事采集工作。在中华上下五千年的灿烂文化中，闪烁在历史长河中的品德高尚的名人、伟人浩如烟海，他们的美德故事足以成为我们的教育资源。从书籍、网络中搜集这些美德故事，是我们工作的第一步。我们希望通过这一个个故事，让德育在学生的成长过程中积极地发挥价值引领作用，促进学生优秀品德修养、良好道德观念和行为习惯的形成，从而培养学生的道德习惯和美善行为。在学生品格的形成中，哪些是最为重要的呢？通过讨论，我们确定了六个主题：爱国尽忠、正直诚信、勤学机智、自立自强、仁爱宽容、孝雅博爱，其中最后一个主题为我校特色，特纳入其中。

六个主题对应六位负责老师，合理分工好后，我们便开始了故事采集工作。对于故事的要求是：

（一）通俗易懂

因美德故事要面向一至六年级全体学生广播，所以语言应尽量避免晦涩深奥，而是在简洁明了的同时兼具儿童的情趣，能被全体学生理解并吸收。

（二）短小精悍

因广播时间为五分钟，篇幅不宜过长，每篇故事的文字总数控制在1000字以内。

（三）耳熟能详

我们尽量选取学生比较熟悉的经典故事，以此激发学生的共鸣。如对岳飞、司马迁、林则徐等名人故事，部分学生已经在阅读中有所了解，所以这些故事更容易调动他们已有的知识储备，也能增加他们谈论故事的兴趣和成就感。

在采集了将近80多篇美德故事后，我们根据故事的质量进行了严格筛选，以保证故事广播输出的品质。

二、广播美德故事

万事俱备，只欠东风。做好了前期的准备工作，接下来就是要"讲好美德故事"。以学校少先队"红领巾广播站"为主阵地，各班教室为活动空间，由广播站于每天中午2:00—2:05向全校广播一个美德故事，各班级学生在班主任的组织下安静聆听。为此，我们开展了"广播站招新"工作，通过公平公正地选拔，从全体少先队员中聘任了十二位广播员，并设立站长和副站长一职，充分调动学生的积极性，培养其责任意识。广播员分为A、B两组，轮流各负责一周的广播工作。在熟读故事之后，广播员需向广播站辅导老师展示练习成果，过关后才能走上"工作岗位"。

在午后的静谧时光，学生陆续来到了学校。当校园的广播里缓缓流淌出一段轻柔的音乐，广播员的工作便正式开始了。"美德故事润童心。亲爱的同学们，我是红领巾广播员XXX，今天我为大家讲的故事是……"广播员用悦耳动听的声音，把故事娓娓道来。

三、谈论美德故事

全校广播播出时，各班学生在班主任的组织下，安静聆听。故事讲完后，班主任与学生就故事的内容进行简短的谈论，话题可以是故事的情节、主人公的精神品质以及其他感兴趣的内容等。比如，教师可以启发式提问："你赞成故事主人公的做法吗？""如果是你，你会怎样做？""生活中，你接触过这样的人吗？"师生平等的对话，紧密联系学生生活实际，打开学生的心灵世界，构建学生的道德认知，让德育开花落地。谈论故事的过程，不是教师强行灌输的过程，而是"师生交心"的过程。教师的平等相待，让学生敞开心扉，触及学生的心灵深处，让德育有情有趣，走心更入心。

四、表演美德故事

如果我们的活动仅停留在"讲故事、听故事"这一层面，那么学生所学到的美德知识依然是孤立的、静态的知识，这些知识就无法真正融入学生的心灵世界，难以构成学生的"活跃知识"。这也就意味着我们所倡导的美德难以内化为学生自身的品德养成。如此情况之下的德育就是脆弱的，也是生硬的，难以形成很好的效果。要使品德在心灵深处得以升华，把德育内化于学生的心灵、外化于学生的行为，我们可以通过丰富多彩的活动来使德育效果层层深入。

"德育小剧场"是我校升旗课程中的一部分。学生可以从听到的"美德故事"中选择一个进行表演，也可以选择与月主题教育有关的内容进行创编。这既是一个展现才华的平台，也是班集体活动的汇报展示，同时也是"美德故事润童心"的外化呈现，人人参与的形式对于凝聚班级力量也起到了良好的推进作用。

学生在活动中以真实的生活经验为基础，从自己的理解层次、感悟实践出发，将"故事"情境化，以更加生动活泼的方式呈现，以此实现心灵与品德的自我升华。

"美德故事润童心"，我们循着"走心德育"的路径，让学校德育回归生活世界，加强与学生的心灵对话，从生活世界中寻找走心德育实践的动力，真正激发学生的道德"内应力"，提高德育的实效性。

（该案例由东莞市南城阳光第三小学德育处提供，项目负责人：谢英）

第三节　从"家校融合"到"协同共育"的走心育人策略

"家校融合"和"协同共育"是当前教育领域的重要议题，其强调家庭和学校之间的紧密合作，共同育人。"学导生成"的学本思维也强调"学校助人自助，培养核心素养生成力""家庭同步'导'，助力全面和谐发展力"。"学导生成"的融合走心育人策略将使学生在家庭和学校的共同关怀下全面发展。

从"家校融合"到"协同共育"的走心育人策略是一种全面育人的方式，通过家庭和学校的紧密合作，共同培养学生的情感、认知和行为能力。这种策略需要建立良好的家校沟通机制，加强家庭教育的指导和支持，促进学校与社区的合作，注重学生的心理健康教育，培养学生的社会责任感和公民意识，关注学生的个体差异和特长发展以及建立家校合作的评估机制等措施，只有这样才可以实现家庭和学校的紧密合作，共同育人，为学生的全面发展提供更好的保障和支持。

需要指出的是，走心育人策略的实施需要家庭、学校和社会各方面的共同努力和支持。家庭应该积极参与学校的教育活动，关心学生的学习和成长；学校应该提供优质的教育资源和服务，关注学生的全面发展；社会应该为学生提供更多的学习机会和资源支持，为他们的成长创造良好的环境。只有家庭、学校和社会共同努力，才能实现从"家校融合"到"协同共育"的走心育人策略的目标。

学校可以从内部"协同化管理"建设促"协同共育"和家校"学习共同体"建设促"协同共育"两方面加以强化建设，为实施"家校融合"到"协同共育"的走心育人策略营建良好的环境保障和支持。

从"家校融合"到"协同共育"的走心育人策略要做到以下两点。

一、彰显"协同化管理"的魅力

学校为"营造科学有序、体现人文关怀、激发创新活力的文化氛围，营建主人翁管理团队"，要引领施行"层级管理"与"扁平化管理"相结合的"协同化管理"，再建适应协同化管理的学校内部管理结构（建立"教师发展中心、学生发展中心、课程教学中心、质量监控中心、资源服务中心、政策支持中心"等协同化管理"六中心"，每个中心由若干骨干教师组成中心组成员，广泛吸纳教师参与到学校管理之中），成立"校务工作委员会"（简称"校委会"，成员包括学校党支部、行政、年级组长、教科研组长及六中心组的骨干教师等，各自负责学校各方面的校务工作，保障民主管理、民主监督的落实，维护教职工的合法权益），建立和完善管理团队协同管理的平台机制，着力培养和提升管理团队（包括校级管理人员、中层管理人员和基层教师团队负责人）的领导力和合作力。学校要引领每一位管理者树立"引领＋服务"的管理理念，构建"学习＋激励"的引领机制，关注"学生＋教师"的质量提升；每一位管理者要树立既是管理者又是被管理者的理念，在具体管理中要重"理"轻"管"，要主动发现、利用和凝聚其他管理者和师生的智慧，共同治理学校，将"通过群体交往合作实现自主成长"的"协同共生"管理、发展方式体现在各领域工作的促进过程之中，使学校实现新的发展。

二、扩大"家校合作共育"的张力

（一）学校要健全民主管理机制，完善学校治理结构，将学校建成一个"学习共同体"。学校是教师相互学习、共同提升的场所，是学生相互学习、共同成长的场所，是家长和市民参与教育实践，相互学习、共同进步的场所。

（二）学校以建立健全家长委员会制度为着力切入点，围绕关键词"合作"与"尊重"，在家长、教师、学生中开展学习共同体建设：在学校、师生、家长中构筑"三共"（共学、共享、共进）的同事、同学、家校关系（互学互助）；在教室、办公室中构筑"三安"（安定、安宁、安全）的共学磁场（相互倾听和对话）；在家校、社会交流中构筑"三互"（互尊、互通、互促）的共建关系（组织开展家长和市民参与教学、协助教师共同培育学生的"参与学习实践"）。具体的共同体建设情况如下：

①建设互尊互促的同盟共同体：成立三级家长委员会（班级、年级、校级），开办"父母学堂"，建立"阳光博爱"家长志愿站（队、组），加盟"全国跨地区'友好学校'发展联盟""'岭南大阅读'学校联盟"等；邀请家长、市民直接参与学校活动，向社区开放学校，参与联盟学校活动；等等。同盟共同体的建立能让参与者在"相遇"与"对话"中学习，探索出一条促进学校内涵发展的路。

②开展共建"阳光博爱班队"共同体：建立家长、教师、学生在教室相互学习关系和民主实践的安定（心情安定——专注）、安宁（秩序正常——倾听）、安全（氛围和谐——对话）倾听与应对关系磁场。

③建设家长教师队伍共同体：改变原来的家长观课方式，采用家长和教师组成的"参与学习"共同体协作参与教学实践的方式。学校开设"心品体验训练课"请家长做助教、开设"班级社团课程"和"安全与生命教育课程"由家长授课。家长的参与使课堂变得富有弹性，扩展了学习活动的范围，家长助教、家长教师都会去援助其他孩子的学习。这种"家校合作共育"状态促使家长头脑中对于教育的公共意识的觉醒，也形成了支撑每一个学生学习健康成长的家长与家长、教师与家长间的纽带。

学校在东莞市教育局 2017 年 12 月 26 日举行的"东莞市中小学校家庭教育及心理健康教育工作推进会"上做了关于家委会建设经验的分享；学校"基于'家校合作共育'的家委会建设指导"实践研究成果《主动"三导" 突出"三重" 彰显"三真"》荣获 2019 年东莞市"协同育人"优秀德育成果奖，同时荣获 2019 年广东省中小学德育研究会优秀德育成果一等奖。

案例 5-3

主动"三导"　突出"三重"　彰显"三真"
——基于"家校合作共育"的家委会建设指导实践研究

东莞市南城阳光第三小学在省、市家庭教育指导机构的专家指导下，就"基于'家校合作共育'的家委会建设指导"积极开展了实践性探索研究工作，积累了一些经验和体会。

一、指导思路与目标

（一）明确了思路

学校开展基于"家校合作共育"的家委会建设指导的基本思路可以表达为，把"家校合作共育"作为学校开展"家委会建设指导"的主要任务与目的，把家委会作为学校实施"家校合作共育"的平台与组织阵地（如右图所示）。

（二）厘定了目标

学校厘定了基于"家校合作共育"的家委会建设指导工作的两大目标：

一是要探索基于"家校合作共育"的家委会建设指导途径与机制，在家委会工作规范、制度机制、评价体系等方面建立家委会建设常态化良性运行机制。

二是要探索指导建设"家校合作共育"的特色项目，形成"家校合作共育"的育人体系与合力，共建相亲相爱的学校大家庭，为孩子营建良好的成长环境。

二、指导策略与成效

（一）学校主动宣导家委会作用——突出重点，彰显真诚谋合育

1. 宣导目标

达成一个共识：合作共育（合育），即成功的教育一定是学校、家庭、社会形成合力的教育；家委会就是促成学校、家庭、社会形成合力的中坚力量；家长应和学校一起共建相亲相爱的大家庭，为孩子营建良好的成长环境。

2. 宣导措施

（1）重点坦诚地倡导两大理念

一是成长比成功重要的理念——倡导在共建的相亲相爱的大家庭中，和孩子一起学会"爱"。

二是体验求知，践行发展的理念——倡导亲身经历、参与、体验，坚持"实践—认识—再实践—再认识"的行动教育。

（2）重点扎实地开展三类宣导

①召开"家校合作共育"家长体验式培训会广泛宣导。学校按年级召开"家校合作共育"家长体验式培训会，培训会分为2小时的游戏体验活动（游戏、分享）和2小时的实践体验活动。两个环节的体验培训，让家长切身感受到"家校合育"的重要性，明确"家校合育"的途径方法，从内心里认同"家校合育"，愿意参与学校活动，主动参与家委会建设工作。

②开展"家校合作共育"家长沙龙分享会深度宣导。学校成立以校长为组长的家委会建设工作宣导团队，落实学校组织责任，针对家委会建设中的问题，按年级轮流组织"家校合作共育"家长沙龙分享会，充分发挥家长骨干、积极分子的引领、示范、带动作用和学校在家委会建设中的指导作用。

③开展《家长委员会章程》草拟讨论修订会正规宣导。从《家长委员会章程》的草拟、讨论、修订到审议通过，历时半年多的时间，经历了班级、年级、校级家长代表会议。学校不惜时间地让家长们充分参与《章程》的起草、酝酿，就是在对

家委会建设工作进行全面深入正规的宣导，使《章程》的制订过程成为凝聚家长智慧，统一"家校合作共育"思想的过程。

3. 宣导成效

目前，全校90%以上的家长都认同学校开展"家校合作共育"的倡议，并都积极参与到家委会建设工作和"家校合作共育"活动中来，为孩子们营建了良好的成长环境，在共建相亲相爱的大家庭中，和孩子一起学会了"爱"，建设了以"爱"为基的稳定的"家校合作共育"关系（如下图所示）。

（二）学校主动主导家委会组建——突出重点，彰显真心促合育

1. 主导健全组织

（1）学校成立家委会建设领导小组（下设工作组）。

（2）学校按规范程序指导建立班级、年级、校级三级家委会。

（3）学校指导三级家委会建立各项工作组。

2. 主导保障机制

（1）会议保障

学校组织召开好班级家长会和全校班级家长常务委员会会议、年级家长常务委员会会议、校级家长常务委员会会议；举行专家指导家委建设培训会；与兄弟学校家委开展学习交流会；等等。

（2）条件保障

学校建设有专门的家委会办公室和家长接待室、志愿者办公室，配备有电脑、文件柜、信箱等必要的办公设备，为家委会委员值班、开会研究工作、接待来访家长、做志愿服务等工作提供必要的场所和条件，尽力满足家委会工作的需要。

3. 主导建设成效

目前，学校已基本建立形成了基于"家校合作共育"的家委会建设指导的"双线互动，三级互补，扁平互促"良性运行机制："家委建设领导小组—德育处—年级德育小组—正副班主任—家长"和"家委建设领导小组—校级家委会—年级家委会—班级家委会—家长"两条家委建设指导线，互动协调，形成合力；"德育处与校级家委—年级德育小组与年级家委—正副班主任与班级家委"三级家委建设团队，相互补充，助力合育。家委建设领导小组下的双线指导、三级家委建设团队，成为家委建设领导小组、正副班主任与班级家委、家长互促建设圈，共建合作共育家校关系（如下图所示）。

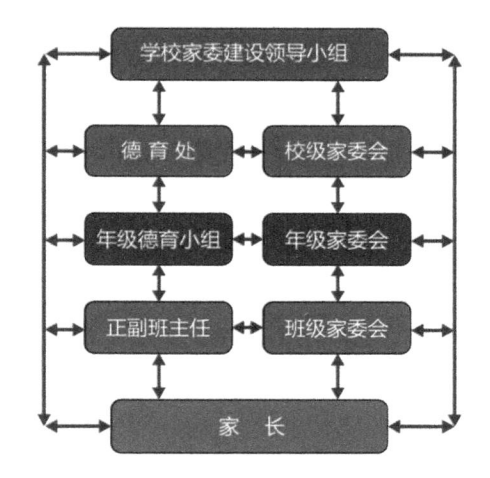

"双线互动，三级互补，扁平互促"的家委会建设指导良性运行机制

（三）学校主动指导家委会履职——突出重心，彰显真情为合育

1. 指导途径

（1）指导建立工作运作机制——自愿履职。

（2）指导建设公益合育项目——有效履职。

学校本着"我愿意、我奉献、我快乐"的精神，指导家委会号召家长自愿组建了一千多人的家长志愿者队伍，积极参与学校管理、教育工作。其中有三大常态化开展的家长志愿服务项目特别有亮点：

①"博爱伴你行"护学岗。该项目已辐射到市内外，"东莞市红十字会博爱伴你行志愿服务总队"设立在我校，它已扶持成立了东城五小、南城阳光六小、南城中心幼儿园等多个分队。

②"博爱开才"社团课程。该项目是由有特长、有相应资质的家长自愿组成辅导团队开展的班级、年级社团活动课程，并在年级平行班中交叉轮换授课，资源共享。

③"阳光博爱"父母学堂。该项目倡导"父母学堂父母办"的理念，赢得了全校家长的广泛支持、参与与认可。

（3）指导建立工作评价机制——规范履职。

①开展家委会学年度工作情况评价。家委会工作情况评价包括个人和团队两大方面。个人评价是从"优秀家长委员""优秀家长志愿者""优秀家长"等项目分别拟订评比标准和方案，进行先进个人评价；团队评价是从"建设组织机构""参与管理服务""支持教育教学""开展家庭教育""特色创新成效"五大工作指标开展"班级、年级、校级家长委员会学年度工作评估"，通过各班级家委会自评、班主任评价和校级家委会、德育处评审，对各班级家委会本学年度工作给予"十佳班级家长委员会""优秀班级家长委员会""合格班级家长委员会""待发展班级家长委员会"四个等级的评定。

②开展家委会学年度工作建档督评。学校指导家委会编印《阳光三小家长委员会工作手册》和《阳光三小家长委员会工作档案资料整理目录》，开展家委会个人和团队工作建档督评工作，让历届家委会工作都有记载，促进和保障家委会的健康、可持续发展。

2. 指导成效

一方面，学校广泛吸纳家长大面积、全方位参与到全面建设"家校合作共育"的特色项目当中，并从"家校合作共育"的三种途径（家庭教育指导、学校生活参与、家校互动沟通）和"家校合作共育"的三大项目（合作共育课程、父母学堂、家长志愿者）等方面指导建设，促进家委会形成了开展"家校合作共育"项目建设的常态化良性运行机制，建立了"家校合作共育"的育人体系（如下表所示）。

家校合作共育项目

三种途径 \ 三大项目	合作共育课程	父母学堂	家长志愿者
家庭教育指导	德育主题课程等	家长讲堂等	家长教师队等
学校生活参与	社团活动课程等	家长会等	博爱伴你行护学岗等
家校互动沟通	阅读共读课程等	亲子实践活动等	综合服务队等

另一方面，学校通过主动指导家委会有序、有效、规范履职，把家委会推到台前，

在各种场合下树立家委会的形象，明确他们在学校中的地位，使他们真正成为学校的主人，成为与学校教师、学生相亲相爱的一家人，并让其以自身的魅力与能量参与学校工作的各个方面，做出贡献，体现自身价值，由此产生光荣感、自豪感和使命感。同时，学校教师兢兢业业、精心培育孩子的工作状态，被积极参与学校工作的家长目睹，进一步激起了家长们参与学校管理工作和扶持学校、开展"家校合作共育"的强烈欲望与热情。

总之，在开展基于"家校合作共育"的家委会建设指导的过程中，学校要让家长切身感受到"家校合育"的重要性，明确"家校合育"的途径方法，从内心里认同"家校合育"，愿意参与学校活动，主动参与家委会建设，让他们有存在感和归属感，最终形成与学校亲如一家的和谐家校关系。

阳光三小基于"家校合作共育"的家委会建设指导工作现已进入常态化、规范化运转，并已具有了一定影响力，吸引了省市区各学校50多批次的人员前来参观、学习、交流，学校家委会在"东莞市中小学校家庭教育及心理健康教育工作推进会"上做了建设经验介绍，研究成果荣获东莞市中小学德育优秀案例和广东省德育研究成果一等奖。

（该案例2020年3月被广东省教育厅评为广东省中小学"校（园）长开展家校协同育人"典型案例）

案例 5-4

"融合走心育人"家长学校课程案例
——《巧陪伴 展未来》

背景分析：

根据《东莞市中小学幼儿园家长学校课程指南（试行）》中小学阶段第7条课程目标"指导家长积极参与家校协同教育，帮助儿童养成良好的学习习惯和学习兴趣，为儿童的学习创造良好的氛围"，本节课注重小初衔接教育，引导家长以平常心帮助儿童选择和适应初中学习和生活。

六年级学生进入了青春期，同时面临着小升初，这个阶段是孩子成长路上的重要转折点。教师经常听到初一家长发出感叹：孩子小学成绩好好的，一到初中就成绩下滑，变得叛逆，也不愿意和家长沟通。这说明有些孩子不适应初中生活或厌学等，从而产生了亲子矛盾。这实际上是很多初一新生在学习习惯、学习方法和心理上出现了"水土不服"。要解决这样的问题，需要孩子、家长和老师的共同努力。为了帮助六年级家长和学生顺利度过小升初这一重要阶段，特开设本课。

教学目标：

1. 帮助家长了解六年级学生的认知、生理、心理的特点。

2. 引导家长探索和孩子建立良好亲子关系的方法。

3. 帮助家长做好小学向初中过渡的准备，树立正确的教育观，掌握合理的教育方法，引导家长与孩子有效沟通。

教学过程：

一、谈话导入，引起共识

孩子是一个家庭的希望，也是社会的希望，六年前家长们满怀希望地把孩子送到了学校，希望他们成人成才，将来生活幸福，报效社会。现在我们的孩子已经六年级了，学习任务加重，又有升学的压力，孩子在思想上难免会出现一些新问题。而且他们马上又要升入初中，接触新的老师和同学。初中一般要求孩子们住校，孩子们要独自面对更加快节奏的学习和生活。如何帮助孩子顺利度过小升初的过渡阶段，让孩子更快适应初中的学习和生活呢？这节课大家共同探讨一下这个问题。

我们先来看两个视频——

二、了解案例，思考讨论

（一）播放视频《小A妈妈的求助》

视频内容：小A妈妈反映，小A在小学时是个品学兼优的好孩子，英语经常能考满分。上初中一个月的小A情绪非常低落，每天回家都埋怨初中的老师太严格，作业太多，甚至不想上学。她妈妈求助心理老师："老师，我应该怎么办？"

（二）思考讨论

1. 小A遇到了什么问题？

2. 你觉得这位妈妈应该怎么做？

三、理论探索，辨识特点

1. 在家长们的交流中，出现最多的关键词就是陪伴。那怎样陪伴才是有效的呢？我们要从了解孩子开始，只有了解孩子，懂孩子，我们给他的陪伴才是有效的，

有意义的。

2. 案例分析

造成视频中小 A 这类孩子的问题的原因有以下几个方面：

（1）认知发展特点：初中的学习，课程设置复杂，学科内容趋向专门化和系统化，新旧知识联系密切，概念性强，这就让很多还没有准备好的孩子措手不及，出现厌学、怕学的现象。

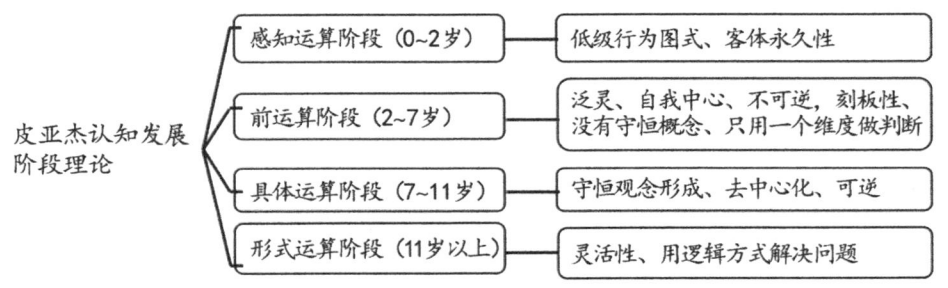

皮亚杰认知发展阶段理论

感知运算阶段（0~2岁）	低级行为图式、客体永久性
前运算阶段（2~7岁）	泛灵、自我中心、不可逆、刻板性、没有守恒概念、只用一个维度做判断
具体运算阶段（7~11岁）	守恒观念形成、去中心化、可逆
形式运算阶段（11岁以上）	灵活性、用逻辑方式解决问题

（2）心理发展特点：12~18 岁的孩子处在同一性对角色混乱阶段，这一阶段的主要发展任务是，形成角色同一性，防止角色混乱。青春期的青少年会出现"独立自我"的意识，青少年们想要证明自己的身份，想要找到人生的目标以及生命的意义。他们试图给自己建立一个不同于他人，并且稳定、协调的属于自己的"人格"。他们会在寻求自我人格的过程中，对自我发展的一些重大问题，比如理想、职业、价值观、人生观等，进行思考和选择。在这一过程中必然要全面地思考自己的过去、现在和将来。这意味着他们将更加充分地了解自己，希望将自己组成一个有机的整体，来确立自己的理想与价值观念，并对自己未来的发展做出自己的思考。这就是建立自我同一性。

同时，青春期是从儿童向成人转换的关键时期。在不断扩展的社交圈子里，他们会不断地扮演不同的角色：听话的孩子、优秀的学生、被尊敬的同学、受欢迎的朋友、被认同的"大人"、想独立的自己等。这些不同的角色如何平衡，是一个很大的问题。一个只有十几岁的孩子很难完成这项任务，因此他们会产生角色混乱，自我同一性的建立也会受到阻碍。

因此，埃里克森说，整个青春期都是处在建立自我同一性和角色混乱的冲突之中的。作为父母，应该了解孩子这一阶段的心理状态，并尝试懂孩子，陪着孩子一起成长为一个完整的自己，这非常重要。怎样才能帮助这个时期的孩子建立自我同一性呢?下面我们一起来看看"青少年如何获得自我同一性而避免角色混乱"微视频。

埃里克森的人格发展理论

阶段	年龄	冲突
婴儿期	0~1.5岁	基本信任对不信任
儿童期	1.5~3岁	自主与害羞(或怀疑)
学龄初期	3~6岁	主动对内疚
学龄期	6~12岁	勤奋对自卑
青春期	12~18岁	自我同一性对角色混乱
成年早期	18~25岁	亲密对孤独
成年期	25~65岁	生育对自我专注
成熟期	65岁以上	自我调整与绝望期

(3)道德发展特点:皮亚杰认为儿童道德认知发展要经历从他律到自律的转化过程。小升初的孩子正处在道德的公正阶段,这一阶段的孩子倾向于主持公正公平,所以才有了"他开始不怎么听话了,他还和家长对着干"的表现。其实这都是他在为自己争取他在这个家庭里公正公平的地位,他们认为凡事都是家长说了算不公平。了解到这一点,家长就会和孩子相处了,在可以给孩子选择权、决定权的时候,就放心大胆地给孩子权利,在原则性很强、孩子又不会做选择的事情上,我们要和善而坚定地把握住家长的权利,长此以往,孩子才能形成完整的道德认知。

皮亚杰道德发展理论

阶段	年龄
自我中心阶段	2~5岁
权威阶段(他律道德阶段)	5~8岁
可逆阶段(自律道德阶段)	8~10岁
公正阶段	10~12岁

四、付诸实践,有效陪伴

我们从各种理论层面对孩子有了全面的了解,就已经在思想上慢慢靠近孩子的内心了。那在实际生活中,我们家长具体要怎么做才能够真正地帮助孩子,有效地陪伴孩子呢?建议家长从以下几方面着手:

（一）知识准备

家长可以从英语音标预习、数学计算能力培养、语文阅读习惯养成几个方面下功夫，特别建议家长每天让孩子进行一定量的阅读，并给孩子提供三种实用的阅读方法。（观看微型讲座视频"小升初阶段各科学习方法指导"）

（二）心理准备

作为家长，要提前告诉孩子在中学可能会遇到的问题：在课程设置、学习方法、人际关系、青春期等方面都会有许多不同于小学的变化。孩子可能会说："老师太严厉，根本受不了。"作为家长我们首先要想清楚，老师严格对不对，你接不接受？孩子有情绪对不对，你如何引导？用平和的心态厘清这两个问题，用正面的方法引导孩子，这样孩子的心理问题就有了一个平稳的过渡。

（三）生理准备

孩子因为青春期发育，身体会有变化：女孩子会来月经、胸部会发育、胯部会变宽；男孩子肩部会变宽、声音会变粗。实际上这都是一种成长美，家长应告诉孩子，不要认为这些是自己发育的缺陷而不自信。

五、本课总结，展望未来

本节课我们从小升初阶段孩子的学习变化、身心发展特点、今后应做哪些准备等方面进行了简单的交流，相信本课的内容会对您有所启发和帮助。即将小升初，不管是家长还是孩子都面临着一定的压力。在这个时候，请别忘了，老师一直都在和你们同行。如果把小升初比喻成爬山运动，那么老师、家长、学生就是一起前进的队友。登山过程中，我们可能会遇到许多困难，挥洒汗水甚至泪水。但当我们彼此给予关爱，携手登上顶峰，把艰险踩在脚下，把美景尽收眼底时，那将是一种怎样的美好！所以，我们应该记住这样的话，并让它时时给我们打气：我们可能会很累，但我们是在走上坡路！

教学反思：

课堂内容的设计有据可依，科学合理，有一定的实践意义，解决了小升初学生家长不知道怎么帮助孩子顺利适应初中生活的问题，使家长们对适应小升初要做的准备有基本的了解和把握。

本课针对一些学生小升初后不适应初中生活的现象，以典型案例为切入点，展开案例分析，结合皮亚杰个人认知发展理论、道德发展理论和埃里克森的人格发展理论，联系小升初学生的各种日常实际问题和表现，从心理专业角度，以浅显易懂、行之有效的方式，引导家长全面了解孩子的身心发展特点，进一步引导家长如何在学习上辅助、如何在心理上疏导、如何在身心发育上塑造，从而更好地帮助孩子顺利度过小升初。

本节课以"提出问题—剖析问题—解决问题"模式呈现，板块清晰，逐层推进，以老师讲授为主，穿插观看视频、家长讨论等环节，既有理论指导，又有切实可行的建议，课堂内容贴近学生生活，能解决实际问题，课堂效果良好。

但是本课也在一定程度上存在不足。课堂上所运用的心理学理论知识对于没有接触过的家长来说可能有些高深，不是很好理解；课堂上提到的案例，只是普遍存在的小升初学生的问题，没有全方面涉及各种问题，尤其是一些个性问题，并不包括在内。

一节家长课堂并不能解决所有小升初的问题，老师、家长、学生还需要共同努力，一起面对现有的和即将产生的烦恼。

（本教学设计获东莞市小学优秀家庭教育与心理健康教育成果——优秀家长学校课程教学设计二等奖，设计执教：阳光三小教师罗小李、翟玉杰）

东莞市南城阳光第三小学"融合走心育人"家长学校课程体系表

师心通	定位篇	家校共育的身份定位		
	学习篇	运用指导教材自主学习		
		集中备课、多向互动和个别指导相结合		
	工具篇	《父母课堂》		
		《爸爸妈妈的课本》（小学版）		
		《家庭教育100个为什么》		
	实操篇	案例教学情境演练		
		家长学校课程课例展示		
生心通	家心通	校本课程集中授课	小学低段	家庭和谐类	1. 家庭角色的扮演与承担
					2. 家庭责任感和家庭美德
					3. 如何构建和谐的家庭关系
				身体健康类	1. 预防近视要早抓
					2. 校园多发病传染病预防
					3. 儿童牙齿保健，及时做窝沟封闭
				心理健康类	1. 做好幼小衔接，走好人生转折的一步
					2. 如何培养低段孩子良好的学习习惯
					3. 认识儿童情绪及智慧应对
				家校共育类	1. 认识学校
					2. 家长的责任
					3. 如何与学校相处
			小学中段	家庭和谐类	1. 家庭氛围、夫妻关系对孩子的影响
					2. 给孩子高质量的陪伴
					3. 为儿童学习创设良好的家庭氛围
				身体健康类	1. 青少年骨质疏松和脊柱侧弯
					2. 预防近视不放松
					3. 养成生活卫生好习惯，保证充足的睡眠
				心理健康类	1. 激发潜能，兴趣班的选择有技巧
					2. 如何提升儿童的同伴交往能力
					3. 科学陪伴孩子学习
				家校共育类	1. 家校共育培养孩子良好行为习惯
					2. 培养安全运动意识，掌握生命自救技能
					3. 言传身教中培养儿童的劳动观和金钱观

续表

生心通	家心通	校本课程集中授课	小学高段	家庭和谐类	1. 家庭阅读氛围的营造
				2. 如何培养孩子的理财意识
				3. 激励孩子快乐学习
			身体健康类	1. 正确看待身体发育给孩子带来的烦恼
				2. 性健康教育
				3. 科学合理地使用手机、电脑等现代媒体
			心理健康类	1. 亲子高效沟通的技能
				2. 关爱心灵，守护生命成长
				3. 认识青春前期孩子的身心变化及教育策略
			家校共育类	1. 如何帮助孩子应对学习压力
				2. 如何做好小初衔接
				3. 如何培养孩子的自信心
		校本微课程推送	一年级	第一课《孩子的身心特征及家教策略》
				第二课《家长的角色定位与家校共育》
				第三课《让孩子有一个好的开始》
				第四课《孩子良好习惯的养成》
				第五课《孩子的不良行为及矫正》
				第六课《孩子的学习特点及方法指导》
				第七课《兴趣爱好的选择与培养》
				第八课《孩子的假期管理与安排》
			二至六年级	第一课《家庭教育通识与新时代家教理念》
				第二课《小学各年级身心发展规律与家庭》
				第三课《孩子的人格分析与成长定向》
				第四课《怎样让孩子爱上学习》
				第五课《数码时代的家庭教养指南》
				第六课《怎样做好孩子的情绪教养》
				第七课《小学生的十大问题及解决方案》
				第八课《亲子作文的理念与方法》
				第九课《亲子思政课与家庭劳动教育》
				第十课《家庭生活垃圾分类常识》

（该课程体系由东莞市南城阳光第三小学德育处提供，项目负责人：李成花）

第六章 "学导生成"的教师生成育人能力提升

教师队伍的育人能力直接关系到学生的成长和发展。开展校本教研、校本培训，是可持续培养提升教师队伍育人能力和整体水平的有效途径。"学导生成"理念强调提升教师队伍的育人能力，主张以"助人自助"和"教学相长"为指导，改变以往将教学研究与学习培训分离的做法，构建"教学—教研—科研—培训"的研训一体化运行机制，实施"校本研训工程"，促进教师专业发展。这就要求学校立足本校，坚持把教师学习培训与教学研究相结合，形成教育教学、教研科研和学习培训一体化，实施"研训一体"的教师专业发展校本研训运行机制和理念模式。这一理念模式与当前教育现代化的要求相契合，是大面积整体提高教师队伍质量很有针对性、实效性的途径和措施，对建设高素质专业化教师队伍具有重要的价值与意义。（见图6-1）

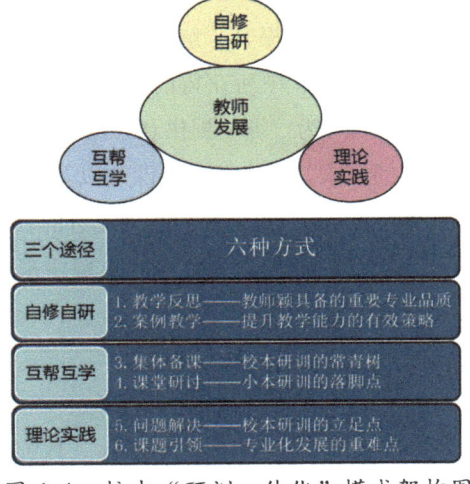

三个途径	六种方式
自修自研	1. 教学反思——教师颗具备的重要专业品质 2. 案例教学——提升教学能力的有效策略
互帮互学	3. 集体备课——校本研训的常青树 4. 课堂研讨——小本研训的落脚点
理论实践	5. 问题解决——校本研训的立足点 6. 课题引领——专业化发展的重难点

图 6-1 校本"研训一体化"模式架构图

第一节　培养"研训一体"的教师生成育人专业素养

"学导生成"理念下的教师专业发展"研训一体",是一种以教师为主体,以实践为基础,以需求为导向,以合作为手段,以有机融合为方式,以持续发展为目标的教师专业发展校本研训一体化实施运行机制和理念模式。它强调教师的自主学习、互助学习和专业发展,有助于提升教师的专业素养和育人能力,促进教育教学创新发展和学校科学发展。

一、教师专业发展"研训一体"的内涵与特点

（一）"研训一体"的内涵

"研训一体"的内涵极为丰富,其中的"研"是指进行教学研究,即教育者通过一定的途径,根据教育实践中出现及总结出的种种问题,进行解决问题的探究活动。"研"的关键在于探究,从理论的角度总结问题的发生、探究解决的方式。"研训一体"的"训"则指的是培训,是指组织者有目的地聚集教育者参与教育理念、知识、技能、标准和信息训练的行为。"研训一体"指的是把研究和训练综合为一,把两种提升专业素养的途径有机地、系统地整合在一起。

"研"和"训"有区别,"研"是把研究和解决问题作为其目的,"训"则重在教学技术的提高;两者又有紧密的关联,既互补又互通。"训"是让参与者在实际的操作中,得到真实的体验和具体的提升,解决"研"偏向理论性、易纸上谈兵的空泛化缺点。"研"又可以把"训"中所获得的具体方法进一步理论化,为提升教育教学能力总结宝贵的经验,同时为"训"提供新思路和新内容。

可以说,"研训一体"的模式,是在深化新课改以及推进素质教育的大背景下,最为实际可行和高效的教师发展路径。它让教师对于先进的教学理念,体验更为深刻、参与更为全面、学习更为高效。同时,这种在参与体验中形成的自主发展路径,又为其在引导孩子主动发展上积攒了极为重要的个体经验,为"学导生成"教育理念的实施奠定了坚实的基础。

（二）"研训一体"的特点

实践导向:"研训一体"模式强调教师的实践性。教师的教学实践和研究是紧密结合的，他们在教学实践中发现问题，通过研究和反思，提出解决问题的策略，然后再将这些策略应用到教学实践中，形成一个闭环的教学研究过程。这种模式让教师从被动的学习者变为主动的研究者，从而提高了教师的专业素养。

互动交流："研训一体"模式强调教师之间的互动交流。教师通过集体研讨、案例分析等方式，共享研究成果，共同解决教学中的问题。这种模式打破了传统的教师培训模式，让教师在交流中学习，提高了教师的学习效率。

持续学习："研训一体"模式强调教师的持续学习。教师的专业发展是一个持续的过程，"研训一体"模式让教师在教学实践中不断反思，不断研究，不断提升自己的教学能力。这种模式让教师始终保持对教育的热情和对知识的渴望，从而提高了教师的教学效果。

个性化发展："研训一体"模式强调教师的个性化发展，让教师根据自己的实际情况，选择适合自己的研究方向和培训内容。这种模式让教师能够根据自己的需求进行专业发展，提高了教师的专业满足感。

研训结合："研训一体"模式强调研究和培训的结合。在这种模式下，研究和培训不再是两个独立的环节，而是相互融合、相互促进的。通过研究，教师可以提升自己的专业素养；通过培训，教师可以提升自己的教学能力。

二、培养教师"研训一体"的生成育人专业素养

"学导生成论"的教师观认为，教师应在教学中充分发挥"导"的作用，实现和教学同伴及学生间的互动生成，形成真正的"教学相长"。这一过程既推动了学生的全面发展，又提升了教师生成育人素养的能力。"研训一体"的师资培养方式，是教师生成育人专业素养的重要途径。其培养途径有五个：

一是以教师专业发展的需要，以及教育教学中一些具体问题为主要内容，开展校本研训，这非常符合教师的工作实际。因为教师职业的根本就在于通过不断的实践，在做中学、做中研究，找出种种办法去适应学生，适应课堂，适应教育情境，根据工作现场的实际情况找到应对的办法。这样的研训，可以使每位教师都深切地感受到，开展校本研训活动不是工作的累赘和负担，而是带来了工作的轻松和成功的喜悦，也解决了实践过程中的实际问题。

二是"研训一体"模式，要符合学校师资队伍建设实际。"研训一体"模式要让教师"听得进去、学得进去、用得出来"，增强教师主动发展、学习研究的热情和积极性，让"用研究的眼光对待日常的教育教学工作"，基本成为教师们常态的工作方式——人人都能撰写教研文章、案例，教师人均都有一篇论文或教学设计获奖或发表。

三是以课堂教学研究为落脚点开展校本研训，抓准学校内涵发展。这是学校和老师发展的共同需要，可以形成大家"心往一处想，劲往一处使"的校本研训的良好局面。学校通过开展校本研训，灵活运用"学导生成"学科课堂教学方法以及评价体系，来指导教师进行具体教学实践，教师们还依据不同学科、不同教学内容、不同对象的特点和要求，经过探讨提炼，形成不同的变式，如情景建构式（通过创设含有真实事件或问题的情境，让学生在探索或解决问题的过程中自主理解知识、建构意义）、随机访问式（换一个角度看问题，换一个情境解决问题）、搭建支架式（依据学生"最近发展区"，提供恰当的概念框架，帮助学生理解特定知识、建构知识意义）、自主探究式（确定学习目标，自我实践、自我体验、自我反馈与调节）、小组合作式（适当分组分工、共同协作研究）、师生互动式（树立课堂教学活动观，师生在协作、互动中相长）等。这些科学合理的教学方法，让教师专业素养有了大幅度提升，教师在参加各级学科教学竞赛时，多有获奖。

四是围绕"教师学科素养""教师专业技能"与"班主任专业技能"三大项目开展"研训一体"活动。活动的开展方式是分别拟订"五位一体"研训内容，以建立教师成长档案袋为抓手，依托专家的指导引领，按三大步骤循环实施校本研训工程。这既抓住了教师专业发展的重点内容，又符合教师个人发展的需要和研训方向；既突出了校本研训的连续性、系统性、针对性的特点，又凸显了教师专业发展的长期性、实践性、反思性的特征，使教师在接受新思想和形成新观点方面有了突出的进展，并获得了可持续发展自我的能力，进而全面有效地推动教师群体的发展。

五是及时宣介校本研训活动中涌现出的先进典型人和事。"研训一体"活动能使教师们的日常教育教学工作常做常新，效果越来越好，质量也越来越高，同时也能盘活带动学校所有工作，促进学校的全方位优化发展。教师生成育人的专业素养越来越高，无疑会给学生、学校的发展带来可喜的变化，会让整个校园与师生都充满了无限生机与活力。

案例 6-1

基于"开才课堂教学"的"合作教研"模式机制实践研究方案

"班级"是学校最重要的单位,"课堂"是真正的学校教育最基本的元素和最重要的阵地。追求高效的班级常态课堂是我们实施真正的素质教育的重点和开展"减负增效"教学改革的落脚点。为此,我校选定课堂教学模式——建构学科"三学三问"课堂,课堂学习行为——实施学生"合作学习"策略,课堂校本教研——探索教师"合作教研"模式三个主题为"开才课堂教学"研究内容,大力开展实践研究,深入推进各学段、各学科常态课堂的探索与改革,做到教学相长,师生共赢,实现主动互动、灵动高效的常态课堂的构建。现拟订"合作教研"模式机制实践研究方案如下:

一、达成开展"合作教研"共识

随着社会发展对专业型、复合型、综合型等各类人才要求的变化,教育也随之给予积极的探索和应对,"核心素养""综合素质""学科整合""教学综合""线上线下""互联互通""走班互学""合作学习"等涉及培养目标、课程设置、学习方式、教学方法等的改革热门话题和创新方式不断涌现。与时俱进地学习、终身学习是作为教师的我们应具有的思想与行为。在新的教育改革进程中,我们应坚持两条基本原则:

(一)"教无定法",但"教有定则"

"教无定法"的完整表述应该是"教学有法,但无定法,重在得法,贵创新法"。"无定法",不是"没有法",更不是"不用法",而是"不拘成法",可以"灵活地选用不同的教法"。方法是下位的概念,不能规定也难以穷尽,然而其上位的规则、原则是有定的。倘若没有定则,那就没有方法。每一个教学行为的背后都有清晰的定则支撑。如,教师语调的抑扬顿挫背后是注意的定则;不断鼓励学生背后是及时评价的定则;等等。一名教师成长或者成熟的过程就是自我教学定则形成并且被熟练运用的过程。

"教无定法"——提高无止境;"教有定则"——底线有保障。"教无定法"的前提是有法,此"法"即一些被证明了的有效的正确的方式方法,这些方式方法及其组合被结构化,并稳固下来,就形成了模式。换言之,当你将解决某类问题的方式方法提升到理论高度，用结构化方式稳定下来，即形成了模式。模式就是一种"定则"，就是隐含在事物之间的一种内在规律。"教有定则"的"模式"会帮助我们解决很多问题，通过结构化方式稳定下来的模式，可以对复杂的课堂变量进行适度控制，保证基本质量的稳定实现。精彩的课堂，需要教师去发挥；稳定的质量，需要结构来保障。所以"教无定法"与"教有定则"是辩证统一的关系。

（二）"和而不同"，可"求同存异"

学校所有的课程设置都是为学生学习、健康成长所提供的项目内容，各学科教学的目的都是促使学生学习、健康成长。我们认为，各门学科的教学，虽然有不同的教学目标、教学内容和教学特点等，但在教学理念、教学原则等方面应都是共同、共通、共性的，在具体操作层面存在许多能相融相合、借鉴共用、形成合力的地方。

目前，我们以学科为单位开展的教学研究，在回归班级或全校所产生的整体效益还不强，主要原因是缺乏"教有定则"的结构化模式研究和"求同存异"的合作教学研究。基于以上原因，学校提出"全科同构、合作教研"的教学研究模式的构想，以期整体提升教师教学研究能力和教学实操技能，并促进教师从合作教研走向合作教学，提高各科课堂教学整体实效。

因此，我们全体教师要达成由"合作教研"走向"合作教学"的共识：我们开展的"开才课堂教学"实践研究，建构的"三学三问课堂模式"，是覆盖全学科的，即全校不同的学科教师，共同围绕"三学三问课堂"教学模式的建构，集体开展合作教学研究活动，并在合作教研过程中自觉地形成两个合作教学共识：一是年段学科组内合作教学（比如教学设计、课件、学案、评价等资源共享）；二是班队各学科合作教学（比如，小组合作学习的建组培训、小组合作学习的评价体系、小组合作学习的展示机制等合作统一）。

二、明确"合作教研"的基本内容和任务

"教师素质的提升是教育质量提升的重要保证"，"高效的常态课堂"是确保"优质教学质量"的重要前提，"高效的校本教研"是提升教师素质和形成高效课堂的重要途径，建设高效的校本教研机制和模式已成为学校快速可持续发展的一个非常重要的任务。

我们明确开展"合作教研"的基本内容和任务就是，着重从"三学三问课堂"的教学模式、"小组合作"的学习行为两大领域对"开才课堂教学"加以研究，即同构"课堂教学模式"——建构"三学三问"课堂；同构"课堂学习行为"——实施"合作学习"策略，力争探索研究出一套符合学校实际的校本教研高效机制和"开才课堂教学"可操作体系，大面积提高常态课堂教学质量，真正实现"教师教得轻松，学生学得痛快"的"开才课堂教学"研究目标。

三、建立"合作教研"操作流程和教研规范

无论是在同科组内还是在异科组内开展"合作教研"，都要建立"合作教研"操作流程和教研规范，这样才能便于整体推进"合作教研"活动，形成"合作教研"机制，提高"合作教研"成效。

（一）"合作教研"流程机制

我们要在实践中形成"合作教研"的基本流程和机制，即建立"同科异构，异科同构"校本研训合作机制。

一要建立"同科合作教研"流程机制。（如下图所示）

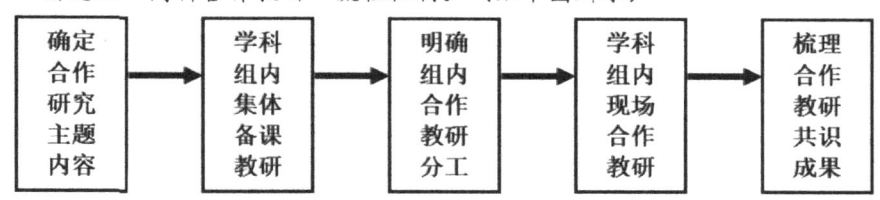

确定合作研究主题内容 → 学科组内集体备课教研 → 明确组内合作教研分工 → 学科组内现场合作教研 → 梳理合作教研共识成果

二要建立"异科合作教研"流程机制。（如下图所示）

确定同构研究主题内容 → 学科组内集体合作教研 → 异科同构现场合作教研 → 异科同构网络合作教研 → 梳理合作教研共识成果

重点要把握好三个环节：

第一，"合作教研"合作准备环节。确定好研究主题和教学研究内容，明确组员分工，提前做好开展集体备课、说课、上课、观课、议课等合作教研活动各环节的准备工作。

第二，"合作教研"现场教研环节。提前下发教研活动资料（包括教学设计、课堂教学上课评分表、课堂教学说课评分表、课堂观察维度表、观课议课记录与评价表等资料），提前分配好参与"合作教研"人员各自的任务（包括主持人、拍照摄像负责人、上课班级学生的组织者、说课上课者、观课维度视角小组等），再按照说课（5分钟）、上课与观课（40分钟）、观课维度视角小组合议（15分钟）、集体议课（各观课维度视角小组代表发言）、小结（主持者）五个环节集中开展现场"合作教研"活动。

第三，"合作教研"成果梳理环节。经过现场"合作教研"活动及网络"合作教研"环节后，每个教师或分工合作小组要根据任务整理提交书面材料，负责本次合作教研的负责人要根据研究主题梳理出书面的合作研究成果（含共识成果、教学设计课件资源、课堂实录注评等）。

特别提醒：为更深入、弥补现场"合作教研"活动时的缺憾、共性问题等，我们将依托现代教育技术，实现网络合作教研。网络合作教研有两个步骤。一是教师个人做好课堂观察记录。教师按照提前分配好的"合作教研"中各自的任务，经现场观摩课堂教学或网上观摩课堂教学实录（或片段）后，结合确定的观察维度和视角，做好课堂观察记录。二是参与全校"合作教研"。教师首先将个人的课堂观察记录情况、课堂教学说课评分表等资料上传至"网络合作教研"平台里，再在"网络合作教研"平台互动论坛栏目里发表评课议课意见，主要从"课堂教学模式"——建构"三学三问"课堂，"课堂学习行为"——实施"合作学习"策略两大领域，围绕具体研究主题进行互动评课议课。

（二）"合作教研"教研工具

第一，建构"三学三问课堂"基本结构和实施程序，建立"三学三问课堂"质量标准。

第二，制订"三学三问课堂"说课、上课评价标准。说课主要从"说教材、说学情、说教法和学法、说教学过程、说预期效果"等五个方面对教师进行评价；上课主要从学生学习、教师教学两个方面和教学结构、教学效果、教师素养、教学特色四个领域来评价。

第三，设计"合作教研"活动课堂观察维度，印发"合作教研"活动《观课议课记录表》。主要从学生学习、教师教学、课程性质、课堂文化四个维度设计19个观察点，用于指导教师进行观课、议课活动。

（三）"合作教研"教研规范

第一，分学科组织学习相关原理理论及规范要求。学习内容包括"三学三问课堂"基本结构和实施程序、"三学三问课堂"质量标准、课堂教学（上课、说课）评价标准以及说课、上课、观课、议课等各环节要求及流程，并就观课议课方法（如观课维度及观察点的选取、观课量表的制订、课堂信息的采集以及议课时主要观点的陈述等）进行培训学习，就各类表格的使用进行解说等。

第二，规范"合作教研"活动组织。各科组要严格按照"说—上—观—议"各环节组织开展同科或异科"合作教研"活动，活动结束，收齐表册，汇总评价。每学期各科组推选一个年段学科教研组或小组承担一次全校"异科同构合作教研"活动。

第三，固定"合作教研"时间。为了不打乱正常的教学秩序，各科组的"合作教研"活动时间固定在每周各科组的教研活动时间；全校"异科同构合作教研"活动时间固定安排在星期一下午放学后4:30—6:00，每月组织开展一次。全校"合作教研"活动要求全体教师参加，形成常规，语文、数学、英语、综合四个科组轮流组织，做到全校"异科同构、合作教研"活动每月一次（一课），让"异科同构、合作教研"活动成为教师教学展示与交流的平台，成为全校教师研课活动和"教师专业发展"专题活动。

附：东莞市南城阳光第三小学"三学三问课堂"质量标准

根据新课程理论和高效课堂建设相关要求，我们专门拟订《阳光第三小学课堂教学质量标准》，以引领各科教师深入开展"三学三问课堂"实践探索与研究，其主要内容如下：

标准一：教材把握精准——教材把握是基准，课堂上教师能熟练、合理、科学地驾驭教材。

标准二：课堂组织高效——课堂上没有不必要的或效率低下未被整合的步骤和环节，语言凝练，节奏感强，重点突出。

标准三：学生主体突出——体现以学生为主体，课堂上学生学习兴趣浓，参与率高，主动性强，学习效果好。

标准四：德育渗透有机——德育是主旋律，有真切的情感才会有持续的学习动力，课堂时刻都是德育的现场。

标准五：素养培养到位——对于学科基础知识和基本技能，要力求在课堂上让每一个学生都会。

标准六：作业练习精当——一堂课下来，没有学生作业练习环节，课堂质量一票否决。

标准七：评价激励有效——教师注重课堂评价激励的方式等，评价语言准确、恰当、有针对性、有特点，有利于促进学生可持续发展。

第二节 构建"三途六式"的教师发展校本研训模式

学校在运用"学导生成"主张的"助人自助""教学相长"理念，指导开展教师专业发展校本研训一体化实践中，要突出教师主体性，注重教师实际需求，强调研究和培训结合，倡导教师互动交流、持续学习和个性化发展，鼓励教师在教学实践、教研实践、教改实践、教学反思、说课评课、借班上课等多元化的实践活动中不断提升自己的专业素养和教学能力。

一、构建"三途六式"的校本研训一体模式

"学导生成"主张根据教师在教学中遇到的问题，尤其是在新课程改革中遇到的新问题、新困惑、新矛盾，通过集体备课、诊断反思、案例分析、专家指导、教师论坛等多种校本研训形式解答疑难，以课例为载体，以问题为中心，以行动研究为主要方法，构建"三个途径、六种方式"校本研训一体化模式（见图6-1），即引导教师通过"自修自研""互帮互学""理论实践"等三个途径开展"教学反思""案例教学""集体备课""课堂研讨""问题解决""课题引领"等六种方式的校本研训活动，并形成以下共识：

（一）教学反思——教师应具备重要的专业品质

反思意识的提升是教师整体水平提高的一个显著性标志，这也是学校开展教学反思校本研训活动追求的目标。学校一方面在教师中提倡坚持每天记写"课后记"，每两周写好一篇有价值的"教学反思笔记"；另一方面鼓励教师进行"自我教学实录整理"，即教师对自己上的课进行教学实录（录音或录像），课后自己再进行听、看、记、评、改等方面的整理；同时学校还坚持每学期在教师中开展"在反思中成长""我讲我的故事"等系列"教师反思心得"交流活动。

（二）案例教学——教学能力提升的有效策略

通过分析、借鉴、比照、模仿、评说等方式学习优秀案例并进行教学，是教师从实践中提升经验、把经验上升为理论的有效途径，这是学校从开展的案例教学校本研训活动中得到的启迪。学校一方面在教师中提倡要多观看学习一些优秀教学案例实录或资料，反复推敲揣摩"为什么这样教"，并尝试将他人优秀教学案例中的"优秀内容"为己所用；另一方面鼓励教师要有意识、有准备地积极储备一些自己较成熟的教学课例，经常、随时、大胆地将自己的教学案例与同伴分享。

（三）集体备课——校本研训的常青树

约翰·瑞定（J.Redding）提出的"全过程学习"理论很符合今天教师职业生活学习的需要，学校开展的教师集体备课校本研训活动，就充分体现了其"边学习，边准备，边计划，边推行"的精髓，教师在备、议、教、评、改等集体备课各环节之中、在教师之间的交往合作中，无时无处不感受到学习的氛围。学校规定各教研组每两周组织一次集体备课，并要求要认真落实"集体备课—个人上课— 交流反馈"等各个环节。每次集体备课都要事先安排集体备课内容、选好中心发言人（组员轮流担任）等，每次都由中心发言人负责整理集体备课记录、印发备课记录和出课，而后组织课后交流反馈（再次集体备课），再出课，直至中心发言人和组员均感满意为止。

（四）课堂研讨——校本研训的落脚点

为提高课堂教学效果，追求课堂有效教学最大化，学校以"教师的教法与学生的学法研究"为重点，开展了课堂研讨校本研训活动，要求人人上好研讨课，相互听课、说课、评课，做到五个"确保"。一是以教研组为单位，确保每人每学期听本组教师的课人均达2节以上；二是确保每位教师不定时、不定学科、不定人，每周随堂听课至少1节；三是确保每学期每位教师上1节研究课，骨干教师上1节示范课；四是确保教师听课后要相互进行说课、评课交流；五是确保每学期组织开展一次全校性有主题的"课堂教学研究月"活动。

（五）问题解决——校本研训的立足点

学校校本研训的一个显著特点就是研训内容以问题为中心，学校强调校本研训要解决教师自己的问题、真实的问题和实际的问题。学校一方面要求各教研组每月都要收集整理教师在教育教学中的问题，并针对其中的一项带有共性或较突出或较迫切或有代表性的问题，组织本组教师进行研讨和交流，寻求解决问题的方法、途径、策略、措施等；另一方面学校每学期都要组织1至2次全校性的"问题研讨"活动，如"教师沙龙""教师论坛"等。

（六）课题引领——专业化发展的重难点

教师的专业发展问题和新课程理念下课堂教学中一些具体教学问题成为学校校本研训的内容取向，学校积极引导、鼓励教师将这些问题进行归因分析，将一些有价值的"问题"转化为"课题"，进行专题研究，并将一些有价值的问题和科研课题进行分解细化，具体到人，强调研究的最终成果不是成果的学术化，而是问题的解决和行动的完善与改进。

二、实施"三途六式"校本研训一体模式的策略

从"校本研训一体化模式图"中可以直观地看到：外圈三个小圆运转的状态，将会直接影响内圈大圆运转的质量；内圈大圆良好的运转效果，必将带动外圈三个小圆良性运转。这就是说，学校通过不断地开展"自修自研""互帮互学""理论实践"等校本研训活动，达到促进教师不断发展的目的；当教师得到了良好的发展，"自修自研""互帮互学""理论实践"等校本研训活动才能继续不停地良性开展。为了激励教师培养自我研修和同伴互研的品质，引领教师养成理论学习和实践反思的习惯，不断提高研究和解决好实际问题的能力，使教师日常教学工作、学习研究和教师专业成长融为一体，逐步形成在研究和解决问题的状态下工作的职业生活方式和品质，学校极力创造条件，确保校本研训工作能够良性开展。

（一）实行层级引领

实施新课程，有许多新的观念需要教师重新学习、研究与付诸实施。学校要正确引领教师开展、参与研训活动，将校本研训内化为教师个人的需要，使之成为教师专业成长的"保鲜剂"。

1.行动引领——学校领导用实际行动带头进行校本研训活动

校长经常深入课堂、学生、教师中了解情况，主动上研究课，参与听课、评课、说课、学习理论、学研沙龙等活动，主持校本研训、讲座等，带头撰写文章心得发表、参赛等，用行动示范、引领教师积极投身校本研训活动。

2.思想引领——学校结合实际安排布置校本研训活动

学校在开展校本研训活动时做到了六个坚持与结合：①坚持结合课改过程校本研训；②坚持结合教育教学热点话题校本研训；③坚持结合课例、案例校本研训；④坚持结合学生的需要校本研训；⑤坚持结合教师自身专业发展的需要校本研训；⑥坚持结合学校的教育科研课题校本研训。学校还在活动中注重引领教师统一思想，提高认识，让每个教师都明白，开展校本研训活动是教师职业和教师个人发展的需要，研训的主要目的就是帮助教师解决教育教学中的实际问题，使"研训即工作，工作即研训"的思想深入了人心。

3.组织引领——学校有组织地进行分类师导校本研训

学校成立了校本研训领导小组,并根据教师所担任的不同学科、所承担和参与的不同科研课题、不同的研究兴趣和个性特长等,组织成立了教研小组、科研小组、课程开发小组等研训小组,要求每个研训小组拟订学期研训活动计划,每个教师制订学期"个人发展研训计划"。学校一方面在校本研训活动的时间上给予充分保证,每周星期一、星期五下午分别安排1小时为各校本研训小组固定的集中活动时间;另一方面在校本研训方法上给予分类师导。具体为:

①专家指导:请市内外有名的专家老师进校现场指导,如,学校常年聘请东莞市教师进修学校的专家老师进校指导;

②校长引导:校长用行动和思想引导教师进行研训,如,上研究课、撰写论文、作专题报告等;

③骨干辅导:请校内外骨干教师"现身说法"针对性辅导;

④资源传导:利用网络、声像文字等优质资源向教师传导。在开展研训活动过程中,教师之间、组员之间没有领导的概念,大家都是平等的研训者,关注的是学术、研究,在活动中,谁说的有道理就认同谁,他就是本次研训活动中的首席。

(二)搭建发展平台

新课程对教师提出了全方位的要求,教师的工作也因此变得更加富有创造性。随着学校校本研训活动的深入开展,教师的个性和个人价值、伦理价值和专业发展都需要得到张扬与体现,学校在为满足教师"高层次的精神需要"方面尽力搭建了平台,对学校校本研训工作的开展起到了"润滑剂"的作用。

1.搭建互动交流的平台

建立各种交流学习小组,学校与省内外全国名校建立并开展"友好学校发展联盟"交流活动,组织教师与区内名教师建立"结对帮扶"对子,举行外出学习心得交流会,编印下发教学科研信息简报,开展研讨课专家现场诊断对话活动,开展类似"我在反思中成长""3分钟自由谈"活动,公开校长的E-mail等。

2.搭建获得体验的平台

下发各种征求意见表,召开各类恳谈会,巧设各类随时能获得的奖项,开展"假如我当一天校长""我是教学沙龙主持人"活动等。

3. 搭建展示个性的平台

开展教师个人教学风格展示研讨活动,开辟教师五分钟演讲、摄影书法等特长展示"园地",展览教师个人教育教学案例、反思、心得、论文专集等,举办"课堂教学显身手""教学科研月"活动,创办《教苑》校报,开展"工作快乐、快乐工作""我成功,我快乐"征文、演讲、展览活动等。

(三)建立激励机制

为了最大限度地激发全体教师参与校本研训的动力,让教师主动获取发展的潜能,学校非常注重有效激励机制的建立和有效激励手段的运用。

1. 过程肯定激励

教师有年龄大的,有年轻的,能力也有大有小。学校在研训活动中,关注的是教师的发展与进步,在这里没有"弱者"的概念,只有"提升"的概念。研训活动的目的是在承认差异的基础上,及时帮助教师认识自己,肯定进步,扬长避短,促使每一个教师在研训活动中都能获得差异性提升:积极总结年长教师经验——发挥余热,带动提升;重用中年教师——骨干示范,不断提升;培养青年教师——持续发展,快速提升。

2. 制度政策激励

在全体教职工的参与下,学校制订出台了一个大家公认的校本研训奖励政策制度,以激励全体教职工用实际行动来遵守和实践制度政策。具体为:①每学期评选校本研训优秀教师,给予精神物质奖励;②对积极参加校本研训且有个人成果在校内推介的教师,给予优先推荐评选各级骨干教师、优秀教师、学科带头人,优先晋升专业技术职务的机会;③明确教师校本研训的成效是申报专业技术职务、骨干优秀教师评选、年度考核优秀的参考条件,并与绩效工资挂钩。

3. 成果推广激励

为鼓励教师在校本研训活动中快出成果、多出成果、出好成果,学校注重引导教师将教育教学实践中的想法、体会,以案例、札记、总结和论文的形式记下来,在活动中进行反思、总结、提升。目前,每位教师每两周至少能提交一篇有价值的教学反思。学校一方面把教师在研训过程中形成的成功经验和开创性成果,及时利用成果推广会、教学沙龙和示范课等形式在全校推广,另一方面通过一系列的课题研究、专题讨论、学科教学展示等活动,对教师的成果进行大规模的实践推介,并在校报《教苑》校刊《开才》上刊登,集结汇编《七彩春晖》《雨露有痕》等成果集,下发给学生、家长、教师和全国各兄弟学校,与外界进行交流,把教师的研训成果向外界进行宣介。

案例 6-2

东莞市南城阳光第三小学"品质课堂"建设工作方案

一、指导思想

贯彻落实东莞市市委市政府关于打造"品质教育"的要求,深入推进"品质课堂"建设行动,全面促进"品质课堂"教学变革,通过转变教学方式促进学习方式和思维方式转变,推动实现全员育人、全科育人、全方位育人,进一步提升教学质量和办学品质。

二、工作目标

紧紧围绕立德树人的根本任务,坚持有教无类、素质教育、因材施教的教育理念,以课程标准为依据,以发展学生核心素养为目标,以学校"开才教育"品牌核心理念"广开心智,博育良才"为引领,以让师生享受精彩过程和收获成长和幸福为追求,深入推进"突出以学生为中心、突出学科育人功能、突出信息技术与学科教学深度融合、突出提升教师素养、突出多元评价"等五个方面的课堂变革,不断深化、大力开展以"合作学习"为基础、以"学习共同体"建设为载体的建构"三学—三导—三生素养"常态课堂教学模式和建设"学导生成"课堂的实践探索研究活动,把学校建设成家长高度满意、具有鲜明东莞慧教育现代化、高品质特质的素质教育品牌名校。

三、组织领导

建立由校长任组长,副校长为副组长,行政人员和各学科组长、年级德育小组长、年段组长为成员的"品质课堂"建设工作领导小组,统筹开展本校"品质课堂"建设工作,研究制订"品质课堂"建设工作方案,建立有效工作机制和保障机制,整体推进全校"品质课堂"建设,营造良好的课堂变革氛围。

四、主要任务

1. 开展突出以学生为中心的"课堂学习行为"变革研究——深度探索实施"合作学习"策略。

2. 开展突出学科育人功能的"学科教研模式"变革研究——深度建立和完善"合

作教研"模式。

3. 开展突出信息技术与学科教学深度融合的"课堂教学模式"变革研究——深度建构和完善"三学—三导—三生素养""学导生成"常态课堂教学模式。

4. 开展突出提升教师素养的"校本研训模式"变革研究——深度开展"研训一体"模式和"学习共同体"建设。

5. 开展突出多元评价的"课堂质量标准"变革研究——深度探索建立"学生发展质量"评价体系。

五、推进措施

为了保证"品质课堂"实验基地建设项目顺利推进并取得良好效益,学校从建设管理方面采取以下策略:

(一)提升"五动"策略实践效能

1. "课题启动"——引领教学教研方向。

2. "专业推动"——提升教学教研境界。

3. "典型带动"——促进教学教研实效。

4. "策略联动"——提高教学教研高效。

5. "管理促动"——保证教学教研真效。

(二)拟订成立"五个"建设小组

1. 建立以骨干教师为核心的"品质课堂"建设"攻关示范组"。(由课程教学中心负责组织实施)

2. 建立以学科组为中心的"品质课堂"建设"学科研究合作组"(含年段学科教研小组、备课组和年级德育研究小组)。(由课程教学中心负责组织实施)

3. 建立以班为单位,年段组长跟进协调,由班主任牵头负责、各科任教师组成的"品质课堂"建设"班级研究共建组"。(由教师发展中心负责组织实施)

4. 建立以教师、家长为主体的"品质课堂"建设"促学促研组"。(由质量监控中心负责效果跟进)

5. 建立以专家、名师为核心的"品质课堂"建设"指导督评组"。(由质量监控中心负责效果跟进)

(三)强化"五个"平台机制作用

1. 建立"合作学习"平台机制。加强"合作学习"小组建设,大力开展课堂"小组合作学习"实施策略研究，帮助学生形成问题性学习、真实性学习、挑战性学习、体验性学习、互动性学习的学习方式。

2. 建立"合作教研"平台机制。加强"学科组"建设，大力开展"合作教研，合作教学"研究，以期整体提升教师教学研究能力和教学实操技能，并促进教师从合作教研走向合作教学，提高各科课堂教学整体育人的实效。

3. 建立"教学模式"平台机制。加强"教学模式"建设，各学科共同围绕信息技术与学科教学深度融合的"三学—三导—三生素养"常态课堂教学模式建构开展研究，实现资源共享，开展"品质课堂"教学竞赛，以赛促教，加强展示交流，整体提升全校教师的教学水平。同时，各学科要积极开展"品质课堂"示范课建设，着力探索出"三课型"（新授课、复习课、评讲课）的常态"三学—三导—三生素养"课堂教学模型，不断凝练出各学科各学段"三学—三导—三生素养"常态课堂教学操作范式，积淀"三学—三导—三生素养"课堂教学特色，提升课堂教学质量。

4. 建立"学习共同体"平台机制。加强"传帮带"建设，抓好"一加一"师徒结对和"研训合一"的课堂研训两大活动，建构"教科研组—小组—班级"三级学习共同体。所有教师都要相互开放课堂，通过对教学的案例研究，构筑"三共"（共学、共享、共进）的同事关系（互学互助）和"三安"（安定、安宁、安全）的共学磁场（相互倾听和对话），进一步营建教师成长生态，培育"怀博爱之心，养博学之识，育博能之才"的"博育"教师，"擦亮"凝练彰显教师专业素质的高品质课堂教学。

5. 建立"课堂质量评价"平台机制。加强"课堂观察"有效工具研制建设，积极开展课堂教学质量评价体系和学生综合素质发展评价体系的研究，深度探索实践"558"学生综合素养的五个培育路径，培养"五会五有八特别"博才少年，"擦亮"凝练彰显学生综合素质的高品质育人体系。

六、预期成果

提升师资队伍整体素质，培育一支"怀博爱之心，养博学之识，育博能之才"的"博育"教师队伍，拟在"十四五"（2021—2025）期间培育区级及以上先进学科组2~5个，新培养校级学科名优教师30~40名，区级教学能手10~15名，市级教学能手、名师3~8名。

提升全体学生综合素质，培养具有"五会五有八特别"综合素养的"博才"学子，拟每学期举行"才艺展示"月等大型月主题活动2~4次，积极组织鼓励学生参加区级以上展示、竞赛活动，力争学生在"十四五"（2021—2025）期间获得区级以上奖励达 1000 人次以上。

提升常态课堂教学质量，形成"三学三问""问学教学""品质课堂"特色，拟在"十四五"（2021—2025）期间打造各学科"问学教学""品质课堂"示范课、精品课校级 300 节以上，区级 50 节以上，市级 20 节以上，并建立各学科"三学三问""问学教学""品质课堂"共享资源库（教学设计、教学视频、课堂实录等），汇编"品质课堂"精品案例集。

七、保障机制

健全组织，明确职责。成立"品质课堂"建设领导小组和工作小组（如图所示），把"品质课堂"建设工作作为学校"十四五"（2021—2025）规划发展的重要目标和任务，并建立相关责任机制，有序统筹推进。

发挥优势，全面保障。学校在"品质课堂"建设方面有一定的优势和基础：学校校长是东莞市第二批中小学名校长工作室主持人，有较强的教科研能力，具备了一定的"品质课堂"领导力；学校是东莞市慕课试点学校、东莞市创客实验学校、东莞市第三批品牌学校培育对象、广东省基础教育研究实验基地学校、中国 STEM 教育领航学校等，有开展"品质课堂"建设的平台优势；学校一直致力于"三学三问""问学教学"模式研究，有一定的研究成果基础，研究成果《基于尝试教学理论的"三学三问"常态课堂教学模式研究》公开发表在《现代教育》（2018 年 5 月第 10 期）上。同时，学校将"品质课堂"建设和"开才教育"品牌学校建设高度融合，在教师研训、教学比赛、资源建设、校本教研、经费投入、设施设备配置等方面全力支持，全面保障"品质课堂"建设各项工作顺利开展。

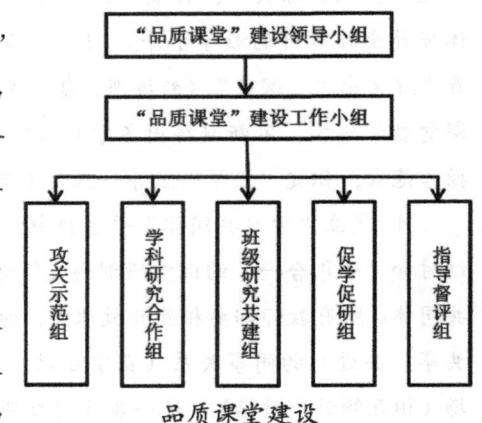

专家指导，常年跟进。学校有丰富的专家资源，能确保有专家进行长期的、有深度的、系统的指导和跟进。同时，学校有市内外"友好学校发展联盟"校、结对帮扶校、工作室成员校长等学术交流活动平台资源，有利于"品质课堂"建设成果的交流与辐射，使学校"品质课堂"建设保有原动力与影响力。

第三节 实施"三步三层"的专业素养校本研训行动

"学导生成教学"中的"三学"（自学、研学、思学）"三导"（启导、引导、指导）"三生"（自我内生、互动共生、内化自生）策略方法和原则原理，既可以指导开展学生的教育，又可以指导学校策划、组织、开展教师专业发展校本研训一体化实践。

一、构建"三步三层"的专业素养校本研训循环工程

（一）"三步三层"专业素养校本研训循环工程的设计思路

作为教师队伍建设长期循环实施校本研训工程的一个指南，学校通过探索校本研训一体化模式，实施校本研训工程，建立学校教师队伍建设可持续发展的良性机制，以期全面激发全体教师积极争做现代新型教师（师德高尚、热爱学生、知识专博、理念更新、师能超强）的热情，建设更加合理优质的师资队伍，提升学校办学整体实力与质量，促进学校全方位优化发展；同时也期待通过大力探索与有效实施校本研训工程，不断为同类学校开展教师队伍建设提供可借鉴的经验。

为了更加积极稳妥地、有计划地、科学地、深层次地开展学校校本研训工作，学校在"三个途径、六种方式"校本研训一体化模式的基础上，根据学校教师专业发展的实际，创造性地按照"普及研训，评价分层""分层研训，指导定向""定向研训，引导专修"三大步骤规划、设计了教师专业发展校本研训循环实施工程，简称"三步三层"的校本研训循环工程。

（二）"三步三层"专业素养校本研训循环工程的实施内容

"三步三层"的校本研训循环工程的分层，不是将教师分成三六九等，而是引领教师个人对自身专业水平与发展需求进行评价分析，再有针对性地开展研训活动。

第一步："普及研训，评价分层"将着重结合教师的整体需要开展全面普及性研训，激励教师扬长补短，引导教师自我分析，为教师的专业发展解决"基本性问题"，促使教师达到"现代新型教师"基本要求。

第二步："分层研训，指导定向"将侧重结合教师的不同需求开展不同层面的研训，引领教师挖掘潜能，帮助教师确定发展方向，为教师的专业发展解决"一般性问题"，鼓励教师争做优秀"现代新型教师"。

第三步："定向研训，引导专修"将主要结合教师的个性化需求开展个性专项研训，激励教师充分发挥潜能，引领教师形成个人的专业发展特色，鞭策教师努力争做学科骨干特色"现代新型教师"。

每个步骤里又着重从"教师学科素养、教师专业技能与班主任专业技能"三方面分别落实"五位一体"研训内容为载体具体实施,即"五位一体"工程(见表6-1)。三步结束为一个研训工程周期结束,而后再视情况组织实施第二周期的研训工程。

表6-1 "三步三层"校本研训"五位一体"工程的具体内容

研训项目	教师研训内容与准备要求("五位一体")		
	第一步	第二步	第三步
教师学科素养	1. 每学年自拍、整理一节教学录像课 2. 每学期确定、围绕一个主题进行听评课 3. 每学年听评、分析、记录一节优质课 4. 每学期设计上一节公开课、研究课或汇报课 5. 三个学期内解读任教学科各册教材一遍	1. 采用科学的教育统计方法进行一次教学质量分析 2. 与本校教师或外校教师进行一次"同课异构"教学 3. 深入分析一位自己本学科的特级教师(或学科带头人)的一节课 4. 确定一个学段、一门学科、一种课型,开展研究典型课例的设计与实录 5. 以主题发言的形式把自己的所学、所想、所感、所悟、所获向其他教师宣讲一次	每个教师根据自己专业发展的需要,结合自己的特点,主动向专家指导老师请教,把"教师学科素养"某一或某几方面作为目标方向,制订"专修研训计划",开展研训,并将"专修研训计划"及落实情况放进成长档案袋里
教师专业技能	1. 每学年阅读、批注一本书 2. 每两周写一篇教育随笔 3. 每学期写一篇论文或教育案例 4. 每学年进行或参与一个小课题的研究 5. 每学期参加一次教育教学智慧竞赛	每个教师根据自己专业发展的需要,结合自己的特点,从第一步教师专业技能"五位一体"研训内容中选择确定自己感兴趣的一个或几个,制订"个人发展研训计划",开展研训,并主动向专家指导老师请教,将"个人发展研训计划"及落实情况放进成长档案袋里	每个教师根据自己专业发展的需要,结合自己的特点,主动向专家指导老师请教,把"教师专业技能"某一或某几方面作为目标方向,制订"专修研训计划",开展研训,并将"专修研训计划"及落实情况放进成长档案袋里
班主任专业技能	1. 制订一份班级(少先队中队)的日常管理制度,并反思实施情况 2. 每学年跟踪转化一位后进生 3. 每学期反思或总结设计实施的较为成功的一个主题班(队)会或活动 4. 每学期草拟一份班级文化建设方案,并实施 5. 每学期详细记录与反思一次与学生或家长沟通的成功或失败案例	每位班主任基于班级管理的需要,根据班主任专业技能"五位一体"的研训内容,结合自己的管理理念和思路,确定自己的发展研训计划,并主动向专家老师请教,将"个人发展研训计划"以及后继实践的情况,放在档案袋里	每个班主任根据自己专业发展的需要,结合自己的特点,主动向专家指导老师请教,把"班主任专业技能"某一或某几方面作为目标方向,制订"专修研训计划",开展研训,并将"专修研训计划"及落实情况放进成长档案袋里

二、实施"三步三层"专业素养校本研训循环工程的措施

（一）理念引领专业化

在第一阶段开展校本研训工作的过程中，学校越来越感到，要想深层次地开展校本研训工作，在完全运用本校人力资源解决本校问题上，学校已力不从心，迫切需要专门研究机构的专业人员给予实践指导与引领，系统深入地开展研训一体化的校本研训，方能深层次地促进教师专业成长。为此，学校积极争取得到了东莞市教师进修学校的鼎力支持，把本校确定为"东莞市教师进修学校校本研训实践指导基地"，为阳光第三小学开展校本研训工作给予长期的专家指导支撑，这将是学校成功实施校本研训工程的重要保障。一方面市教师进修学校专家老师可以通过常年深入学校，参与具体的校本研训获得更多的实践信息和资料，进而推进教师的理论研究与实践以及更好地指导未来的校本研训；另一方面专家进校指导可以使学校的校本研训设计与实施更全面、更科学、更具有理论基础，更重要的是能让学校获得更多的研训实践指导，是确保校本研训工程取得成功的重要基础。学校将以此为契机，深入实施校本研训工程，大力推动教师群体发展，促进学校优化发展。

（二）成长记录规范化

学校主要以建立教师成长档案袋为抓手，探索实施"三大步骤、三个层面"循环校本研训工程，即落实"五位一体"研训内容，依托专家老师的指导引领，使教师在接受新思想和形成新观点方面有进展，不断获得自我可持续发展的能力。教师成长档案袋就是积累和记录教师成长历程的档案袋，记载着教师的甜酸苦辣，记载着教师的收获、困惑、所思所想、所学所悟、所能所求。它是教师"思想和工作的博物馆"，也是一面反观自身的镜子。建立教师成长档案袋，一是让教师养成随时随地记录自己工作、生活、学习中的点点滴滴的良好习惯，二是为教师反思自己的成长提供有效的载体，三是作为"五位一体"的评价方式，保证"五位一体"的顺利实施。

（三）研训时间日常化

根据学校教师任教学科及学段情况一般为一至三年级循环（此处的"循环"，指同一个教师在一年级、二年级、三年级中循环任教，下同）、四至六年级循环或一二年级循环、三四年级循环、五六年级循环的实际，确定校本研训工程每三年为一循环周期，其中第一步"普及研训，评价分层"为一年半时间（三个学期），第二步"分层研训，指导定向"为半年时间（一个学期），第三步"定向研训，引导

专修"为一年时间（两个学期）。一个周期结束后，将根据教师发展的整体情况重新确定"五位一体"研训内容，再组织实施第二周期的校本研训工程。为确保研训时间和实效，学校确定每周一、周五下午集中研训1小时，分为语文、数学、英语、综合四个研训组，每周固定安排2节课的研训时间。

（四）研训形式多样化

研训形式主要有讲座、自学、讨论、课堂观摩与考察（磨课活动）、撰写读书笔记及开展教研月活动等。①讲座：请教师进修学校的专家指导老师作系统性的专题讲座，并在讲座后开展相关活动。②自学：教师在工作中学习是校本研训的显著特征，教师本人的自我学习是校本研训行之有效的途径，但自学并不是指教师随意进行自学，而是指教师按照研训的内容与要求，有一定规范的自学。③观摩与考察：学校将以建立的"友好学校发展联盟""结对帮扶"学校以及教研月活动等为平台，有计划、有准备、有针对性地组织教师开展校内外观摩与考察交流活动。④研讨会：组织开展诸如"教师沙龙""成果推介""主题讨论"等不同形式的研讨会，突出研究与讨论的特点，并将教师的自学、论文撰写、观点交流以及专家指导老师的讲座等更好地结合起来组织开展。⑤行动研究：基于教师即研究者的理念，行动研究作为教师专业发展的重要形式已经为越来越多的人认可，学校大力倡导开展教师个体式或教师群体性的行动研究，诸如"课堂评析""案例跟踪""小课题研究"等。

（五）组织落实具体化

按照三大步骤，根据研训项目，拟订具体的研训内容与任务要求，明确研训形式与负责人，扎实开展研训活动。表6-2是第一周期第一步：普及研训，评价分层（2010年3月—2011年7月）的具体安排如表6-2所示。

表6-2 "五位一体"的教师研训

研训项目	教师研训内容与任务要求（"五位一体"）	研训形式	专家指导	负责人 学校	负责人 指导老师
教师学科素养	第一个"一"：每学年每位教师至少拍一节自己的教学录像，同时用文字记录教学的整个过程，然后，就"我的教学有哪些问题？""这些问题是否已经习以为常了？""我如何改进？"这些问题写一篇反思，把教学过程的记录和反思放进成长档案袋	讲座 行动研究 自学	开展《教师成长档案袋》《教学反思撰写》讲座及教学反思点评交流互动活动	卢旺盛 成树添	讲座：张润林 跟踪点评交流：陈应才、陈德根、郭鲲鹏、洪华灿 张彤、余娟

续表

研训项目	教师研训内容与任务要求（"五位一体"）	研训形式	专家指导	负责人 学校	指导老师
教师学科素养	第二个"一"：每学期每位教师自己确定一个感兴趣的主题，并围绕这一主题进行听评课至少10节，把听评课记录放进成长档案袋里	讲座 行动 研究 观摩 研讨	开展"主题式听评课"讲座及互动交流活动	学科组长负责 语文：刘玉华 数学：黄凤英 英语：熊定华 综合：李权	讲座：张润林 跟踪点评交流：陈应才、陈德根、郭鲲鹏、洪华灿 张彤、余娟
	第三个"一"：每学年每位教师至少到校外听一节课，听课过程只需找出你认为最有价值的一个优点，并分析别人为什么会有这个优点，自己如何根据这个优点来改进自己的教学，把这个分析过程记录下来放进成长档案袋里	行动 研究 观摩 自学			语文：沈诗平 数学：周跃平 英语：罗路玲 综合：洪华灿 张彤 余娟 陈应才 陈德根 郭鲲鹏（进修学校全体教师）
	第四个"一"：每学期每位教师上一节公开课、研究课或汇报课等，把上课的教学设计和评议记录以及自己的努力方向放进成长档案袋里	行动 研究 观摩 自学	各学科教学"磨课"活动		
	第五个"一"：一年半内每位教师把任教学科的各册教材精读一遍，并根据课程标准梳理出知识体系，放进成长档案袋里	讲座 行动 研究 研讨	开展"各学科教材解读"讲座及学科知识体系梳理交流互动活动		
教师专业技能	第一个"一"：每学年每位教师至少读一本书，读什么书由教师自己选择并购买，读的时候要随时进行批注，读完后把自己所做的批注摘抄下来，放进成长档案袋里，书款凭批注由学校报销	讲座 自学	开展"读书笔记"点评交流互动活动	邓彩琴	张润林 郭鲲鹏
	第二个"一"：每两周每位教师至少写一篇以上教育随笔，放进成长档案袋里	讲座 行动 研究 自学	开展"教育随笔的撰写"讲座及"教师随笔点评"互动活动	张波	讲座：张润林 跟踪点评交流：陈应才、陈德根、郭鲲鹏、洪华灿 张彤、余娟
	第三个"一"：每学期每位教师写一篇论文或教育案例，放进成长档案袋里	讲座 行动 研究 自学	开展"教育案例与论文撰写"讲座	李晓燕	讲座：郭鲲鹏 跟踪点评交流：张润林、陈应才、陈德根、洪华灿 张彤、余娟

-217-

续表

研训项目	教师研训内容与任务要求（"五位一体"）	研训形式	专家指导	负责人 学校	负责人 指导老师
教师专业技能	第四个"一"：每学年每位教师确定并围绕一个自己教育教学实践中的困惑进行小课题研究，或者围绕学校科研课题选择一个课题参与研究，采用跟踪和行动的方法完成这个研究，并把研究过程中的资料和研究报告放进成长档案袋里	讲座 行动研究 自学	开展"如何开展研究""小型研究报告撰写"讲座	黄毅斌	讲座：张润林 跟踪点评交流：陈应才、陈德根、郭鲲鹏、洪华灿、张彤、余娟
教师专业技能	第五个"一"：每学期每位教师参加一次教育教学智慧竞赛	行动研究 观摩 评析	现场点评指导	黄毅斌 张波 邓彩琴 李晓燕	张润林 沈诗平
班主任专业技能	第一个"一"：制订一份班级（少先队中队）的日常管理制度，并撰写组织班级（少先队中队）日常管理后的情况反思，一并放进成长档案袋里	讲座 行动研究	开展"班级的日常管理"的讲座及"小学班级管理的热点与难点"互动活动	张三妹	张彤
班主任专业技能	第二个"一"：每学年跟踪转化一位后进生，并详细记录后进生的转化情况，放进成长档案袋里	讲座 行动研究	开展"后进生的转化"的讲座	黄笑玲	张润林
班主任专业技能	第三个"一"：每学期将设计开展的主题班（队）会或班级（中队）活动进行整理反思，并将设计实施的一个较为成功的主题班（队）会或班级（中队）活动的设计、开展情况及反思或总结放进成长档案袋里	讲座 行动研究	开展"班会的设计""班级活动的有效组织与安全保护"的讲座及"主题教育案例分享与分析"的互动活动	张柏青	陈应才
班主任专业技能	第四个"一"：草拟一份班级文化建设方案，根据各班的实际营造各自的班级文化，将班级文化建设方案及营建情况（含文字与图片）放进成长档案袋里	讲座 行动研究	开展"班级文化建设""综合素质评价与成长档案袋使用与管理"的讲座及"班主任教育智慧大赛"	王祖正	张润林 郭鲲鹏
班主任专业技能	第五个"一"：每学期详细记录与反思一次与学生或家长沟通的成功或失败案例，放进成长档案袋里	讲座 行动研究 自学	开展"班主任的批评教育艺术、与学生沟通的艺术""班主任专业化发展"的讲座	高段：张三妹 黄笑玲 低段：张柏青 王祖正	洪华灿 陈德根

案例 6-3

实施"三大"校本研训方案　促进"五大"专业技能提升
——小学班主任专业技能校本研训实践研究案例

一、研究背景

如果说，校长是一校之魂，那么，班主任就是一班之魂。对班主任专业化问题进行研究是由我国的教育特色所决定的，对班主任专业发展问题的研究是对传统的班主任研究的延续和超越，新课程改革是这一研究问题得以提出的重要背景和原因。《教育部关于进一步加强中小学班主任工作的意见》和《中小学班主任工作规定》明确指出："班主任是中小学的重要岗位，从事班主任工作是中小学教师的重要职责。教师担任班主任期间应将班主任工作作为主业。""教育行政部门和学校应制订班主任培养培训规划，有组织地开展班主任岗位培训。"促进班主任专业知识、专业技能、专业心态、专业智慧等方面的专业发展，既是时代发展的迫切要求，也是学校可持续发展的客观需要，更是班主任自身发展的内在需求。

二、研究目标

本课题研究的总目标是，探寻有效地开展小学班主任专业技能校本研训的方案（内容、方法和途径等），促进教师的班主任专业技能得到提高。

本课题研究的具体目标是：

1. 规范地实施小学班主任专业技能校本研训，探索出一些行之有效的提高小学教师的班主任专业技能的校本研训方案。

2. 有效地提升小学教师的班主任"五大"技能（组织和管理班集体的能力、班级发展规划的能力、研究和指导个别学生的能力、与家长和任课教师沟通的能力、班级管理的研究能力），促进班主任实现由事务型班主任向智慧型班主任转变，从奉献型班主任向创新型班主任转变，促进学校更好地贯彻党的教育方针，提高办学水平。

三、研究内容

本课题以"在小学教师中开展班主任专业技能的校本研训"为研究主题，通过探寻与实施具体的小学班主任"五大"专业技能校本研训的方案（内容与目标、方式与方法、途径与措施等），即建设与开展"专家支持互动研训"方案（"四类"活动和"两大"平台的体验工程）、建设与实施"专题项目实践研训"方案（"五位一体"实践工程）、倡导与施行"专业积累反思研训"方案（"五位一体"反思工程），有效地促进和提升小学教师班主任专业技能理论素养和实践技能（即"五大"技能）。

四、解决的主要问题和解决问题的策略、过程与方法

（一）解决的主要问题

我们清醒地认识到，仅仅提高教师的教学技能、转变教师的课堂教学行为，并不能完全带来学生学习方式的转变，班主任工作方式的转变也是学生学习方式转变的一个重要外部条件。在新时期，学校迫切需要全体教师都具备能胜任班主任工作的专业技能，开展小学班主任专业技能校本研训，大面积提升教师的班主任专业技能，提高班主任的专业水平，是学校推进新课程改革过程中无法回避的问题，是学校可持续发展的客观需要，更是全体教师自身发展的内在需求。本课题研究就是要探寻"有效地开展小学班主任专业技能校本研训的方案（内容、方法和途径等）"，大面积地提升小学班主任专业技能，提高班主任的专业水平。

（二）解决问题的策略、过程与方法

在东莞市教师进修学校专家的指导引领下，全体教师扎扎实实地开展了两年的省级德育课题"小学班主任专业技能校本研训"研究。学校主张问题即课题，教室即研究室，教师即研究者，强调在理论指导下开展实践性研究，既注重解决实际问题，又注重经验的总结、理论的提升、规律的探索和教师的专业发展。学校采取"专家辅导与专业引领""同伴互助与合作研讨""理论学习与实践反思"等措施与形式把研训工作落到实处。

1. 施行、体验促进策略，建设与开展"专家支持互动研训"方案，在有目的地开展教师互动交流活动中提升教师的班主任专业技能

学校倡导以"体验"为核心的学习方式。学习者只有通过自身的活动，才能"同化"（皮亚杰："同化作用是有机体把外界元素变成日益完善的结构的整合作用"）、"顺应"（主体受到外界刺激而引起自身变化的过程），并达到"同化"与"顺应"的平衡。开展"班主任专业技能校本研训"教师是主体，"研训"的成效在很大程度上取决于教师的能动作用即参与"研训"活动的积极性、主动性；"学、研、

训"是"班主任专业技能校本研训"活动中的主要活动和方法，我们主要采取在专家专业的引领、指导下，教师参与"动脑""动口""动手"等体验研训活动的方式，促动教师主动在互动交流研训活动中提升班主任专业技能。

（1）在专家专业引领研训中体验提升——"四类"活动。专家的专业引领是教师班主任专业技能校本研训效果的重要保证和专业技术支持。我们依托专家的专业指导开展了"四类"活动：一是培训——开展八个专题培训（"班主任职业规划与专业成长""班主任的批评教育艺术、与学生沟通的艺术""班主任与家长的沟通艺术""班级的日常管理""特殊学生的转化""综合素质评价与成长档案袋使用与管理""班级活动与主题班会的设计""班级文化建设"）；二是竞赛——开展"两项竞赛"活动（"班主任教育智慧竞赛"和"主题班队会课竞赛"）；三是论坛——开展"四项论坛"（班主任经验交流会、特殊学生转化经验座谈会、教育案例分享与分析会、教师读书活动交流会）；四是展示——开展"三项展示"（"特殊学生成长档案袋"展示、"班主任专业技能发展优秀档案袋"展示、"教师读书笔记评比"展示）。教师在参与学习、互动、交流、展示研训活动中，通过专家专题培训、现场点评和跟踪指导等，来提升班主任专业技能理论素养，并在实践运用中提升班主任实践技能。

（2）在参与互动交流研训中体验提升——"两大"平台。在开展"班主任专业技能校本研训"活动中，教师与专家、教师与教师之间的互动交流是否有效，关系到教师是否具有充分展示自己、发挥自己、主动参与研训的积极性。"互动交流"其实就是教师与专家之间进行"学"与"引"的过程，是教师与专家、教师与教师之间相互影响、平等对话的过程，强调的是优势互补、资源共享、相互讨论、共同提高，所以互动交流时就要有提问、有氛围、有影响、有作用。我们专门邀请专家参与建设了"两大"互动交流平台：校园网交流互动平台；"班主任会所"，即每月一次的"班主任派对"。利用这两个平台：一是加大专家与教师、教师与教师之间专业交流的频度与深度，帮助班主任解决专业成长过程中所遇到的问题，提高班主任的专业水平；二是扩大专家与教师、教师与教师之间生活交流的广度和质量，让教师们不再认为班主任工作是一种苦差事，对班主任工作不再避之唯恐不及，提高班主任的职业幸福感。

我们在组织教师开展"四类"活动和建设"两大"平台进行班主任专业技能校

本研训活动时，特意安排专家按项目负责跟进研训情况，强化专家"跟踪指导，互动研训"的实效。两年里，我们在专家的引领、参与下，一共开展了专家主题培训讲座10个，开展了"两项竞赛"活动7次（3次"班主任教育智慧竞赛"、2次"主题班会课竞赛"、2次"主题队会课竞赛"），开展"四项论坛"11次（4次班主任经验交流会、3次特殊学生转化经验座谈会、2次教育案例分享与分析会、2次教师读书活动交流会），开展了"三项展示"6次（2次"特殊学生成长档案袋"展示、2次"班主任专业技能发展优秀档案袋"展示、2次"教师读书笔记评比"展示），开展了"班主任派对"15次，在校园网上互动交流已形成了常态，全体教师的班主任专业技能在体验研训的过程中不知不觉地得到了提升。

2. 施行、践行发展策略，建设与实施"专题项目实践研训"方案，在针对性地规范班务日常管理工作中提升教师的班主任专业技能

我们根据实践第一的观点，在专家专业引领的基础上，对"小学班主任专业技能校本研训"，一改过去只以集中培训班主任工作理论知识和传授班主任工作实践经验为主的培训方式，树立"践行"即"研训"的理念，着重针对"班务日常管理工作内容"，强调教师在"班主任开展的班务日常管理工作"和"班务管理活动"实践中进行培训、学习、研究、提升、掌握"班主任专业技能"。

（1）建立班务管理实践研训项目——"五位一体"实践工程。我们在将"班主任专业技能研训"与"规范班务日常管理工作"结合起来的基础上，厘清目前教师们需要具备的五项重点"班主任专业技能"，再针对"班务日常管理工作"中主要、重要的内容，选取五个对应的专题项目，让教师按要求规范地从事与完成"班务日常管理工作"，主张在实践中研训与提升"技能"，使教师在专题项目实践研训中针对性地提升"班主任专业技能"，这就是"五位一体"实践工程。它指的是以实施"五位一体"实践工程为载体开展班主任专业技能校本研训，促进全体教师掌握和提升班主任五个方面的专业技能：①每学期制订、实施、反思一条班级的日常管理制度，以"提升组织和管理班集体的能力"；②每学年跟踪转化一位特殊生，以"提升研究和指导个别学生的能力"；③每学期设计实施、反思、总结一个较为成功的主题班（队）会或活动，以"提升班级管理的研究能力"；④每学期草拟、实施一份班级文化建设方案，以"提升班级发展规划的能力"；⑤每学期详细记录与反思一次与学生、家长、科任教师沟通的成功或失败案例，以"提升与家长和任课教师

沟通的能力"。

为确保"专题项目实践研训'五位一体'实践工程"的有效落实，我们针对每个项目专门聘请一位专家给予过程跟踪指导，我们在学校内部还针对每个项目专门安排一个由4人组成的老师团队具体负责收集、汇总全校教师的研训情况，并与专家进行对接，及时开展交流、展评等相应的研训活动。

（2）实施班队建设团队合作制度——"两个"合作小组。为了让全体教师都能有亲自参与"班主任开展的班务日常管理工作"和"班务管理活动"的实践机会，我们建立与施行了"两个"合作小组。一方面我们在全校实行班级与班主任捆绑式管理（班主任负责制，班级命名与班主任名字联系在一起），每个班设置正、副班主任两个岗位（副班主任主要负责少先队工作），并将全校教师合理地分配到各班，每班建立一个2~4人的"班队建设教师合作小组"，由正班主任负责牵头，实施班队管理由"班队建设教师合作小组"合作管理制。比如，"班务日常管理工作"实施的"五位一体"实践工程中的各项任务，都统一由班主任负责对"班队建设教师合作小组"进行分工、协调、统筹实施，形成班队建设管理合力。另一方面我们在全校各班级建立"学习管理学生合作小组"，实行"学生学习与管理小组合作制"，学校结合"班务日常管理工作"实施的"五位一体"实践工程专门拟订有"学习管理学生合作小组"操作方法和评价细则，由"班队建设教师合作小组"统筹实施。

这样，全体教师在参与具体的"班务日常管理工作"和"班务管理活动"中都能得到"班主任专业技能"实践性的训练与提升。

（3）设计综合历练实践主题活动——"两大"实践活动。我们专门设置了两项常年开展的综合历练全体教师"班主任专业技能"的主题实践活动，一是"建阳光教室"活动，二是"课外访万家"活动。"建阳光教室"活动即"引领生活于同一个教室中的人（师生），共同创造一个充满阳光的教室，共同书写一段生命的传奇"的班队团队建设活动。我们借鉴新教育实验课题研究成果之一"缔造完美教室"的工作方案与要求，在全校范围内打造"阳光教室"若干。阳光教室的内涵是"教室是图书馆，是阅览室；教室是实践场，是探究室；教室是操作间，是展览室；教室是信息资源库，是教师的办公室；教室是习惯养成地，是人格成长室；教室是共同生活所，是生命栖居室"，阳光教室要求以"班级文化构建"为总体目标，以"共读、共写、共同生活"为基本愿景,以"晨诵、午练、暮省"为基本生活方式,以"实施全人课程"为基本途径,以"师生成为叙事的主角"为基本使命。"课外访万家"活动主要是指开展教师家访,以实地走访为主,以互联网、电话、信函、联系册等方式为辅,要求实现"班级全覆盖、教师全覆盖、学生家庭全覆盖",家访的主要内容是肯定学生成绩,鼓励学生成长,倾听家长的意见和建议,与家长共同探讨教育学生的途径和方法,以期形成家校教育合力。这两项活动的开展都以"班队建设教师合作小组"为单位组织实施,明确教师各自的任务与目标、考核标准等,使教师人人都能得到"班主任专业技能"不同层面、不同程度的历练与提升。

3. 施行内省提升策略,倡导与施行"专业积累反思研训"方案,在有意识地培养班主任的工作习惯中提升教师的班主任专业技能

唯物辩证法认为,事物发展的根本原因不是在事物的外部而是事物的内部。众所周知,外因是变化的条件,内因是变化的根据,外因通过内因而起作用。根据这一观点,在对教师开展"小学班主任专业技能校本研训"活动时,学校的"导训"(即采取的研训形式:理论学习、专家辅导、合作研讨、团队践行等)是变化的条件,是外因;教师的"学研"(即学研态度、毅力兴趣、方法能力、需要动力等)是变化的根据,是内因。学校开展的研训活动要通过教师的学研而起作用,如果教师不愿研训,学校开展的研训活动将失去作用;如果教师不会研训,学校的研训活动也会受到影响。而"学研"的内因要靠"导训"的外因去调动,基于此,我们采取"内省提升"策略,培养教师"积累反思"的工作习惯,激励教师在"专业积累反思研训"中提升"班主任专业技能"。

(1)倡导施行积累反思研训项目——"五位一体"反思工程。我们开展了"专家支持互动研训""专题项目实践研训"等教师的班主任专业技能校本研训后,很有必要引领教师针对研训情况及时进行小结反思,包括在学习中反思,在工作中反思,在评价中反思,在比较中反思等,通过反思总结经验,找到问题,明确目标,增添措施,不断积累,促进发展。因此,我们倡导教师在以下五个方面选择1~3项内容坚持开展反思:①坚持记写班主任读书笔记;②坚持记写班主任教育随笔;③坚持记写班主任教育案例;④坚持撰写德育论文或班主任工作反思;⑤坚持参加教育教学智慧竞赛和记写心得反思。这就是"专业积累反思研训'五位一体'反思工程",

它能促进教师转变班主任工作方式，不断促进教师的"班主任专业技能"提升，让教师能有艺术性地开展班主任工作，让班主任最大限度地提高工作效率，体验自我成长的愉悦。

（2）建立实施评价激励导向机制——"两项"评价考核。教学教育工作的考核总是在一定程度上起着导向作用。为激励教师开展"班主任专业技能校本研训"，我们着重开展了"教师的班主任专业技能"和"教师的班主任工作绩效"两项考核。一是"教师的班主任专业技能"考核，我们着重以教师"从事班主任工作"的"五大"技能为考评项目，分别拟订考核指标标准，鼓励教师自己选择应评项目或方式，通过现场展示、竞赛答辩、资料展评、活动呈现等形式，学校对教师的"五大"技能给予定量和定性的评价，主要以肯定进步、宣介成绩等激励性评价为主。二是"教师的班主任工作绩效"考核，我们着重从三个方面评估班主任的工作绩效：一是评价班主任工作的效果，主要是根据预期教育目标考查工作的实际效果，即看所任班级的全体学生德、智、体、美、劳诸方面的实际发展水平；二是评价班主任的工作效率，主要考查所任班级全体学生在一定时间内思想品德、知识技能的发展情况；三是评估班主任其他职责的履行情况，即评价班主任组织班级活动、组建班集体、协调学校、家庭、社会各方面关系的实际水平。我们专门拟订且经教师讨论通过的《正副班主任工作考评细则》，其中规定期末采取教师自评、年段组互评、教务处考核、学校评审的程序，对教师的班主任工作绩效给予公开公平公正的评价，并根据学校《教职工绩效奖励性工资发放方案》予以奖励。

五、研究成果概要

本课题研究主要在涵盖教师校本研训学习和班主任工作主要方面的"专家支持互动研训""专题项目实践研训""专业积累反思研训"三大领域里实施自变量的操作，通过创造性地实施一系列班主任工作实践技能研训活动方案，对教师的班主任专业"五大"技能的训练与提升产生了积极的作用与影响。本课题研究坚持"学、研、训"是"班主任专业技能校本研训"活动中的主要活动和方法，倡导以体验为核心的学习方式，坚持"实践第一"的观点，强化内因变化的激励，树立参与、践行、内省（即"学、研、训"）的理念。在研究过程中，对小学班主任专业技能校本研训实施措施与途径的探讨取得了成效，如在开展"专家支持互动研训"方案、"专题项目实践研训"方案和"专业积累反思研训"方案的探索中，形成了有助于教师班主任专业技能提升的"体验促进策略""践行发展策略"和"内省提升策略",建立了"四类"活动和"两大"平台的体验工程实施机制,建立了"五位一体"实践工程体系和两个合作小组、两大实践活动的操作机制,建立了"五位一体"反思工程体系和两项评价考核激励导向机制,将教师开展"班主任专业技能校本研训"的成果集结成专著"小学班主任专业技能校本研训实践研究成果丛书"(共三本:《班主任工作手记》《主题班会课设计》《主题队会课设计》)。这些研究成果丰富了班主任专业技能校本研训的实践,为小学开展班主任专业技能校本研训工作,培养小学教师的"班主任专业技能",提供了可借鉴的成功经验,操作性强,有较强的现实意义。

六、成果创新点

(一)创造性地探索出了一些行之有效的能使教师的"班主任专业技能"得到提高的校本研训方案:"专家支持互动研训"方案("四类"活动和"两大"平台的体验工程)、"专题项目实践研训"方案("五位一体"实践工程)、"专业积累反思研训"方案("五位一体"反思工程)。

(二)创造性地倡导与运用哲学、教育学、心理学等理论来指导开展班主任专业技能校本研训,揭示了小学班主任工作及专业技能研训工作的某些规律性特点和可规范运作的内容,创新地提出与实施了一些有助于教师"班主任专业技能"提升的小学'班主任专业技能'校本研训策略,即"体验促进策略""践行发展策略"和"内省提升策略"。

(三)创造性地建立了小学班主任专业技能校本研训内容体系和实施操作机制,即"四类"活动和"两大"平台的体验工程实施机制,"五位一体"实践工程体系和"两个"合作小组、"两大"实践活动的操作机制,"五位一体"反思工程体系和"两项"评价考核激励导向机制。无论是在促进班主任实现由事务型班主任向智慧型班主任转变,从奉献型班主任向创新型班主任转变方面,还是在大面积促进每个教师都能够具备从事班主任工作的专业技能,从而能够履行教师应该胜任重要岗位职责方面,以及在中小学有效开展班主任专业技能校本研训工作实践探索方面,都有着积极的作用。

七、成果推广应用及效果

(一)有效地提升了教师的班主任"五大"技能

本课题的研究,转变了学校教师在教育教学工作中仅凭积累的一些经验、感觉、惯例来开展工作的固定思维，促进了教师掌握班主任专业技能、有艺术性地开展班主任工作，帮助班主任解决了专业成长过程中所遇到的问题，提高了班主任的专业水平和教师胜任班主任的幸福感。两年来，全校教师人人都撰写了教育故事、专项技能研训报告、教育论文等，参赛获奖或发表论文72篇件（次），其中一名教师在东莞市中小学"班主任专业能力"大赛中获得一等奖，在广东省中小学"班主任专业能力"大赛中获得综合二等奖，"成长故事"单项一等奖，等等。

学校还专门汇集出版一套"小学班主任专业技能校本研训实践研究成果丛书"（共三本：《班主任工作手记》《主题班会课设计》《主题队会课设计》），这就是学校教师开展课题研究的结晶和班主任工作的实践成果。从丛书中我们可以看到学校开展"班主任专业技能"校本研训和教师们开展班主任工作研究的种种成果。《班主任工作手记》是学校教师们在开展"'五位一体'工程""建阳光教室""课外访万家"等研训实践活动中汗水的汇流、劳动的结晶，是教师们育人的心声、工作的号角、精神的升华，这些颇具灵性的文字，隐含着教书育人的情结，涵盖着为人师表的情怀，流露着大爱无涯的节操。《主题班会课设计》《主题队会课设计》是学校教师们研训"能设计、实施主题班（队）会或活动"这一小学班主任必备的重要专业技能的佐证。教师们在实践中总结提炼出了"主题班（队）会课设计的模板"，学校专门拟订了"主题班会课程计划"和"主题队会课程计划"，开设了"主题班（队）会课程"，每周设置一节班（队）会课，分别由班主任或副班主任（少先队中队辅导员）每月围绕一个主题，各组织开展2节（周）的班会和队会课（活动）。

（二）有效地促进了学生的发展和学校的发展

学校坚持以"体验求知，践行发展"的理念引领全体教师执着地开展《"小学班主任专业技能"校本研训实践研究》课题的研究，并采取边研究边检验再完善的策略，在全校范围内全方位地对本课题研究取得的阶段性成果进行了不断完善和推广运用，迅速地促进了教师的班主任专业技能和素养的大幅度提升，使得学校全方位地推进了教育改革与发展，全面深入地开展了素质教育，形成了良好的班风和学风，办学成效和特色在市区内外都产生了积极影响。两年来，全校有三分之二以上的学生获得区级以上表彰奖励或在竞赛获奖，其中程家欣等六位同学的作品分别在教育部艺术委员会十六届全国中小学生绘画、书法作品比赛中获得工艺设计比赛一、二、三等奖；师生共同演绎的语言类节目《岳阳楼记》在东莞市"魅力汉语、经典华章"

中华经典诵读大赛中获得特等奖第一名；话剧团演绎的儿童剧《差不多先生》荣获东莞市第八届少儿花会金奖和广东省群众文化艺术作品金奖；等等。学校获得"广东省德育示范学校"、首批"广东省中小学心理健康教育特色学校"、首批"全国中小学心理健康教育特色学校"等荣誉。

（本项课题成果2015年10月荣获东莞市教育科研优秀成果二等奖。成果主持人：王成；成果参与者：黄毅斌、张三妹、邓彩琴、卢旺盛、王祖正）

第七章 "学导生成"的学生"自成长"评价

"教育评价事关教育发展方向,有什么样的评价指挥棒,就有什么样的办学导向。"中共中央、国务院印发的《深化新时代教育评价改革总体方案》,明确了改革的重点任务,做到"五破""五立"。其中的改革任务是"改革学生评价,促进德智体美劳全面发展",明确"破"的是以分数给学生贴标签的不科学做法,"立"的是德智体美劳全面发展的育人要求,明确提出创新德智体美劳过程性评价办法,完善综合素质评价体系,对德育、体育、美育、劳动教育评价以及严格学业标准、深化考试招生制度改革做出重要部署,引导学生坚定理想信念、厚植爱国主义情怀、加强品德修养、增长知识见识、培养奋斗精神、增强综合素质。

"学导生成"的学生"自成长"评价,是为有效落实立德树人根本任务要求,针对学生发展评价内容和方法单一、"唯分数,唯升学"的问题,所倡导开展实施的基于大数据的学生综合素质"积分制"评价。它强调学生参与并在"学导生成"过程中对学生进行评价,注重全过程纵向评价与全要素横向评价相结合、结果评价与增值评价相结合、综合评价与特色评价相结合的评价方式,以解决"重结果、轻过程,重奖惩、轻激励"的现状,以及很难真正体现学生综合素质评价的过程性、发展性的功能问题。我们通过创新评价工具,开发利用"学生综合素质积分制评价"软件系统,优化操作系统,实现"学生综合素质发展情况"的大数据集成,使得评价结果可信度高、激励性强、指导性好。同时,这种评价有利于自我评价与外部评价相结合、线上评价与线下评价相结合;有利于全面科学反映学生的综合素质发展情况,激励促进学生综合素质得到良性发展。(见图7-1)

学导生成论

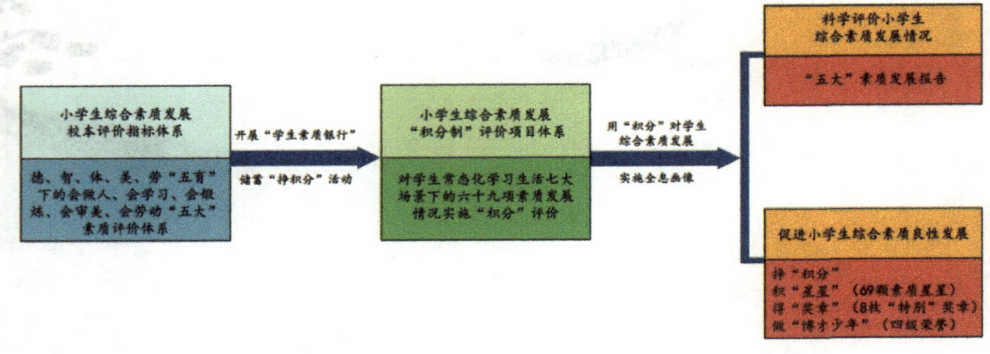

图7-1 基于大数据的小学生综合素质"积分制"评价图

第一节 学生综合素质发展"全息画像"评价理念

"学导生成"教育思想主张的"教学相长""助人自助"是教师教书育人的技术原理和最基本的教学原则，其核心要义是引导和帮助学生的核心素养自主生成、自觉养成、自我完善，强调培养学生全面发展的核心素养（正确价值观、必备品格和关键能力），注重尊重个体差异、多元化的评价方式。"学导生成"的学生"自成长"评价——"基于大数据的学生综合素质'积分制'评价"就是倡导对学生综合素质发展进行全面、全过程、全方位的评价，即"全息画像"，以期能全面科学地反映学生综合素质发展情况，以激励引导学生全面、优质地发展综合素质。

一、揭秘学生综合素质发展的"全息画像"

（一）学生综合素质发展"全息画像"

在教育领域，我们经常听到"全息画像"这个词。那么，什么是学生综合素质发展的"全息画像"呢？

在物理学中，全息技术是一种能够记录并再现物体三维立体图像的技术。将这个概念引入教育领域评价学生综合素质发展情况，我们可以理解为就是通过全方位、多角度的观察和分析，形成对学生综合素质发展的全面、立体的评价和描绘。

学生综合素质发展"全息画像"内容丰富，不仅关注学生的学业成绩，更强调学生的品德修养、情感态度、学习习惯、创新能力等多方面的素质发展。这样的评

-230-

价充分呈现了学生个性化、多元化的发展特点，使学生多方面的特长和潜力都能得到重视和展示。

学生综合素质发展"全息画像"并不只是对学生的一个瞬间状态进行评估，而是涵盖了学生学习过程中的全方位表现。这种综合素质发展的评价，更注重学生的成长历程和发展趋势，强调学生的全过程评价，包括学习态度、自主学习能力、实践操作能力等多方面的表现，而非仅仅看重某一时刻的成绩表现。

学生综合素质发展"全息画像"体现了多元化评价的原则，充分利用了教育信息化和大数据技术，将学生的学业成绩、参与活动、实践操作、创新表现等多种信息进行有效整合和呈现。这种评价方式的出现，提升了学生自主学习的能力，激发了学生的学习动力，也更好地反映了学生的综合素质发展水平。

在这种评价方式下，学校不再只着眼于学生知识的掌握程度，而是更加关注学生的学习态度和能力的培养。同时，学生也不再只追求分数，而是更加注重自身的全面发展和能力提升。这种评价方式的建立，为学生提供了更广阔的成长空间，使他们在不断发展中形成健康积极的人格，拥有更加全面的素质，更好地适应社会的变化和发展。

学生综合素质发展"全息画像"评价作为一种全面、多元、个性化的评价方式，不仅为学生提供了更加广阔的发展空间，更为教育者提供了更全面地了解学生的途径，为教育教学的改革和提升提供了有力支持。通过这种评价方式，学校和教师能更好地了解学生的全貌，更有针对性地进行个性化教育，使学生成为具有综合素质的有品德、有能力、有担当的未来栋梁。

（二）"学导生成"的学生综合素质发展"全息画像"

基于"学导生成"的学生综合素质发展"全息画像"评价是一种全面考量学生多方面素质和能力的评价方法。这个评价方式来自对学生综合发展的深入探讨和实践探索。这种评价方法不再局限于单一的成绩和分数，而是把学生在德、智、体、美、劳诸方面的发展情况纳入评价体系，综合考量学生的多种能力和潜能，从而形成一幅真实、生动、全面、立体、全景式的学生"全息画像"。

为了全面记录学生在校内外的成长轨迹，形成对学生综合素质发展的实时"全息画像"，我们提出了基于大数据的学生综合素质"积分制"评价理念。

一是设置了在七大场景下开展的"学生素质银行"储蓄"挣'积分'"活动。

所谓"学生素质银行"储蓄"挣'积分'"活动，就是进行反映学生素质发展行为记录的"积分"评价（奖分或扣分），试图全面记录学生校内外的成长轨迹，达到实现用"积分"对小学生综合素质发展"实时"全息画像的目标。我们将学生的日常行为分为七大场景，包括上学放学、课堂学习、课间活动、升旗两操集会、活动课程、校外表现和其他场景。在这些场景中，学生的行为将直接影响他们的"积分"评价。例如，上课认真听讲、积极参与课堂讨论可以获得积分，而迟到早退、课堂上玩手机则会被扣分。通过这种方式，我们可以全面记录学生在校内外的行为表现，为他们的综合素质发展提供客观的评价依据。

二是设置了挣"积分"、积"星星"、得"奖章"等日常评价奖项和做"博才少年"等学期末评价奖项。这些奖项旨在激励学生在各个方面努力提高自己的素质，不断迈向综合素质发展的新高度。同时，这些奖项也可以帮助学生更好地了解自己的优点和不足，从而有针对性地进行改进。

三是建立了"小学生综合素质'积分制'评价"项目体系，用积分对学生各方面素质的发展和表现情况进行全方位的管理与量化考核。这种评价方式不仅能够让学生更加关注自己的综合素质发展，还能够让他们在学习过程中形成良好的自我激励机制。

四是构建了小学生综合素质生成性评价模型。这一模型强调学生的综合素质发展是一个动态的过程，需要不断地积累和提高。通过对学生的行为进行实时全息画像，我们可以更好地了解学生的成长轨迹，为他们提供更加个性化的教育指导。

总之，基于大数据的学生综合素质"积分制"评价理念旨在全面记录学生在校内外的成长轨迹，实现对学生综合素质发展的实时全息画像。通过这一理念，我们可以更好地激励学生努力提高自己的综合素质，为他们的未来发展奠定坚实的基础。

二、学生综合素质发展"全息画像"评价理念的内涵解析

学生综合素质发展"全息画像"评价理念，是一种全新的、全面的评价方式，它旨在通过多维度、多层次的评价，揭示学生的全面发展情况。

（一）"全息画像"评价理念的内涵

1. "全息画像"评价理念的核心是全面性

在传统的评价方式中，我们往往只关注学生的知识掌握情况，而忽视了他们的其他素质。然而，一个人的发展并不仅仅取决于他的知识水平，还包括他的创

新能力、团队协作能力、道德品质等多方面的因素。"全息画像"评价理念就是要打破这种片面的评价方式，从多个角度、多个层面对学生进行全面评价。同时，"全息画像"不仅仅是对学生综合素质发展的表面形象进行描绘，更是对学生综合素质发展的内在属性、发展趋势等进行全面的分析和评价，以实现勾勒学生发展轨迹、预测学生发展趋向、对学生进行个性化指导和帮助。

2. "全息画像"评价理念强调的是动态性

在传统的评价方式中，我们往往只关注学习的结果，而忽视了学习的过程。然而，一个人的成长是一个动态的过程，其能力、素质都是在不断的学习和实践中得到提升的。"全息画像"评价理念就是要把握这个动态的过程，通过对学生的学习过程、实践过程的评价，反映他们的成长变化，以便教师能更好地了解、把握学生的学习发展情况，及时地给予针对性的支持和教育教学调整。

3. "全息画像"评价理念注重的是个性化

在传统的评价方式中，我们往往采用一刀切的标准，忽视了每个学生的个性差异。然而，每个学生都是独一无二的，他们的兴趣、特长、学习方式都有所不同。全息画像评价理念就是要尊重每个学生的个性，通过个性化的评价，发现和培养他们的特长。

4. "全息画像"评价理念倡导的是参与性

在传统的评价方式中，评价的主体往往是教师或者学校，而学生往往处于被动的地位。然而，评价应该是一个互动的过程，学生应该参与到评价中来，对自己的学习和发展进行自我评价。"全息画像"评价理念就是要推动学生参与评价、家长参与评价，通过自我评价和互评、他评，提高他们的自我认知能力和自我调整能力，实现评价主体多元、评价维度多元、评价结果多元。

5. "全息画像"评价理念倡导的是开放性

在"全息画像"的视角下，我们需要保持一种开放的心态，愿意接受新的事物、新的观念，敢于挑战传统的思维模式和评价标准、评价手段。这种开放性的评价理念，使得我们能够在不断的学习和探索中，提升自己的认知能力和评价水平。

总的来说，学生综合素质发展的"全息画像"评价是一种全面性、动态性、个性化、参与性、开放性的评价方式，它旨在通过多维度、多层次的评价，揭示学生的全面发展情况。这种理念的实施，不仅可以提高评价的科学性、准确性和公正性，也可以激发学生的学习兴趣和积极性，促进他们的全面发展。

（二）"学导生成""全息画像"评价理念的侧重点

基于"学导生成论"的学生综合素质发展"全息画像"评价应侧重于以下评价方法。

1. 关注学习过程性评价

"关注学习过程性评价"不仅是一种理念，更是对于学生发展的一种重要视角。在教育评价中，我们常常注重结果，即学生的分数或者最终的表现。然而，过程性评价却是对学生学习过程中所展现的种种表现及参与的认可和关注。这种评价更加关注学生在学习过程中的努力、态度、探究能力以及对课堂内容的理解和应用。

"学导生成"的"基于大数据的学生综合素质'积分制'评价"强调学生的参与和全过程纵向评价与全要素横向评价相结合。传统的教育评价往往只关注学生的学习成绩，而忽视了其他方面的发展。而"学导生成"的评价方法则将学生的德智体美劳全面发展作为评价的重点，注重学生在综合素质培养过程中的参与和表现。通过全过程纵向评价，可以更好地了解学生的成长轨迹和发展变化；通过全要素横向评价，可以全面考查学生在不同方面的表现和能力。

当我们关注学习过程性评价时，首先要明确的是，这种评价并不是单纯的量化分数。相反，它更多地关注的是学生在课堂上的表现、参与和态度。定性和量化评价相结合，使评价更加全面和客观。同时，自评、互评、他评也是这个评价过程中的重要环节。学生能够对自己的学习过程进行反思，也能从同伴或老师的评价中获得更多的建议和启发。

教师在实施评价过程中扮演着关键的角色。除了书面的正式评价外，教师还可以运用自身的魅力和教学技巧进行非正式评价。这或许是一个鼓励的微笑，或者是一句鼓舞人心的话语，这种语气和表情的变换往往能够激发学生更多的学习热情和动力。举例来说，在一个主题活动"秋游怎么组织"中，教师可以将非正式评价的过程融入其中，通过及时的自评、互评和他评，帮助学生更好地理解和应用所学的知识，同时，教师的评价也需要细化到学生回答问题后教师所使用的语言是否能够有效地激励学生继续前进。

评价的目的不仅仅是给学生打分或者做出简单的判断，更重要的是激发学生的学习动力，让他们真正享受学习的过程。过程性评价提供了一个更加全面的学生发展画面，它不仅关注学生的智力成长，更关注学生的情感态度、合作精神和创新意识。

通过这种全程参与式的评价，教师能更好地了解学生的学习状态，为他们提供更加贴心和有针对性的指导，使得学生在学习的过程中能够更加自主、更有动力。

过程性评价是教育评价体系中不可或缺的一环，它不仅让学生更全面地了解自己的学习状态，也为教师提供了更多的教学参考和调整方向。这种评价方式为学生和教师之间的交流提供了更广阔的空间，激发了学生学习的兴趣，促进了学生更全面、更健康地成长。通过这种全程参与式的评价，学生不仅在知识上得到了丰富，更在思维、态度和情感方面有了更大的提升。

2. 实施发展增值性评价

实施发展增值性评价旨在衡量学生在一段时间内的进步和成长。它关注学生的个体差异，强调教育过程中的互动和反馈，以及对学生学习成果的全面评价。

"学导生成"的"基于大数据的学生综合素质'积分制'评价"注重结果评价与增值评价相结合、多元评价与特色评价相结合。传统的教育评价往往只关注学生的成绩和排名，而忽视了学生的进步和个人特长。而"学导生成"的评价方式则将学生的进步和个人特长纳入评价范围，注重对学生的增值评价和特色评价。通过结果评价与增值评价相结合，可以更全面地了解学生的学习成果和个人进步；通过综合评价与特色评价相结合，可以更好地发现和培养学生的个人特长和潜能。

这种评价方式引导着教师在评价过程中充分认识到学生的多元智能。每个人都具备不同种类的智力，因此，教师需要理解并尊重学生在不同领域的特长和个性特点。在评价中，教师应根据学生的个体差异，实行差异化的评价方式。对于意志力强的学生，教师可以鼓励其进一步超越，对于中等水平的学生，应着重肯定其特点并指出改进的方向，对于发展不均衡的学生，要充分发掘其闪光点，为其提供更多的促进和鼓励。这种个性化评价方式能更好地激发学生的学习动力，让他们在得到肯定的同时看到自身的成长空间，进而主动踏上进步的道路。

评价过程中教师还需要借助各种方式来评估学生的发展进步情况。口头评价、学习记录、成长日记等工具的应用，可以更有效地观察学生的成长历程，全面了解其学习态度、自主学习能力和实践操作能力等。学生的自评和互评也是评价过程中重要的一环，通过和教师的互动，学生可以从多方面了解自己，从而在分析、判断和调整中逐渐成长，将评价作为学习过程中的一部分，不断调整自己的学习方式和态度。

实施发展增值性评价，让学生和教师在评价中享受到了更多的进步乐趣和成长启发。这种评价模式不再是单纯的数字评价，而是一种学习和成长的机会。学生更多地关注学习的过程，教师也更注重学生的全面发展。评价不再是简单地给出一个得分，而是帮助学生更好地认识自己，激发他们的学习兴趣和动力，助力学生的全面发展。学生的特长、个性和潜力都会在这种评价中得到更好地挖掘和展示，通过这种评价方式，每个学生都能在自己擅长的领域中得到展示和成长。这种评价方式的实施不仅能够帮助学生更全面、更准确地认识自己，也能够让教师更全面地了解学生，为他们提供更有效的个性化教学。

通过几年来的"基于大数据的学生综合素质'积分制'评价"实践研究，我们欣喜地看到学校人性化、个性化管理已深入人心；教师的育人观念正在悄悄发生改变，学生主体理念已凸现；校园里的一草一木都有师生合作的足迹；课堂上妙趣横生，其乐融融；活动中学生兴高采烈，激情飞扬；课外生龙活虎，信心十足；学生的话匣子打开了，学生的笑脸也多了；教师们也乐了……这些点点滴滴都应是广大师生共同的收获。总之，小学生的主体人格综合素养是伴随小学生的学习过程而形成的。丰富的活动、开放的课堂、全息的评价都是为了让孩子开启智慧的大门，在宽松、愉悦的环境中培养起学生主动参与的勇气、合作学习的信心、乐于创新的热情，让他们体验成功的乐趣，最终使小学生主体潜能得以激活，真正成为学习的主人，成为适应时代发展的具有创新精神和实践能力的人才。

三、实施学生综合素质发展"全息画像"评价的关键与注意事项

学生综合素质发展"全息画像"评价，能从多个维度全面描绘学生的发展情况，旨在为学校和教师提供更为精准的教育决策依据。在实施这一评价方式时，我们需要注意一些关键问题和注意事项。

一是需要明确"全息画像"评价的目标，多维度收集数据。这种评价方式的目标是全面了解学生的发展情况，确定指标评价覆盖多个维度，包括学生品德发展、学业发展、身心发展、审美素养、劳动与社会实践等五个方面。指标需要具体、量化且符合实际。多维度收集数据的第一步是，整合来自多种渠道的数据，包括日常学习成绩、师生互动记录、课外活动参与、社会实践表现、体质健康测试数据等多方面信息。第二步是收集量化数据如成绩、测试结果等，同时结合定性评价，包括教师评语、同学互评和自我评价等，以全面反映学生发展情况。因此，我们在实施

评价时，不能只关注学生的文化成绩，而忽视了其他方面的发展。

二是需要选择合适的评价工具，进行多角度评价。全息画像评价需要从多个角度对学生进行评价，这就需要我们选择能够全面反映学生各方面发展的评价工具。这些工具包括问卷调查、观察记录、自我评价，以及评价软件等。在选择工具时，我们需要考虑到工具的科学性、有效性和可操作性。同时，综合多种评价方式，采用考试、作业、项目评估、口头表现、展示、实践活动记录等多种评价方式，确保全面性和调查性；多方参与评价，教师、家长、同学及学生本人参与评价，促进全面、多角度的观察和反馈，确保评价更加细致和全面；选用合适的评价方式，用定性与定量相结合的方式进行评价，结合表格调查、案例分析、学业成绩单等方式，确保评价结果能够量化综合素质发展。

三是需要建立有效的数据收集和分析系统。全息画像评价需要收集大量的数据，这就需要我们建立一个有效的数据收集和分析系统。这个系统需要能够方便地收集、存储和分析数据，同时也需要能够保护学生的隐私。

学校要建立完善的数据整合系统，将不同来源的数据进行集成和分析，形成全面的学生综合素质发展画像。通过数据分析工具，对定量数据进行统计分析，并运用定性数据进行深度解读和分析，形成全面的评价结论。

学校要建立一体化数据平台，或者说创建一个综合的数据管理系统，将不同来源的数据进行整合和存储，保证数据的准确性。待收集的数据包括学生成绩、教师评价、体能测试、课外活动记录等。首先，在保证数据质量的基础上，对收集到的数据进行清理，排除错误数据或异常值，对文档数据进行标准化处理，以保证不同数据源的可比性和一致性，以便对数据进行定量统计和数据分析。利用数据分析工具如统计软件（如SPSS、Excel等），对学生的定量数据进行统计分析，包括成绩、测试分数等，以便量化学生的表现。然后，再对定性数据进行深度解读，例如教师评语、同学互评等，通过主题分析、内容分析等方法，提炼出有关学生综合素质的关键信息，结合定量和定性数据的分析结果，进行综合分析。通过数据可视化手段，例如制作图表或报告，呈现学生综合素质发展的全面情况，并得出全面的评价结论，帮助教师、家长和学生更好地了解学生的发展状况。

四是需要定期对全息画像评价进行反思和调整，及时反馈和跟踪。全息画像评价是一种新的评价方式，我们在实施过程中可能会遇到各种问题。学校要建立定期反馈机制，及时将评价结果反馈给教师、家长和学生，促进对学生全面发展的认识和关注。学校利用数据分析结果持续改进教学方法和学生指导方案，并及时向教师、家长和学生反馈，帮助他们更好地支持学生的综合发展，还可以不断动态跟踪学生的发展情况，定期更新评价数据，确保"全息画像"评价的时效性和全面性。因此，我们需要定期对评价进行反思和调整，及时反馈和跟踪，以确保评价的有效性和准确性，充分发挥评价的导向功能。

五是需要对教师进行培训。全息画像评价需要教师具备一定的评价技能和知识。因此，我们需要对教师进行培训，提高他们的评价能力。同时，我们要让教师理解全息画像评价的理念和方法，以便他们能够更好地应用这一评价方式。全息画像评价中最重要的是学生的信息安全与隐私保护，在评价过程中，学校要保证学生个人信息的安全性，防止评价结果被盗或泄露。

总的来说，实施学生综合素质发展"全息画像"评价是一项复杂而重要的任务。我们需要明确目标、选择合适的工具、建立有效的数据收集和分析系统、对教师进行培训，并定期进行反思和调整。只有这样，我们才能真正实现全息画像评价的目标，为学生的全面发展提供有力的支持。

案例 7-1

基于大数据的小学生综合素质"积分制"评价

东莞市南城阳光第三小学积极树立科学成才观念，针对学生发展评价内容和方法单一、存在"唯分数，唯升学"的问题，坚持开展了小学生综合素质评价改革实践探索，创新了德智体美劳过程性评价办法，完善了学生综合素质评价体系，切实增强了小学生发展综合素质的主动性与积极性，为中小学校完善并实施学生综合素质评价提供了可参考借鉴的经验。

一、基本情况

阳光第三小学为落实立德树人根本任务要求，促进学生德智体美劳全面发展，坚持"五育"并举，全面发展素质教育，并依据《教育部关于推进中小学教育质量综合评价改革的意见》《中共中央 国务院关于深化教育教学改革全面提高义务教育质量的意见》《深化新时代教育评价改革总体方案》《义务教育质量评价指南》等文件精神，开展了三轮历时6年的"小学生综合素质'积分制'评价"实践研究。2016年9月—2018年8月，阳光三小开展"开才教育下的小学生综合素质发展评价体系"研究，2018年9月—2020年2月，开展"开才教育下的小学生综合素质'积分制'评价"研究，2020年3月起，开展"基于大数据的小学生综合素质'积分制'评价"研究，目的是落实立德树人根本任务要求，促进学生全面发展，引领学生"向博而行，做更好的自己"。阳光三小现已初步建立形成了"基于大数据的小学生综合素质'积分制'评价"体系，正积极引领和促进学生综合素质健康良好发展。

"基于大数据的小学生综合素质'积分制'评价"，主要是通过在全体学生中开展"学生素质银行"储蓄"挣'积分'"活动，利用创新评价工具和大数据等现代信息技术，对小学生个人素质发展情况实施"积分制"管理与评价，以素质积分来衡量学生各项素质发展的水平和进展，反映学生的综合素质发展情况，是一种力求全过程纵向评价与全要素横向评价相结合的更全面、更客观、更科学的学生综合素质评价模式与方法。

（一）构建了小学生综合素质"积分制"评价内容项目系统

1. 构建学生综合素质发展校本评价指标体系，体现全面发展。近年来，学校积极建构实施了以"广开心智，博育良才"为核心理念的"开才教育"育人体系，于2021年4月依据《义务教育质量评价指标——学生发展质量评价》，对已建立的"开才教育"下"'五会五有八特别'学生综合素质发展评价指标体系"（简称"558"）再次进行了修订完善，整合成《阳光三小"开才教育"下的"558"学生综合素质发展评价指标体系》（如表所示），把五育发展中的"德、智、体、美、劳"对应到"会做人、会学习、会锻炼、会审美、会劳动"五大素质，具体分解成"孝雅品行、行为规范、学习习惯、文化素养、运动素养、人格心理、艺术素养、高雅情趣、实践能力、多元智能"等共10个类别、12个关键指标、27个考查要点、69项素质观察点，每项素质观察点再根据年级拟订的学期达标要求和具体的考评细目来量化标准。

"开才教育"下的"558"学生综合素质发展评价指标体系

校本表达的"五会五有八特别"综合素质	学生综合素质发展要求			积分量化标准
	十方面十二个关键指标	二十七个考查要点	六十九项观察点	
会做人 有一颗孝雅之心 特别懂孝雅	A1 孝雅品行	B1 理想信念	1. 2. 3. (3个，略)	1. 爱国爱校　2. 勤奋好学 3. 守正向上	按年级分12个学期，分别拟订出69项素质观察点具体的考评细目与量化标准（略）
^	^	B2 社会责任	4. 5. (2个，略)	4. 安全守纪　5. 守时守约 6. 尊重宽容　7. 讲究公德 8. 爱护公物　9. 绿色环保 10. 感恩担责	^
^	A2 行为规范	B3 行为习惯	6. 7. 8. (3个，略)	1. 仪表文雅　2. 文明有序 3. 诚实守信　4. 知耻自省 5. 勤俭节约　6. 尊长友爱 7. 礼貌待人　8. 自理自立 9. 卫生整洁　10. 团结互助	^
会学习 有至少一门优势学科 特别爱读写 特别勤思考 特别有视野 特别好探究	A3 学习习惯	B4 学习习惯	9. 10. (2个，略)	1. 自主学习　2. 合作学习 3. 预习复习　4. 倾听交流 5. 质疑请教　6. 认真书写	^
^	^	B5 创新精神	11. 12. (2个，略)	7. 兴趣特长　8. 处理信息 9. 独立思考　10. 自评互评	^
^	A4 文化素养	B6 学业水平	13. 14. (2个，略)	1. 品德学习　2. 语文学习 3. 数学学习　4. 英语学习 5. 体育学习　6. 音乐学习 7. 美术学习　8. 科学学习 9. 信息技术　10. 劳动教育 11. 综合实践	^
会锻炼 有至少一项体育爱好 特别讲团结	A5 运动素养	B7 健康生活	15. 16. 17. 18. (4个，略)	1. 参与运动　2. 运动水平 3. 体力体能　4. 体格体质 5. 生活习惯	^
^	A6 人格心理	B8 身心素质	19. (1个，略)	1. 自觉性　2. 独立性 3. 开放性　4. 创造性 5. 自控性	^
会审美 有至少一种艺术特长 特别有情趣	A7 艺术素养	B9 美育实践	20. 21. 22. (3个，略)	1. 艺术活动　2. 艺术水平	^
^	A8 高雅情趣	B10 感受表达	23. (1个，略)	1. 感受赏美　2. 表现展美 3. 创造尚美	^
会劳动 有至少一项劳动技能 特别能做事	A9 实践能力	B11 劳动习惯	24. 25. (2个，略)	1. 生活技能　2. 劳动技能 3. 自我管理　4. 组织交际 5. 主动参与	^
^	A10 多元智能	B12 社会体验	26. 27. (2个，略)	1. 语言智能　2. 逻辑智能 3. 音乐智能　4. 动觉智能 5. 视觉智能　6. 人际智能 7. 内省智能　8. 自然智能	^

2. 构建了学生综合素质"积分制"评价项目体系，体现全程评价。学校通过对五育素质拟订的10个类别、12个关键指标、69项素质要求，进行聚类和相关性分析，确定在小学生综合素质发展至关重要的每日常态化"高影响力"的七大场景（上学放学、课堂学习、课间活动、升旗两操、活动课程、校外表现、其他场景）下，开展"学生素质银行"储蓄"挣'积分'"活动——反映学生素质发展行为记录的"积分"评价（奖分或扣分），试图全面记录学生校内外的成长轨迹，达到实现用"积分"对小学生综合素质发展"实时"全息画像的目标，并设置挣"积分"、积"星星"、得"奖章"等平时评价奖项和做"博才少年"等学期末评价奖项，建立了"小学生综合素质'积分制'评价"项目体系（如表所示），用积分对学生各方面素质的发展和表现情况进行全方位的管理与量化考核，激励学生不断迈向综合素质发展的新高度，构建小学生综合素质生成性评价模型。

学生常态化学习生活七大场景体系

学生综合素质"积分制"评价与奖项设置		具体内容
平时评价与奖项	挣"积分"	引领学生围绕"五会五有八特别"69项素质积极开展"学生素质银行"储蓄"挣'积分'"活动
	积"星星"	69颗开才星星： 1. 爱国爱校 2. 勤奋好学 3. 守正向上 4. 安全守纪 5. 守时守约 6. 尊重宽容 7. 讲究公德 8. 爱护公物 9. 绿色环保 10. 感恩担责 11. 仪表文雅 12. 文明有序 13. 诚实守信 14. 知耻自省 15. 勤俭节约 16. 尊长友爱 17. 礼貌待人 18. 自理自立 19. 卫生整洁 20. 团结互助 21. 自主学习 22. 合作学习 23. 预习复习 24. 倾听交流 25. 质疑请教 26. 认真书写 27. 兴趣特长 28. 处理信息 29. 独立思考 30. 自评互评 31. 品德学习 32. 语文学习 33. 数学学习 34. 英语学习 35. 体育学习 36. 音乐学习 37. 美术学习 38. 科学学习 39. 信息技术 40. 劳动学习 41. 综合实践 42. 参与运动 43. 运动水平 44. 体力体能 45. 体格体质 46. 生活习惯 47. 自觉性 48. 独立性 49. 开放性 50. 创造性 51. 自控性 52. 艺术活动 53. 艺术水平 54. 感受赏美 55. 表现展美 56. 创造尚美 57. 生活技能 58. 劳动技能 59. 自我管理 60. 组织交际 61. 主动参与 62. 语言智能 63. 逻辑智能 64. 音乐智能 65. 动觉智能 66. 视觉智能 67. 人际智能 68. 内省智能 69. 自然智能
	得"奖章"	八枚"特别"奖章： 1. 特别懂孝雅 2. 特别爱读写 3. 特别勤思考 4. 特别有视野 5. 特别好探究 6. 特别讲团结 7. 特别有情趣 8. 特别能做事

续表

学生综合素质"积分制"评价与奖项设置		具体内容
期末评价与奖项	做（博才少年）	四级荣誉证书（期末颁发个人最高荣誉证）： 1. 阳光三小"博才少年"　　2. 班级"十佳"博才少年 3. 年级"十佳"博才少年　　4. 校级"十佳"博才少年

（二）研发了小学生综合素质"积分制"评价操作软件系统

学校特聘第三方软件研发机构为学生综合素质积分制评价系统研发出了基于"学生日常学习生活"七大场景的"学生素质积分评价"操作软件，以该操作软件系统实现科学化、系统化的学生各年级学习情况全过程纵向评价、德智体美劳全要素横向评价，实现勾勒学生发展轨迹、预测学生发展趋向、对学生进行个性化指导和帮助的功能，实现评价过程性、评价多元性（评价主体多元，评价维度多元，评价结果多元）、评价实测性（实地，实时）、评价激励性、评价诊断性等。

（三）建立了小学生综合素质"积分制"评价运行机制系统

1. 建立"学生素质银行"储蓄"挣'积分'"参与引领机制。学校建立了"学生素质银行"储蓄"挣'积分'"规则引领、活动引领、目标引领等机制，引领激励学生每天、每周、每月、每学期持续按照各年级各项素质培养发展的要求、细则与目标，积极"挣'积分'、积'星星'、得'奖章'、做'博才少年'"，调动学生发展综合素质的积极性。

2. 建立学生综合素质"积分制"评价"互促成长"机制。学校建立了由教师、家长、学生共同参与"学生素质积分制"评价"互促成长"机制、主体性评价原则与规定要求，特别注重平时评价过程的严谨性、激励性。比如，每月以班为单位召开"素质积分快乐班会"，激励引导学生持续加强各方面素质学习训练、进步提高、互促成长。

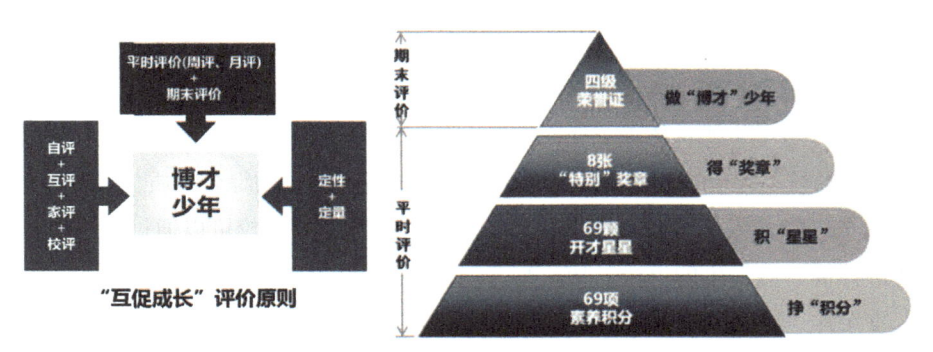

[图示：博才少年评价体系金字塔——"互促成长"评价原则；自评+互评+家评+校评；平时评价（周评、月评）+期末评价；定性+定量；四级荣誉证——做"博才"少年；8张"特别"奖章——得"奖章"；69颗开才星星——积"星星"；69项素养积分——挣"积分"；期末评价、平时评价]

3. 建立学生综合素质"积分制"评价荣誉激励机制。学校在每学期设置的"积分制"平时评价奖项和期末评价奖项基础上，还另设有两类特殊荣誉奖项，即"特别'博才'少年""最佳'博才'少年"，获这两类荣誉的学生将荣登学校"开才堂'博才'少年"荣誉栏，以此激励学生素质发展持续不断有目标、新高度。

二、主要成效

"基于大数据的小学生综合素质'积分制'评价"的探索实施，解决了"重结果、轻过程，重奖惩、轻激励"的评价难题，实行学生综合素质评价的过程性、发展性功能；通过"学生综合素质发展情况"大数据，使得评价结果可信度高、激励性强、指导性好；同时，有利于注重自我评价与外部评价相结合、线上评价与线下评价相结合；有利于全面科学反映学生的综合素质发展情况，激励和促进学生综合素质良性发展。2020年东莞市义务教育质量综合评价和学生体质健康监测的数据显示，学校各项指标均都处于东莞市前列。

第二节 构建学生综合素质生成"积分制"评价内容系统

2021年3月教育部等六部门印发的《义务教育质量评价指南》，明确了"学生发展质量评价"指标"主要包括学生品德发展、学业发展、身心发展、审美素养、劳动与社会实践等五个方面重点内容，旨在促进学生德智体美劳全面发展，培养适应终身发展和社会发展需要的正确价值观、必备品格和关键能力"。"基于大数据的学生综合素质'积分制'评价"内容是在《义务教育质量评价指南》中"学生发展质量评价"指标的基础上再次细化各考查点和评价细则，建立的体现学生综合素质全面发展的评价指标体系及体现学生综合素质全程评价的"积分制"评价项目体系。

一、构建学生综合素质发展校本评价指标体系，体现全面发展

为了促进学生德智体美劳全面发展，学校基于《义务教育质量评价指南》的要求，构建细化的校本评价指标细则体系，以全面评价反映学生的综合素质。

首先，品德发展是学生综合素质的重要组成部分。学校可以通过制订明确的品德评价标准，对学生的道德品质、行为习惯和社会责任感进行评估。例如：可以设置课堂纪律、团队合作、公益服务等方面的评价指标，以培养学生的良好品德和社会责任感。

其次，学业发展是学生综合素质的核心内容。学校可以根据学科特点和学生的学习能力，制订相应的学业评价指标。这些指标包括学科知识掌握程度、学习方法和学习态度等方面的内容。通过学业评价，学校可以及时发现学生的学习问题，并采取相应的教学措施进行帮助和指导。

再次，身心发展和审美素养也是学生综合素质的重要方面。学校可以设置体育锻炼、艺术表演和心理健康等方面的评价指标，以促进学生的身心健康和审美情趣的培养。学校通过开展丰富多样的体育活动和艺术教育，可以帮助学生培养良好的身体素质和审美能力。

最后，劳动与社会实践是学生综合素质的重要途径。学校可以组织学生参与社区服务、实践实习和志愿者活动等，以培养学生的实践能力和社会责任感。通过劳动与社会实践的评价，学校可以了解学生在实践中的表现和成长，为他们提供更有针对性的培养和支持。

总之，构建学生综合素质发展校本评价指标体系，可以全面反映学生的品德发展、学业发展、身心发展、审美素养和劳动与社会实践等方面的情况，促进学生全面发展。

依据《义务教育质量评价指南》"学生发展质量评价"指标，结合"学导生成""基础+"五育课程群"558"素质课程发展目标，整合、梳理成《"558"学生综合素质发展评价指标细则体系》。这一评价指标细则体系在形成的过程中，不仅全面囊括了德、智、体、美、劳"五育"下的关键素质要素，更将这些要素具体分解为10个类别和12个关键指标，涵盖了广泛的学生素质范畴。每个关键指标下还有27个考查要点，以及69项素质观察点，使得评价体系更加细致和具体、可操作。

这10个类别体现了多方面的学生综合素质，包括"孝雅品行、行为规范"，培养学生优秀的道德品质和良好的行为习惯；"学习习惯、文化素养"突出学习态度和文化修养的培养；"运动素养、人格心理"强调了身体素质和心理健康的培养；"艺术素养、高雅情趣"注重了对艺术和审美情趣的培养；"实践能力、多元智能"则聚焦于实践操作能力和多方面智能的培养。

每项素质观察点都进一步细分，按照年级和学期拟订了达标要求和量化标准。这样的设定使得评价更具体，能够更清晰地观察和记录学生在各个方面的成长和发展。无论是品行、学习、运动，还是艺术、实践，每一个领域都有具体的要求和标准。这样的系统化评价体系有助于教师更全面、更客观地了解学生的发展情况，为针对性教学和指导提供了可靠的依据。

此外，这一综合素质评价指标细则体系的建立也意味着学校对于素质教育的重视和全面推进，更代表了对学生全面素质的关注和培养。学校坚持在全员、全过程、全方位推进素质教育，通过这种具体的评价体系，学校能更清晰地规划和发展素质教育，进而培养出更具综合素质的学生。

这种评价指标体系的建立，是教育方向和课程体系更新的体现。它是对传统评价方式的一种革新和补充，也是对学生全面发展的加倍重视和关心。这种以学生为中心、以全面素质为导向的评价指标体系，不仅能够帮助学校更好地了解学生的全面发展状况，也能够激励学生更好地参与和融入学校的教育活动，最终实现全面发展的目标。

二、构建学生综合素质"积分制"评价项目体系，体现全程评价

为了更科学地进行学生综合素质"积分制"评价，基于已建构的《"558"学生综合素质发展评价指标细则体系》，构建学生综合素质"积分制"评价项目体系，以便能有效地进行"素质积分"全息画像评价。

为体现全程评价的理念，所建构的学生综合素质"积分制"评价项目，均以学生日常学习生活七大场景来设计、实施，以便现场进行实时评价，对学生的成长与发展进行全面观察和量化考核。这一系统化的评价方法旨在超越传统的成绩评定模式，更为全面地了解学生各个方面的素质提升，并为学生提供更多元、更有针对性的发展路径。

首先，学校对"五育"素质中的10个类别和12个关键指标进行详尽分析。这些指标涵盖了德、智、体、美、劳等方面，对学生的成长起到了全面引导的作用。之后，

在这些关键指标的基础上,学校进行了聚类和相关性分析,以便确定学生综合素质发展中的重要场景。

这些重要场景的确立是基于对小学生综合素质发展的关键性认知。这七大场景包括学生在日常生活中常见的各种活动与行为,从上学放学到课堂学习,从课间活动到校外表现,每个场景都被视为潜在的素质发展载体。这个构建的评价项目体系立足于这些场景,旨在全面细致地观察学生的行为和表现,从而深入了解他们的发展状况。

为了实现这个评价体系的目标,学校常年开展"学生素质银行"储蓄"挣'积分'"活动。这个活动以学生的素质发展行为为基础,记录和反映学生在不同场景下的表现。这些表现的积分评价不仅是为了用在奖分或扣分来评价学生,更是为了全面记录学生在校内外的成长轨迹。这种全程评价的设计目标在于实现对学生综合素质发展的实时全息画像。

评价过程中,学校运用了多种形式的评价奖项,例如挣"积分"、积"星星"、得"奖章"等,这些形式旨在激励学生积极参与各项活动,提升自身的综合素质。这不仅是一种评价的手段,更是一种激励的机制,鼓励学生在各个场景下展现出更全面、更积极的素质。(见图 7-2)

这个积分制评价项目体系,旨在全方位管理和量化考核学生的各项素质发展情况。通过对学生各方面素质的评价和记录,学校得以全面了解学生在不同场景下的表现和发展情况。这样的全程评价模型能够激励学生不断向更高水平的综合素质发展,进而帮助构建小学生综合素质生成性评价的模型。

综合来看,这一积分制评价项目体系不仅是对学生综合素质的全方位量化评价,更是一种全程关注学生发展、激励学生成长的机制。它的创新在于将学生发展置于全方位的观察和考量之下,帮助学生更好地全面发展,塑造出更多元、更丰富的人格。这样的全程评价模式,将为教育评价领域带来新的思路和范式。

图 7-2 小学生综合素质积分制评价项目体系图

三、构建学生综合素质生成"积分制"评价内容系统的关键因素

学生综合素质"积分制"评价方式将学生的各类素质转化为可量化的积分，以此来评价学生的综合素质。构建学生综合素质生成"积分制"评价内容系统是一个复杂而全面的过程，需要综合考虑多种要素，以确保评价的全面性、公正性和科学性。

（一）明确细化的多元评价体系指标是构建"积分制"评价内容系统的基础

《深化新时代教育评价改革总体方案》指出，学生评价要"坚持以德为先、能力为重、全面发展，坚持面向人人、因材施教、知行合一，坚决改变用分数给学生贴标签的做法，创新德智体美劳过程性评价办法，完善综合素质评价体系，切实引导学生坚定理想信念、厚植爱国主义情怀、加强品德修养、增长知识见识、培养奋斗精神、增强综合素质"。在评价内容方面，关键之一是建立全面性细化指标，确保涵盖学生的德、智、体、美、劳等方面。我们需要对学生的各类素质进行深入的研究和分析，确定哪些素质是我们应该关注的，哪些素质是可以量化的。这些指标应该包括品德发展、学业发展、身心发展、审美素养和劳动与社会实践等方面，以确保我们的评价系统能够全面反映学生的综合素质。如品德素养，包括道德品德、社会责任感、团队合作能力等方面的评价，这可能涉及学生参与公益活动、团队合作、社会行为等。此外，评价内容体系一般还需要更细化的分项指标，即将每个维度拆分为更具体的评价项目。例如，品德发展可以包括诚信、责任感、团队合作等具体项目，这样的细化过程可以使评价更加精准。我们还要明确各项指标的评价标准和达标要求，便于对学生综合素质进行准确的评估。

（二）设定合理的针对性的量化标准和达标要求是构建"积分制"评价内容系统的关键

确立评价指标后，学校需要确定不同指标和项目的权重，这样才能做出有针对性的量化标准。根据学校的教育理念和学生发展需求，合理设置各项指标的权重比例，突出学校特色和培养目标，确保评分系统能够准确地反映出学生的综合素质。

学校还需要为每一个评价指标设定一个合理的评分标准，这个标准要公正、公平、公开，能够真实反映学生在该指标上的表现。

学校还需要制订明确的"积分"规则。例如，针对各项指标的不同水平设定相应的积分规则，保证不同水平的综合素质得到合理的评价和表现。为使评价更具体，可按年级、学期拟订标准，这样才能清晰地观察和记录学生在各个方面的成长和发展。

另外，还可以针对不同领域设定具体的要求和标准，有助于教师全面了解学生的发展情况。

（三）建立有效全程关注和实时记录的数据收集与处理机制是构建"积分制"评价内容系统的重要环节

学校需要建立一个有效的数据收集和处理机制，确保能够准确、及时地获取到学生的各项素质数据。该机制要基于学生日常生活中的各种活动和行为，构建出几个重要的场景，以便于对学生的学习、生活全程进行关注与记录。

学校以学生的素质发展行为为基础，记录学生在不同场景下的表现，实现全程评价和实时记录，尽量使学生评价具有客观性和全面性。同时，我们还需要对这些数据进行处理和分析，以便能够根据这些数据来评价学生的综合素质。

（四）建立完善的标准化评价流程和反馈改进机制是构建"积分制"评价内容系统的必要条件

注意对评价人员进行适当的培训，确保评价体系的使用操作人员具备专业知识和评价能力。制订评价标准和标准化评价流程，明确评价流程更加规范，使评价过程具有一致性和规范性。从评价标准的建立、收集数据到分析评估等环节，都要求明确的流程和标准。评价负责部门需要制订明确的评价标准和指南，让评价人员了解并严格遵守标准，确保评价的一致性和标准化，保证评价的调查性和公正性。

另外，我们需要建立一个完善的反馈和改进机制，让学生、家长和教师都能够参与到这个系统的运行中来，提出他们的意见和建议。只有这样，我们的"积分制"评价内容系统才能够不断完善，才能更好地服务于学生的学习和发展。

（五）教育理念与评价内容的一致性和激励机制的设计是构建"积分制"评价内容系统的重要保障

评价系统基于学校的教育理念，全面关注学生发展，强调全面素质发展和个性化成长。评价内容系统旨在为学生提供更多元、更有针对性的教育路径，与学校的教育目标一致。构建学生综合素质生成"积分制"评价内容系统，需要综合考虑多方面要素，确保评价体系科学、全面、公正地反映学生综合素质。

激励机制在学生综合素质生成"积分制"评价内容系统中扮演着重要角色，其设计是为了激发学生参与各项活动、展现全面素质，并为他们的积极表现提供认可和奖励。这个设计基于以下几个重要的方面。

多元奖励形式：激励机制设计多样化的奖励形式，包括积分、星星、奖章等。这些奖励形式不仅仅是对学生积极表现的认可，更是激励学生以不同形式展现出自身的全面素质的保障。例如，星星可能代表着特别出色的表现，奖章则可能对应着某一方面的专长或优异表现。这样的多元化设计能够激发学生积极性，因为他们可以根据自己的兴趣和擅长领域去追求不同的奖励。

奖励与记录结合：奖励机制与"学生素质银行"记录相结合，不仅记录学生的表现，更为学生提供了积极的激励机制。奖励与记录结合，可以记录学生在不同场景下的行为和表现，准确了解他们的成长轨迹，并基于此给予相应的奖励。这种记录与奖励相结合的方式，使得学生在全程评价过程中更有动力展现自己的综合素质。

公平和透明性：激励机制应该建立在公平和透明的基础上，无论学生在哪个领域表现出色，都有机会获得奖励。这种公平性和透明性不仅鼓励了竞争，更为每位学生提供了展示自己特长和努力的平台，促进了学生多样化的素质发展。

教师与家长的参与：激励机制的设计需要教师和家长的参与。教师的评价和指导对学生的表现起着关键作用，他们的反馈和奖励会对学生的激励产生重要影响。同时，家长的关注和支持也是激励学生的重要因素，他们的参与能够更好地推动学生参与各项活动，并鼓励他们展现优秀的素质。

第三节 建立学生综合素质生成"积分制"评价运行系统

"学导生成"的学生"自成长"评价重要意义，就是引导和帮助学生的核心素养自主生成、自觉养成、自我完善，激励、促进学生综合素质的良性发展。开展"基于大数据的学生综合素质'积分制'评价"，建立学生综合素质生成"积分制"评价运行系统，旨在更公正、更科学地评价学生的全面发展。

一、建立小学生综合素质生成"积分制"评价运行机制系统

（一）建立"学生素质银行"储蓄"挣'积分'"参与引领机制是关键

在建立学生综合素质的"积分制"评价体系中，积极构建参与引领机制是至关重要的。这一机制旨在确保评价的全面性、公正性，并让评价者和被评价者在评价过程中积极参与、共同经历和重复，为学生的成长提供及时的肯定、激励、完善和发展。这种机制不仅规范了评价流程，还通过规则引领、活动引领和目标引领的方式，积极促进学生的参与和发展。

学校可以设立一个虚拟的"学生素质银行"，每个学生都有一个账户，通过参与各种活动和表现优秀来获得"积分"。这些活动可以包括课堂表现、课外活动、社会实践等。通过这种方式，学生可以积极参与各项活动，提高自己的综合素质。

首先，规则引领在"学生素质银行"储蓄"挣'积分'"活动中起着至关重要的作用。学校制订学习、讨论和理解规则的活动，以确保全体师生都能理解和遵守这些规则。学生综合素质"积分制"评价体系，明确规定学生每学期所获得的"素质积分"将永远有效，并会逐年累积。这一规定将成为评价学生小学阶段综合素质发展的主要依据。明确规则不仅为评价提供了稳定性和延续性，还为学生提供了长期的发展目标和动力。

其次，活动引领是确保全体师生参与积分评价的关键环节。学校组织"学生素质积分制评价"课例观摩、交流和展示活动，旨在引导全体师生和家长了解评价项目、标准、操作方法等。这些活动将确保评价的公正性和公平性，鼓励师生积极参与学生评价，并为他们提供更深入的了解和参与机会。这种方式不仅提高了师生的积极性，也促进了家校互动，让家长更多地参与到学生的综合素质发展中来。

再次，目标引领是确保学生持续参与评价并调动其积极性的重要手段。学校积极引导激励学生根据各年级、各项素质培养发展的要求和目标，利用积分评价操作软件系统，在日常的学习和活动中及时参与评价与反馈。学校设立各种奖项和激励机制，如积分、星星、奖章等，调动学生积极参与评价和提高综合素质的兴趣。这种激励机制成为学生持续发展综合素质的强大动力，也为学校评价体系的顺利运行提供了重要保障。

（二）建立学生综合素质"积分制"评价"互促成长"机制的重要性

学校鼓励学生自主管理、自我评价，建立由教师、家长、学生共同参与的"互促成长"奖励扣分机制，这项重要举措旨在促进学生的自主管理和全面素质发展，不仅是为了实现学生的自我评价和自主管理，更是为了建立一种互相促进成长的环境，让学生在自我激励和相互激励中不断进步。

在"互促成长"奖励扣分机制中，学校特别注重评价的全面性和严谨性。这种机制结合了"平时评价＋期末评价"以及"自评＋互评＋校评"的方式，旨在建立起一套全面且有层次的积分制评价原则与要求。每个环节都被精心设计，力求在评价中能真实地反映学生的发展情况，并为学生提供全方位的成长支持。

在具体实施中，学校设立了各种评价环节，比如"积星星""得奖章"以及"博才少年"等评价方式。每月按班级召开"素质积分快乐班会"，这个会议不仅是为了评价学生的综合素质，更是为了给予先进者表彰激励。这种及时、精准的激励方式为学生提供了积极向上的引导，鼓励他们在多方面的素质学习训练中持续努力和进步。

此外，学校在评价体系中特别注重平时评价的质量。平时评价是学生综合素质评价的重要组成部分，因为它能更真实地反映学生的日常表现和积极参与。这种严谨性和激励性的平时评价机制，让学生意识到每一次行为和每一个选择都可能对自己的发展产生影响，激发他们投入更多的精力到全面素质的提升中去。

实行该评价机制的核心在于为学生创造一种积极向上的成长环境。学校通过各种评价方式和表彰机制，让学生意识到个人的努力与进步不仅会为自己带来收获，更能得到他人的认可和肯定。这种正向激励促使学生更加积极主动地参与到综合素质的提升中，形成一个相互促进成长的良性循环。

在这个"互促成长"的评价机制下，学生不仅是接受者，更是参与者和推动者。他们通过自我评价、互评和校评这样多元化的方式，积极参与到评价过程中，了解自己的不足，并在鼓励和激励下进行改进和成长。同时，这种互相促进的评价环境也培养了学生的团队合作意识和集体荣誉感，形成了良好的集体氛围。

在教师、家长和学生的共同参与下，这种机制也使得教育变得更为民主、透明和公正。通过各方参与的共同努力，评价标准和结果更能客观公正地呈现学生的真实情况，为学生提供了更加科学和全面的成长路径。

（三）建立学生综合素质"积分制"评价荣誉激励机制的必要性

建立荣誉激励机制对于学生的综合素质发展同样至关重要。这一机制的精心设计和实施，旨在激发学生的学习热情，鼓励他们积极参与各项活动，全面提高各方面的素质。

每学期的综合素质评价荣誉设置侧重两个方面：平时评价奖项和期末评价奖项。平时评价奖项包括69颗"开才星星"和8枚"特别奖章"。这些奖项旨在及时激励学生，鼓励他们在日常学习和校园生活中展现出色的品质和表现。而期末评价奖项则是"四级博才少年荣誉"，这是一种更高层次的表彰，旨在对学期期末的综合表现进行认可和鼓励。

特别值得关注的是，学校还设立了两类特别荣誉奖项，考核学生在较长时间内的表现和坚持。首先，连续6个学期获得某项特别奖章的学生将被授予"博才少年"荣誉证书，这种连续性的表彰是对学生长期表现的认可，也是对其全面发展的鼓励；其次，荣获班级、年级、校级"十佳博才少年"分别达到6次、4次、2次的学生将被授予"最佳博才少年"荣誉证书，并获得在学校"开才堂""博才少年"荣誉栏上的展示机会。这种奖项更加强调学生在各个层级上的杰出表现，鼓励他们不断追求卓越。

这样的荣誉激励机制不仅是对学生积极表现的一种表彰，更是对他们持续发展和进步的引导和鞭策。这种机制将学生的成长与荣誉联系在一起，激发了他们内在的动力，促使他们全面发展。学校以此为支撑，积极塑造一个关注全面素质培养的学习氛围。

荣誉激励机制的实施并不局限于简单的奖项颁发，更涉及学校对学生综合素质发展的持续关注与引导。学校定期举办评选活动，并通过各种方式向学生传递成功典范的经验，激发学生向他们学习的愿望。同时，这种机制也促进了学生之间的互相鼓励和竞争，推动了全体学生不断超越自我、不断进步。

而对于学校来说，荣誉激励机制也是对教育教学质量的一种检验和肯定。学校通过这种机制，更能了解学生的成长历程，评估教育教学的成效，并进一步完善教学方法，提高教学效果。这种机制也为学校提供了宣传自身教育成果的平台，使得学校更能在教育领域崭露头角。

二、构建小学生综合素质生成"积分制"评价运行系统的关键要素

构建一个有效的、公正的、科学的小学生综合素质生成"积分制"评价运行系统，需要关注以下几个关键要素。

（一）明确评价目标

评价目标是评价系统的出发点和归宿，是评价活动的方向和依据。在构建"积分制"评价运行系统时，我们需要明确希望通过这个系统达到什么样的目标，比如提高学生的学习兴趣、培养学生的团队合作能力、提升学生的创新思维等。只有明确了评价目标，我们才能设计出符合目标的评价指标和方法。

（二）设定合理的评价指标

评价指标是评价目标的具体化，是评价活动的依据和标准。在构建"积分制"评价运行系统时，我们需要设定一系列能够反映学生综合素质的评价指标。这些指标需要既全面又具体，既能够反映学生的知识技能，又能够反映学生的情感态度和价值观。

（三）建立公正的评价机制

评价机制是评价活动的保障，是保证评价结果公正、公平、公开的重要手段。在构建"积分制"评价运行系统时，我们需要建立一套公正的评价机制，确保每一个学生都能在公平的环境中得到评价，每一个评价结果都能得到公正的处理。这需要我们制订明确的评价规则，设立独立的评价机构，实施透明的评价过程。

（四）实施有效的激励机制

激励机制是评价活动的动力，是激发学生积极参与、主动提升的重要手段。在构建"积分制"评价运行系统时，我们需要实施一套有效的激励机制，让学生看到自己的努力能够得到回报，看到自己的进步能够得到认可。这需要我们设立丰富的奖励方式，提供多元化的激励内容，形成积极的反馈循环。

（五）评价运行体系的完善程度

明确评价运行体系，包括评价周期、评价程序和相关人员的责任和权限，确保评价工作的规范和持续性。在日常运行中，我们要注意建立评价运行的监测和反馈机制，及时收集各方面的意见和建议，不断优化评价体系，确保其适应学生发展的需要。

小学生综合素质生成"积分制"评价运行体系的构建需要多方面的良好配合和持续改进。这些关键要素的综合运用能够帮助建立全面、科学、公正的评价体系，有利于真正实现对学生综合素质的全面评价和有效提升。

案例 7-2

"开才教育"下的学生综合素养发展情况评价体系
——开才评价体系（积分制管理与评价）

学生综合素养发展要求	学生综合素养发展情况评价措施与奖项设置			期末评价及奖励
10方面 12个关键指标 69项素养	平时评价及奖励			做""博才"少年" （四级荣誉证书，期末颁发个人最高荣誉证）
	挣"积分"	积"星星" （69颗开才星星）	得"奖章" （8张开才"特别"奖章）	
A1 孝雅品行 B1 理想信念 1. 爱国爱校 2. 勤奋好学 2. 守正向上 B2 社会责任 4. 安全守纪 5. 守时守约 6. 尊重宽容 7. 讲究公德 8. 爱护公物 9. 绿色环保 10. 感恩担责 A2 行为规范 B3 行为习惯 1. 仪表文雅 2. 文明有序 3. 诚实守信 4. 知耻自省 5. 勤俭节约 6. 尊长友爱 7. 礼貌待人 8. 自理自立 9. 卫生整洁 10. 团结互助	(1) 在全校学生中开展"学生综合素养发展'积分银行'"储蓄"挣'积分'"活动，即对学生个人综合素养发展情况实施"积分制管理与评价"，以积分来衡量学生各项素质发展的水平和进展，反映学生的综合素质发展情况，激励学生不断迈向综合素质发展的新高度。积分制管理与评价是用积分（奖励或扣分）对学生各方面素养的发展和表现情况进行全方位的管理与量化考核的评价方法 (2) 引领激励学生每学期按照各年级各项素养培养发展的要求、细则与目标，积极"挣'积分'、积'星星'，做'博才少年'"，调动学生发展综合素质的积极性 (3) 学生每学期所"挣'积分'"，即"学生综合素养发展积分银行"所储蓄的"积分"情况，可衡量学生学期各项素质发展的水平和进展情况。学生在小学阶段每学期所"挣'积分'"均有效，将逐年累积，以作为评价该小学阶段综合素养发展整体情况的主要依据	将学生个人69项素质的各项素质都设置为一颗"开才星星"，每学期当学生的某项素质所"挣'积分'"达到一定标准（以下标准之一），即可获得该项素质的"开才星" 1. 在一学期内的上学期内某项素质连续不间断22天都获得了该项的奖分，且无扣分，则学生即可获得该项素质的"开才星" 2. 在一学期内，学生的某项素质所"挣'积分'"的总分，达到或超过了该项素质"奖分标准事例"×50天（次）的奖分，则学生即可获得该项素质的"开才星"	达到以下标准之一： 1. 学生在一学期内所积"孝雅品行"和"行为规范"星星一共达到了10颗以上，即可获得"特别懂孝雅"奖章 2. 学生一学期内在"孝雅品行"和"行为规范"两方面所"挣积分"总分达到或超过了4000分，即可获得"特别懂孝雅"奖章 达到以下标准之一： 1. 学生在一学期内所积"学习习惯"和"文化成绩"星星一共达到了10颗以上，并且分别积到了"语文学习"星、"数学学习"星、"英语学习"星、"科学学习或者信息技术学习"星，或者阅读了完整的4本书并撰写了4篇文章以上，或者参加学科（语文或数学或英语或科学或信息）竞赛获奖，即可分别获得"特别爱读写"奖章、"特别勤思考"奖章、"特别有视野"奖章、"特别好探究"奖章 2. 学生一学期内在"学习习惯"和"文化成绩"两方面所"挣积分"总分达到或超过了4000分，分别积到了"语文学习"星、"数学学习"星、"英语学习"星、"科学学习或者信息技术学习"星，可分别获得"特别爱读写"奖章、"特别勤思考"奖章、"特别有视野"奖章、"特别好探究"奖章 达到以下标准之一： 1. 学生在一学期内所积"运动素养"星2颗及以上和"人格心理"星2颗以上，即可获得"特别讲团结"奖章 2. 学生在一学期内在"运动素养"和"人格心理"两方面所"挣积分"总分达到或超过了1600分，即可获得"特别讲团结"奖章 达到以下标准之一： 1. 学生在一学期内所积"艺术素养"星2颗及以上和"高雅情趣"星1颗以上，即可获得"特别有情趣"奖章 2. 学生在一学期内在"艺术素养"和"高雅情趣"两方面所"挣积分"总分达到或超过了1600分，即可获得"特别有情趣"奖章	【一级荣誉】阳光三小"'博才'少年" 获奖条件：本学期内所"挣积分"学期总分达到10000分及以上者，或者所积"开才星星"达到了33颗及以上者，或者获得了4枚开才"特别"奖章及以上者 【二级荣誉】班级"十佳'博才'少年" 获奖条件：本学期内达到阳光三小"'博才'少年"条件，且必须同时满足以下两个条件： 1. 个人素质发展所"挣积分"学期总分达15000分及以上；2. 所积"开才星星"总数在全班前列（前10名）者 获奖原则：先看积分是否达标（15000分及以上），再看积星颗数（排序），也就是从积分达到1500分的人数中，选择积星颗数前10名 【三级荣誉】年级"十佳'博才'少年" 获奖条件：本学期内达到班级"十佳'博才'少年"条件，且在"年级十佳"评选演讲、才艺展示、现场情境问答等评选中表现前10名最优秀者 【四级荣誉】校级"十佳'博才'少年" 获奖条件：本学期内达到年级"十佳'博才'少年"条件，且在"校级十佳"评选演讲、才艺展示、现场情境问答等评选中表现前10名最优秀者
A3 学习习惯 B4 学习习惯 1. 自主学习 2. 合作学习 3. 预习复习 4. 倾听交流 5. 质疑请教 6. 认真书写 B5 创新精神 7. 兴趣特长 8. 处理信息 9. 独立思考 10. 自评互评 A4 文化素养 B6 学业水平 1. 品德文学 2. 语文学习 3. 数学学习 4. 英语学习 5. 体育学习 6. 音乐学习 7. 美术学习 8. 科学学习 9. 信息技术 10. 劳动实践 11. 综合实践				
A5 运动素养 B7 健康生活 1. 参与运动 2. 运动水平 3. 体力机能 4. 体格体质 5. 生活习惯 A6 人格心理 B8 身心素质 1. 自觉性 2. 独立性 3. 开放性 4. 创造性 5. 自控性				
A7 艺术素养 B9 美育实践 1. 艺术活动 2. 艺术水平 A8 高雅情趣 B10 感受表达 1. 感受赏美 2. 表现展美 3. 创造尚美				

-254-

续表

学生综合素养发展要求	学生综合素养发展情况评价措施与奖项设置			
	平时评价及奖励			期末评价及奖励
10方面 12个关键指标 69项素养	挣"积分"	积"星星" （69颗开才星星）	得"奖章" （8张开才"特别"奖章）	做"'博才'少年" （四级荣誉证书，期末颁发个人最高荣誉证）
A9 实践能力 B11 劳动习惯 1. 生活技能　2. 劳动技能 3. 自我管理　4. 组织交际 5. 主动参与 A10 多元智能 B12 社会体验 1. 语言智能　2. 逻辑智能 3. 音乐智能　4. 动觉智能 5. 视觉智能　6. 人际智能 7. 内省智能　8. 自然智能	同上	同上	达到以下标准之一： 1. 学生在一学期内所积 "实践能力"星2颗及以上和"多元智能"星2颗及以上，即可获得"特别能做事"奖章 2. 学生在一学期内在"实践能力"和"多元智能"两方面所"挣积分"总分达到或超过了2600分，即可获得"特别能做事"奖章	同上

注：
1. 开才教育下学生综合素养发展，主要围绕培养"558"博才少年素养发展确立69个小项评价指标，通过细化、量化的指标体系，在学生中开展"学生综合素养发展积分银行"储蓄"挣积分""积星星""得奖章"活动，鼓励学生自主管理、自我评价，由教师、家长、学生共同参与评价给予奖扣分，来反映学生阶段性的学习态度、学习方法、学习习惯和学习效果，将学生每个学期在校表现、学业成绩以及其他情况，以定性与定量相结合的方式进行综合反馈，从而推动学生综合素养的提升与发展
2. "开才评价"很重要的一个原则就是亲自参与，及时性评价（评价者和被评价者都在参与、经历、重复阶段性"开才评价"之中及时得到肯定、激励、完善、成长、发展）。学生在阳光三小就读期间，"学生个人综合素养发展银行"所"挣积分"永远有效。每月以班为单位召开"快乐班会"对"挣积分""积星星""得奖章"先进者予以表彰激励。学生连续6个学期获得某项"特别"奖章，学校将授予其"特别""博才"少年"荣誉证书，如"特别懂孝雅"博才少年；学生荣获班级"十佳'博才'少年"达6次、年级"十佳'博才'少年"达4次、校级"十佳'博才'少年"达2次者，学校将授予其"最佳'博才'少年"荣誉证书，并将荣登学校"开才堂""'博才'少年"荣誉栏

参考文献

[1] 张开勤. 学导式教学 [M]. 郑州：文心出版社, 1987.

[2] 邱学华. 尝试教学论 [M]. 北京：教育科学出版社, 2005.

[3] 邱学华. 尝试教育研究 [M]. 北京：北京师范大学出版社, 2012.

[4] 李伟胜. 学校文化建设新思路：主动生成 [M]. 北京：北京师范大学出版社, 2012.

[5] 顾明远. 教育大词典 [M]. 上海：上海教育出版社, 1992.

[6] 吴发科. 心本教育 [M]. 广州：暨南大学出版社, 2011.

[7] 李荣. 中国积分制管理 [M]. 武汉：长江出版社, 2014.

[8] 李季. 以"自学习"引领终身学习素养提升 [J]. 教育家, 2023(06)：9-10.

[9] 李季. 德性内生：论儿童品德的自我建构 [J]. 中小学德育, 2012(01)：19-22.

[10] 李季. 走心德育：品德形成的深层引导 [J]. 中小学德育, 2017(02)：5-9.

[11] 李季. 立德树人的走心之道 [J]. 江苏教育, 2018（87）：7-10.

[12] 莫雷. "德性内生"是德育心理学的一个重要命题——李季教授《德性内生：论儿童品德的自我建构》点评 [J]. 中小学德育, 2012(01)：23-24.

[13] 胡玲琳. 大学校园文化的生成机制 [J]. 现代大学教育, 2002(04)：31-32.

[14] 苏令. 陶行知眼中的理想校长 [N]. 中国教育报, 2006-7-11（004）.

[15] 谢翌, 马云鹏. 学校文化的反思与重建——兼评介美国加纳多小学的文化建设 [J]. 比较教育研究, 2005(08)：24-29.

[16] 叶澜. 关于"素质教育是什么"的"三思" [J]. 青年教师, 2007（05）：6-9.

[17] 张卓玉. 体验与探究：一种有效的学习方式 [N]. 光明日报, 2001-03（第4版）.

[18] 谢捷琼. 论班主任在职校本培训 [J]. 中小学教师培训, 2008(05)：26-27.

[19] 余常武. 以实践为载体 夯实班主任校本培训 [J]. 新课程研究（教师教育）, 2008(02)：45-46.

[20] 吉静娟，薛月芬. 别具一格的"套餐式"班主任校本培训[J]. 中小学管理, 2006(11): 49-50.

[21] 王慧君. 参与·体验·反思——班主任校本培训新模式[J]. 班主任之友, 2006(03): 9-11.

[22] 陈慧桃. 班主任校本培训的四种模式[J]. 班主任, 2008(10): 7-9.

[23] 刘堤仿. 校本培训"三型十环"模式的构建——国家级实验区十堰市校本培训课题实验研究[J]. 师资培训研究, 2002(02): 19-22.

[24] 朱小蔓. 关于在职教师培训的几点思考[J]. 大连教育学院学报, 2007（04）: 8-11.

[25] 李杰. 小学生综合素质"积分制"评价探索[J]. 西部素质教育, 2016, 2(15): 190.

[26] 王殿军，鞠慧，孟卫东. 基于大数据的学生综合素质评价系统的开发与应用——清华大学附属中学的创新实践[J]. 中国考试, 2018(01): 46-52+66.